学習指導と学校図書館

堀川照代・塩谷京子

（改訂新版）学習指導と学校図書館（'16）

装丁・ブックデザイン：畑中　猛

s-59

まえがき

本書は，学校図書館司書教諭資格取得のための５科目のうちのひとつである。

学校図書館は，「読書センター」と「学習・情報センター」の２つの機能をもっており，本科目は，後者の学習・情報センターの機能に焦点を合わせて司書教諭としての知識や技術を学ぶものである。

学習・情報センターとして，学校図書館担当者は適切な情報や資料を提供し，児童生徒が学習内容についてさまざまなヒントや知識を得て自分で考えることのできる機会を創り出す。加えて，児童生徒が主体的に情報や資料を活用できる力，つまり情報リテラシーのスキルを身につけ，情報活用のプロセスを会得することができるように指導・支援する。教員に対しても，適切な資料や情報を提供して授業開発や授業計画，授業展開を支援する。

2008年あるいは2009年の学習指導要領改訂では，「言語活動の充実」や「探究的な学習」が明記されたが，学校図書館の資料や情報を適切に利用することによってその授業展開は幅広く豊かで深化するものとなり，効果的なものとなるはずである。とくに「探究的な学習」における情報探索プロセスの経験の積み重ねとプロセスにおける必要なスキルの獲得によって，情報を使う力，すなわち情報リテラシーを児童生徒に身につけさせることができる。

情報リテラシーは，教科を横断した汎用的な力であり，21世紀型能力のひとつとして今後ますます重要とされる力である。この，図書館を基盤とした情報リテラシーの育成のための知識やスキルを学ぶことが本科目のねらいである。情報リテラシーは，体系的に継続的に教科の学習内容と結びついて教えることが効率的であり，児童生徒も無理なく学ぶことができる。司書教諭は，学校や教科全体を横断的に見渡すことのできる位置にいるため，教科間の連絡調整にあたり，学校全体で情報リテラシー教育が推進されるように提案し計画・実施する中心的役割を果たすことが期待される。

本科目では，まず，第１章で教育課程と学校図書館に関して解説し，今，子どもたちに求められている力を確認する。第２・３章では，情報社会の進展に伴って情報リテラシーの概念が形成され，従来「図書館教育」と呼ばれてきたものが「情報リテラシーの育成」へと変化してきたことについて触れる。第４章では，その情報リテラシー教育を学校においてどのように展開すればよいかについて全体像を示し，第５～８章において，具体的に情報リテラシーの基本的なスキルについて教育方法を示す。第９～12章では，学校図書館の具体的活用例を「教科学習」「総合的な学習」「特別支援学校」における展開を示しながら，司書教諭と学校司書の役割の取り方等について考える。第13章では，デジタル資料の普及を鑑みて，情報教育や NIE などの教育と学校図書館の活用および情報活用能力の育成との関わりについて考える。第14章では，レファレンスサービスをはじめとした情報サービスについて説明し，終章の第15章で学校教育のインフラとしての学校図書館の存在について考える。

最後に，本書に紹介させていただいた実践に関わる多くの方々や機関に，そして大変お世話になった編集担当の小黒朱実氏に心より御礼を申し上げる。

2015年10月

堀川照代

目 次

まえがき　　堀川照代　3

1　教育課程と学校図書館　｜堀川照代　10

1．今，児童生徒に求められる力　10
2．学習指導要領のめざすもの　17
3．学習指導と学校図書館の利活用　21
4．発達段階に応じた学校図書館メディアの選択と利用　27

2　学校図書館利用指導から情報リテラシー教育へ　｜堀川照代　31

1．学校図書館利用指導とは何か　31
2．米国の学校図書館の利用指導　37
3．情報リテラシーの育成　43

3　情報リテラシーの理論　｜堀川照代　49

1．米国における図書館利用教育の理論化　49
2．情報活用プロセスモデル　52
3．児童生徒の情報リテラシー基準　57
4．21世紀を生きる学習者のための活動基準　57
5．学校図書館活用の教育　63

4　情報リテラシー教育の推進　｜塩谷京子　67

1．司書教諭はコーディネーター　67
2．協働のための計画案の作成と発信　72
3．実践と評価　83

5　情報リテラシーの育成（1）課題の設定　｜塩谷京子　89

1．はじめに　―授業におけるテーマの設定―　89
2．「問い」を見える形にする　―絞りこむときに使う方法―　90
3．「問い」を見える形にする　―広げるときに使う方法―　93
4．情報探索の計画を立てる　102

6　情報リテラシーの育成（2）情報の収集　｜塩谷京子　109

1．学校図書館を使う　109
2．情報・資料の探索　112
3．情報・資料の探索のためのツール　116
4．読むことによる情報収集　119
5．聞くことによる情報収集　129
6．記録する　131

7 情報リテラシーの育成 (3) 整理・分析
| 塩谷京子 137
1.「考えよう」から「考えることを教えよう」 137
2. 集めた情報を分類・比較する（仲間分けする・比べる） 142
3. 集めた情報を関係づける・関連づける（つなげる） 147
4. 集めた情報を多面的にみる（いろいろな方向からみる） 150

8 情報リテラシーの育成 (4) まとめと表現，学習の評価
| 塩谷京子 156
1. はじめに 156
2. まとめる 157
3. 表現する 161
4. 保存の仕方 169
5. 学習活動の評価 170

9 教科における学校図書館活用 (1)
| 鎌田和宏 176
1. 教科学習における学校図書館活用の意義 176
2. 教科学習における学校図書館の活用の方法 178
3. 授業づくりと学校図書館の活用 185

10 教科における学校図書館活用（2）

鎌田和宏　204

1．国語・外国語における図書館活用　205

2．社会科における図書館活用　207

3．算数・数学における図書館活用　208

4．理科における図書館活用　209

5．芸術・スポーツ保健系教科における図書館活用　210

6．技術家庭における図書館活用　212

11 総合的な学習の時間における学校図書館活用

鎌田和宏　214

1．総合的な学習の時間における学校図書館の活用の意義　214

2．総合的な学習の時間における学校図書館活用の実際　217

12 特別支援教育と学校図書館

鎌田和宏　235

1．特別支援教育における学校図書館の利用　235

2．特別支援教育における学校図書館の利用の実際　242

13 ICTを活用した教育・デジタルコンテンツの活用と学校図書館

鎌田和宏　254

1．教育におけるICTの活用の背景と現状　254

2．デジタルコンテンツの活用と授業　256

3．デジタルコンテンツの活用と学校図書館　259

14 教授／学習活動を支援する情報サービス

| 堀川照代　264

1．情報サービスとは何か　264
2．レファレンスサービス　266
3．児童生徒へのレファレンスサービス　274
4．教職員への情報サービス　279

15 学習／教育のインフラとしての学校図書館

| 堀川照代　285

1．学校図書館は学習／教育活動のインフラ　285
2．学校図書館機能をカリキュラムに位置づける　287
3．司書教諭と学校司書の協働　291
4．カリキュラムにおける学校図書館活用の評価　293

索 引　303

1　教育課程と学校図書館

堀川照代

《目標＆ポイント》 現在の教育課程改革の潮流において，児童生徒に求められている力を確認し，教育課程における学校図書館の意義・機能を明確にする。また，学習指導要領やその解説で記述されている学校図書館の役割を押さえ，実際に学校図書館を利用するとはどういうことかを理解する。

《キーワード》 OECD，PISA 調査，読解力，キー・コンピテンシー，21世紀型スキル，21世紀型能力，教育課程改革，学習指導要領，生きる力，言語活動の充実，探究的な学習，総合的な学習の時間

1　今，児童生徒に求められる力

（1）PISA 調査（2006）の日本の生徒の姿

PISA 調査は単に各国の順位を調べるものではなく，他の国の生徒と比べての各国の相対的長所と短所がわかる。日本が良い例である。科学的証拠を用いる能力，つまり知識を再現し，証拠を解釈することにより，結論を導き，その基礎となる論拠を特定する能力の評価では，日本の生徒はきわめて良い成績を収めている。それとは対照的に，科学的な疑問を認識すること，つまり科学的に探ることができる問題を認識し，科学的探求に必要な要素を見つけ出すという課題では，日本の生徒は苦労している。つまり，日本の生徒は，

初めて出会う状況で，知識を応用する必要がある場合，困難に直面するということである。

これは重要な点である。なぜなら，もし生徒が単に科学的知識を記憶し，その知識とスキルを再現することだけを学習しているのだとすれば，彼らは将来の労働市場に出たときに必要とされるスキルを身につけていないからだ。

（http://www.oecd.org/fr/edu/scolaire/programmeinternationalpourlesuividesacquisdeselevespisa/name,70255,en.htm　2014/12/06アクセス）

これは，経済協力開発機構（OECD）の2006年の「生徒の学習到達度調査（PISA）」の結果について，OECD の事務総長アンヘル・グリア氏が2007年12月に述べたものである。

（２）OECD・PISA 調査のキー・コンピテンシー

OECD は，2000年から３年ごとに義務教育終了段階の15歳児を対象に PISA 調査を実施している。「読解力」，「数学的リテラシー」，「科学的リテラシー」の３分野について，2000年は読解力，2003年は数学的リテラシー，2006年は科学的リテラシーというように順次，中心分野を決めて重点的に調査し，他の２分野については概括的に調査するものである。これらのリテラシーは，国立教育政策研究所によると次のように説明されている。（『OECD 生徒の学習到達度調査』文部科学省　2013）

○読解力とは，自らの目標を達成し，自らの知識と可能性を発達させ，効果的に社会に参加するために，書かれたテキストを理解し，利用し，熟考し，これに取り組む能力

○数学的リテラシーとは，様々な文脈の中で定式化し，数学を適用し，解釈する個人の能力であり，数学的に推論し，数学的な概

念・手順・事実・ツールを使って事象を記述し，説明し，予測する力を含む。

○科学的リテラシーは個々人の次の能力に注目する。

・疑問を認識し，新しい知識を獲得し，科学的な事象を説明し，科学が関連する諸問題について証拠に基づいた結論を導き出すための科学的知識とその活用。

・科学の特徴的な諸側面を人間の知識と探究の一形態として理解すること。

・科学とテクノロジーが我々の物質的，知的，文化的環境をいかに形作っているかを認識すること。

・思慮深い一市民として，科学的な考えを持ち，科学が関連する諸問題に，自ら進んで関わること。

PISA 調査は，「思考プロセスの習得，概念の理解，及びさまざまな状況でそれらを活かす力を重視」していると言われており（『生きるための知識と技能 3』国立教育政策研究所編　ぎょうせい　2007　p. iii），この調査の概念枠組みとなっているのが「キー・コンピテンシー」である。

キー・コンピテンシーとは，OECD が「学力の国際標準として示したコンピテンシー概念」で，「統合化の道を歩むヨーロッパ社会が，労働力の流動化などの内包する領域内の課題を持ち，各国がヨーロッパ全域に共通する教育システムの構築や学力標準の策定を始めた」という背景がある。（「キー・コンピテンシーと『DeSeCo 計画』」『生涯学習研究 e 事典』http://ejiten.javea.or.jp/content.php?c=TWpJd01qSXk%3D）。OECD は1997～2003年に「コンピテンシーの定義と選択」（DeSeCo）プロジェクトを立ち上げ，「コンピテンシー（能力）とは，単なる知識や技能だけではなく，技能や態度を含む様々な心理的・社会的なリソースを活用して，特定の文脈の中で複雑な要求（課題）に対応することができる力」と定義した。そして，コンピテンシーの中で，特に，①人生の成功や社会の発展にとって有益，②さまざまな文脈の中でも重要な要求（課題）に対応するために必要，③特定の専門家ではなくすべての個人にとって重要，といった性質を持つとして選択されたものをキー・コンピテンシーとし，次の３つのカテゴリーを挙げている。

①社会・文化的，技術的ツールを相互作用的に活用する能力（個人と社会との相互関係）

②多様な社会グループにおける人間関係形成能力（自己と他者との相互関係）

③自律的に行動する能力（個人の自律性と主体性）

（中央教育審議会初等中等教育分科会教育課程分科会第27回議事録・配布資料－文部科学省　http://www.mext.go.jp/b_menu/shingi/chukyo/chukyo3/004/siryo/05111603/004.htm）

（３）21世紀型スキル

「多くの国が産業基盤の経済から情報基盤の経済に変化していく中，教育制度も変化にこたえなくてはならないという認識がなされるようになり」，「2009年１月にロンドンで開催された『学習とテクノロジーの世界フォーラム』において，『21世紀型スキルの学びと評価プロジェクト』（Assessment and Teaching of Twenty-First Century Skills Project（ATC21S））」が立ち上がった（『21世紀型スキル』P.グリフィン他編　三宅なほみ監訳　北大路書房　2014　p.1）。これは，マイクロソフトとインテル，シスコシステムズ，メルボルン大学が世界の教育学者らに働きかけて立ち上げたプロジェクトで，21世紀に必要とされるスキルとその評価システムの研究を目的に，とくに「デジタルネットワークを使った学習」と「協調的問題解決」の２領域が対象となっている。このプロジェクトで提唱された「21世紀型スキル」は，次の４つのカテゴリーと10のスキルとして説明されている（『21世紀型スキル』p.23）。

思考の方法	①創造性とイノベーション
	②批判的思考，問題解決，意思決定
	③学び方の学習，メタ認知
働く方法	④コミュニケーション
	⑤コラボレーション（チームワーク）
働くためのツール	⑥情報リテラシー
	⑦ICT リテラシー
世界の中で生きる	⑧地域とグローバルのよい市民であること（シチズンシップ）
	⑨人生とキャリア発達
	⑩個人の責任と社会的責任（異文化理解と異文化適応能力を含む）

（4）21世紀型能力

国立教育政策研究所は2009～2013年度に「教育課程の編成に関する基礎的研究」のプロジェクトを立ち上げた。『報告書７』(2014.3) によると，このプロジェクトは「社会の変化の主な動向等に着目しつつ，今後求められる資質や能力を効果的に育成する観点から，将来の教育課程の編成に寄与する選択肢や基礎的な資料を得る」ことを目的としたもので，報告書５『社会の変化に対応する資質や能力を育成する教育課程編成の基本原理』(2013.3) において「21世紀型能力」を提案した。

この21世紀型能力は，文部科学省の「育成すべき資質・能力を踏まえた教育目標・内容と評価の在り方に関する検討会」（2013.6.27）の資料に次のように説明されている（http://www.nier.go.jp/05_kenkyu_seika/pf_pdf/20130627_4.pdf#search='21%E4%B8%96%E7%B4%80%E5%9E%8B%E8%83%BD%E5%8A%9B'）。

21世紀型能力とは，「『生きる力』としての知・徳・体を構成する資質・能力から，教科・領域横断的に学習することが求められる能力を資質・能力として抽出し，これまで日本の学校教育が培ってきた資質・能力を踏まえつつ，それらを『基礎』『思考』『実践』の観点で再構成した日本型資質・能力の枠組みである。」と定義されており，「①思考力を中核とし，それを支える②基礎力と，使い方を方向づける③実践力の三層構造」をもったものとして**図1-1**が示されている。

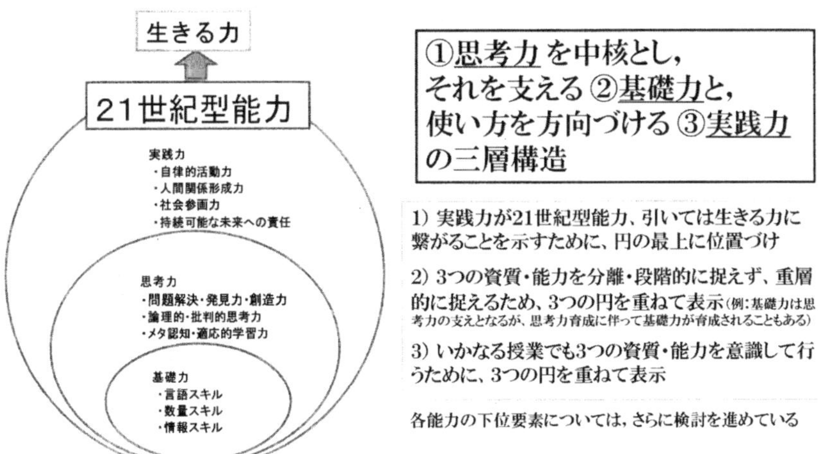

図1-1　21世紀型能力

文部科学省「育成すべき資質・能力を踏まえた教育目標・内容と評価の在り方に関する検討会」（2013.6.27）資料

(5) 子どもたちに求められている資質・能力

1990年代末から国際的にコンピテンシーの育成を目標とする教育課程改革が進んでおり,「これらの動向の背景には,①OECDのキーコンピテンシーと②21世紀型スキルの2つの流れがあるように思われる」と指摘されている(「教育課程の編成に関する基礎的研究」後藤顕一ほか http://www.nier.go.jp/05_kenkyu_seika/pf_pdf/20130627_1.pdf)。

「一時的に詰め込んでその後忘れてしまうような知識の習得ではなく,後から必要に応じて活用できる知識の獲得が重要」と三宅なほみは言う(『「21世紀型スキル」は世界標準の力』DISCO　2012.1.10)。これまでにどれだけ学んだか,どれだけの知識を覚えたかという過去の体験を基準に児童生徒の能力を量的質的に評価するのではなく,これから初めて出会う状況,つまり未知の状況において,自分でどう判断してどのように行動できるかという,未来における対応可能性を基準に評価することが重要なのである

未知の状況においては,これまでの自分の経験のなかで獲得した知識や技術では対応できないものがある。その課題解決のためには自分が保有していない知識や技術を外部から入手する必要がある。そこにインプットする力が必要となる。まず,情報源にはどのようなものがあるかを知る必要がある。そのために情報源を探す力が必要になる。次に,情報源が人の場合はコミュニケーション能力が必要である。情報源が印刷物の場合は,資料の探索能力が必要である。情報源がインターネット上の場合は,コンピュータの操作能力が必要になる。そして,情報入手後には,それを使って分析・考察し,加工・統合して自分の考えをまとめ,それを基に発言・発表したり行動したりする。つまり,インプットする力,入手した情報を吟味する力,アウトプットする力が必要となる。人

が何かをしようとするプロセスにおいて，一連の情報を使う力，情報を使いこなす力が，今，求められているのである。

求められる資質・能力として，「21世紀型スキル」で強調されている２つの領域，「協調」と「テクノロジー」について学校図書館の立場においても留意すべきである。資料や情報をもとにした読書や課題解決等のプロセスなどにおいても，他者とコミュニケーションをとりながら共に新たな状況に対応し新たな価値を創造する力を育成することも，テクノロジーを身につけ使いこなす力を育成することも含めて指導すべきである。PISA の2015年調査からは，21世紀型スキルの測定する「協調型問題解決能力」が新たな調査項目として追加されるという。

2　学習指導要領のめざすもの

（1）学力の３要素

2000年に開始されたPISA 調査の結果により，日本の児童生徒の読解力の低下が危惧され，文部科学省は「読解力向上プログラム」を発表し（2005年12月），「全国学力・学習状況調査」を実施し（2007年度開始），「学習指導要領の改訂」（小中学校2008年３月，高等学校・特別支援学校2009年３月）をするなど，さまざまな対応を重ねてきた。我が国の最近の教育施策がすべてPISA 調査結果に影響されているわけではないが，PISA 調査の方法や結果が，学力観に大きな影響を与え，教育方法に質の転換が見られ始めたと言えよう。

1996年の『21世紀を展望した我が国の教育の在り方について』（中央教育審議会第一次答申）において初めて「生きる力」が明示された。

このように考えるとき，我々はこれからの子供たちに必要となるのは，いかに社会が変化しようと，自分で課題を見つけ，自ら学び，自ら考え，主体的に判断し，行動し，よりよく問題を解決する資質や能力であり，また，自らを律しつつ，他人とともに協調し，他人を思いやる心や感動する心など，豊かな人間性であると考えた。たくましく生きるための健康や体力が不可欠であることは言うまでもない。我々は，こうした資質や能力を，変化の激しいこれからの社会を［生きる力］と称することとし，これらをバランスよくはぐくんでいくことが重要であると考えた。

この「生きる力」は1998年改訂の学習指導要領の基本的視点とされ，続く2008年の改訂においても，基本理念とされた。

そして2008年（小中学校），2009年（高等学校，特別支援学校）に告示された学習指導要領の総則には次の文が見られる。

…基礎的・基本的な知識及び技能を確実に習得させ，これらを活用して課題を解決するために必要な思考力，判断力，表現力その他の能力をはぐくむとともに，主体的に学習に取り組む態度を養い，……児童の発達の段階を考慮して，児童の言語活動を充実するとともに，家庭との連携を図りながら，児童の学習習慣が確立するよう配慮しなければならない。」

これを文科省では学力の３要素として次のようにまとめている。

①基礎的・基本的な知識・技能

②知識・技能を活用して課題を解決するために必要な思考力・判断力・表現力等

③主体的に学習に取り組む態度

（http://www.mext.go.jp/a_menu/shotou/new-cs/gengo/1300857.htm）

(２) 学習指導要領にみる学校図書館

学習指導における学校図書館に関する記述は，2008年小学校学習指導要領の第１章総則のなかの「第４　指導計画の作成等に当たって配慮すべき事項」の「２(10)」に次のように見られる。

(10)学校図書館を計画的に利用しその機能の活用を図り，児童の主体的，意欲的な学習活動や読書活動を充実すること。

中学校学習指導要領では，第１章総則「第４－２(11)」に，「児童」を「生徒」に変更して同様の文章があり，高等学校学習指導要領においても第１章総則「第５款　教育課程の編成・実施に当たって配慮すべき事項」の「５　教育課程の実施等に当たって配慮すべき事項」に同文がある。特別支援学校の小学部・中学部及び高等部の学習指導要領にも総則に同文が見られる。

学校図書館は教科ではないので，学習指導要領には場所あるいは機能として記述されているに過ぎない。『小学校学習指導要領』の「第２章　各教科　第１節　国語」の「第３　指導計画の作成と内容の取扱い　１．指導計画の作成に当たっては，次の事項に配慮するものとする」の（５）として以下の文が見られる。

（５）第２の各学年の内容の「Ｃ読むこと」に関する指導については，読書意欲を高め，日常生活において読書活動を活発に行うようにするとともに，他の教科における読書の指導や学校図書館における指導との関連を考えて行うこと。学校図書館の利用に際しては，本の題名や種類などに注目したり，索引を利用して検索をしたりするなどにより，必要な本や資料を選ぶことができるように指導すること。なお，児童の読む図書については，人間形成のため幅広く，偏りがないように配慮して選定すること。

これはあくまでも国語科の指導内容である。学習指導要領において指導面については教科ごとに記述されている。しかし『学習指導要領解説』に見られるように，学校図書館は「学校の教育活動を全般から支えるもの」であり，「司書教諭が中心となって，児童や教師の利用に供することによって，学校の教育課程の展開に寄与することができるとともに児童の自主的，主体的な学習や読書活動を推進することが要請される」のである。学校図書館の機能及び司書教諭や学校司書の働きは，各教科に散在・潜在しているもの，つまり埋め込まれているものと考えたらよいであろう。

（3）次期学習指導要領に向けて

文科省は，次期学習指導要領に向けての基礎的な資料を得ることを目的に，「育成すべき資質・能力を踏まえた教育目標・内容と評価の在り方に関する検討会」（2012.12～2014.3）を開催し，2014年３月に「論点整理」を発表した。

それには，検討会の主な成果のひとつとして「育成すべき資質・能力に対応した教育目標・内容について」が挙げられており，**図1-2**のように説明されている。

このなかの「ア）教科等を横断する汎用的なスキル（コンピテンシー）等に関わるもの」はまさに，従来から学校図書館が提唱していることである。学校図書館の立場にいる者は教科横断的に把握することができることから，教科間の連絡・調整をしたり，すべての教科に共通に必要な情報活用スキルを指導したりできるのである。しかも，その指導が系統的・計画的に実施されるように学校全体に対して働きかけることができるのである。

・現在の学習指導要領に定められている各教科等の教育目標・内容を以下の三つの視点で分析した上で，学習指導要領の構造の中で適切に位置付け直したり，その意義を明確に示したりすることについて検討すべき。ア）～ウ）については，相互のつながりを意識しつつ扱うことが重要。
ア）教科等を横断する汎用的なスキル（コンピテンシー）等に関わるもの
①汎用的なスキル等としては，例えば，問題解決，論理的思考，コミュニケーション，意欲など
②メタ認知（自己調整や内省，批判的思考等を可能にするもの）
イ）教科等の本質に関わるもの（教科等ならではの見方・考え方など）
例：「エネルギーとは何か。電気とは何か。どのような性質を持っているのか」のような教科等の本質に関わる問いに答えるためのものの見方・考え方，処理や表現の方法など
ウ）教科等に固有の知識や個別スキルに関するもの
例：「乾電池」についての知識，「検流計」の使い方

図1-2　育成すべき資質・能力を踏まえた教育目標・内容と評価の在り方に関する検討会―論点整理―主なポイント（平成26年３月31日取りまとめ）

3　学習指導と学校図書館の利活用

（1）学校図書館を利活用するとは

前節までに見てきたように，児童生徒に求められる力が従来のものと変化してきていることを考えれば，従来の教育方法を踏襲し継続していては，新たな力を育成できないのは当然といえる。我が国では教科書とノートと黒板を使った授業が伝統的であるが，今後，教科書とノートがデジタル教科書やiPadなどへ，黒板が電子黒板へとITC化するだけで

は，求められる21世紀型能力を身につけさせることはできないであろう。

インターネットでは，キーワードによって最適なページにすぐアクセスできる。図書館では，どのように資料が整理されていてどのように資料が並んでいるかを知らなければ，求める所に行きつくことができない。遊園地へ行って，ジェットコースターに乗りたいときには，それがどこにあるかをまず探すことが必要であろう。広い遊園地のなかを端から歩き回って探すことはせずに，地図を見て探す人が多いであろう。地図を見るという事は，空間を把握することである。地理的に言えば「空間」だが時間的に言えば「プロセス」である。この空間やプロセスを経験として体験できるのが図書館である。

そして図書館はさまざまな内容のさまざまなレベルの情報や資料を蓄積している。多様な読書材を利用して読書活動を展開したり，学校図書館の提供する資料や情報を授業に利用したり，資料や情報を利用して探究的な学習を行ったりするなどして，学校図書館を利活用することによって学習活動を幅広くしたり深めたりすることができる。読書によって子どもたちは他者と共感できる人間性を培ったり，自己の感情管理の方法を学んだりすることもできる。国語力や思考力も増していく。調べ学習をすることによって情報や資料をインプットする方法，アウトプットする方法を学んでいく。とり入れた情報をどのように分析したり統合したりしたらよいかを学んでいく。

ここで，学校図書館を利活用するとはどういうことかを確認しておこう。これは**図1-3**のように，大きく3つに分けて考えることができる。

①読書する

②情報や資料を利用する

③情報リテラシーと読書力を培う

①によって，読書を楽しんだり，語彙や表現力を獲得したり，想像力を養ったりすることができる。他の価値観と出会い人間としての巾を広げることができる。②によって，物事の知識や理解を広げたり深めたり，何かを調べたりすることができる。その過程で思考・判断・分析する力などが培われる。③は，②を積み重ね，指導を受けることで学び方を知る，情報を使う力，読む力を培うことができるということである。

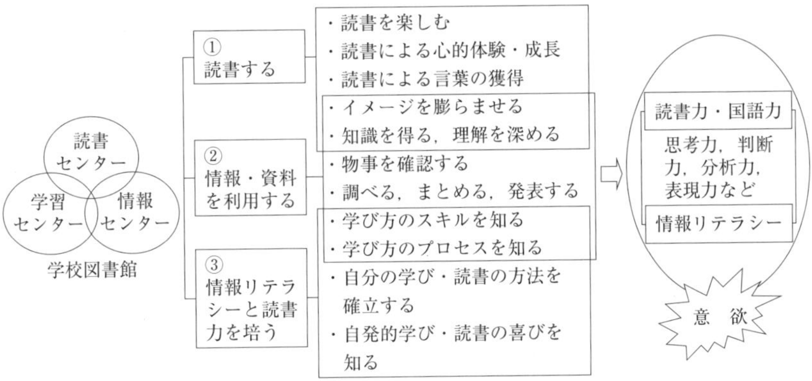

図1-3　学校図書館の利活用

(2) 言語活動の充実と学校図書館

2008年の学習指導要領の改訂で特に強調されているのが，「言語活動の充実」である。文部科学省は『言語活動の充実に関する指導事例集：思考力，判断力，表現力等の育成に向けて』を小学校版（教育出版　2011），中学校版（教育出版　2012）を刊行して，その普及に努めている。

小学校版中学校版ともに，「言語活動の充実に関する基本的な考え方」として次の２つのポイントが挙げられている。

ポイント１：各教科等の指導において言語活動を充実すること

ポイント２：思考力・判断力・表現力等をはぐくむ観点から言語活

動を充実すること

そして，ポイント2のために以下の①～⑥のような学習活動が重要であり，「これらの学習活動の基盤となるものは，数式などを含む広い意味での言語である」としている。

①体験から感じ取ったことを表現する
②事実を正確に理解し伝達する
③概念・法則・意図などを解釈し，説明したり活用したりする
④情報を分析・評価し，論述する
⑤課題について，構想を立て実践し，評価・改善する
⑥互いの考えを伝え合い，自らの考えや集団の考えを発展させる

これらの学習活動を展開するのに役立つのが，目的に即した適切な資料や情報の利用である。

(3) 探究的な学習と学校図書館

現行の学習指導要領が強調しているもう一つの点は「探究的な学習」である。2008年の『学習指導要領解説』には，「基礎的・基本的な知識・技能の定着やこれらを活用する学習活動は，教科で行うことを前提に，総合的な学習の時間においては，体験的な学習に配慮しつつ探究的な学習となるよう充実を図ることが求められている」と述べられている。

総合的な学習の時間は，「変化の激しい社会に対応して，自ら課題を見付け，自ら学び，自ら考え，主体的に判断し，よりよく問題を解決する資質や能力を育てることなどをねらいとすることから，思考力・判断力・表現力等が求められる『知識基盤社会』の時代においてますます重要な役割を果たすものである」(文部科学省「総合的な学習の時間」http://www.mext.go.jp/a_menu/shotou/sougou/main14_a2.htm) として，

1998年７月の教育課程審議会答申に基づいて，2000年度から導入されたものである。

2005年の中教審答申『新しい時代の義務教育を創造する（答申）』には，「基礎的な知識・技能の育成（いわゆる習得型の教育）と，自ら学び自ら考える力の育成（いわゆる探究型の教育）とは，……この両方を統合的に育成することが必要」と記され，「習得型」と「探究型」の考え方が明確にされた。

現行の『学習指導要領解説』によると，この総合的な学習の時間の目標は次のようにまとめられている（『高等学校学習指導要領解説　総合的な学習の時間編』2009.7　p.10-13）。

- ►横断的・総合的な学習や探究的な学習を通すこと
- ►自ら課題を見付け，自ら学び，自ら考え，主体的に判断し，よりよく問題を解決する資質や能力を育成すること
- ►学び方やものの考え方を身に付けること
- ►問題の解決や探究活動に主体的，創造的，協同的に取り組む態度を育てること
- ►自己の生き方を考えることができるようにすること

また，「探究的な学習における生徒（児童）の学習の姿」が４段階でスパイラルに図示され（図1-4），各段階が次のように説明されている（『今，求められる力を高める総合的な学習の時間の展開』文部科学省2010）。

【課題の設定】体験活動などを通して，課題を設定し課題意識をもつ
【情報の収集】必要な情報を取り出したり収集したりする
【整理・分析】収集した情報を，整理したり分析したりして思考する

【まとめ・表現】気付きや発見，自分の考えなどをまとめ，判断し，表現する

この探究的な学習は，従来図書館で行ってきた調べ学習と呼ばれるものである。資料や情報を用いて主体的に調べ，自分で判断しまとめる学習活動を，教科横断的に，知識の「応用」の段階として総合的な時間のなかで展開することが推奨されている。

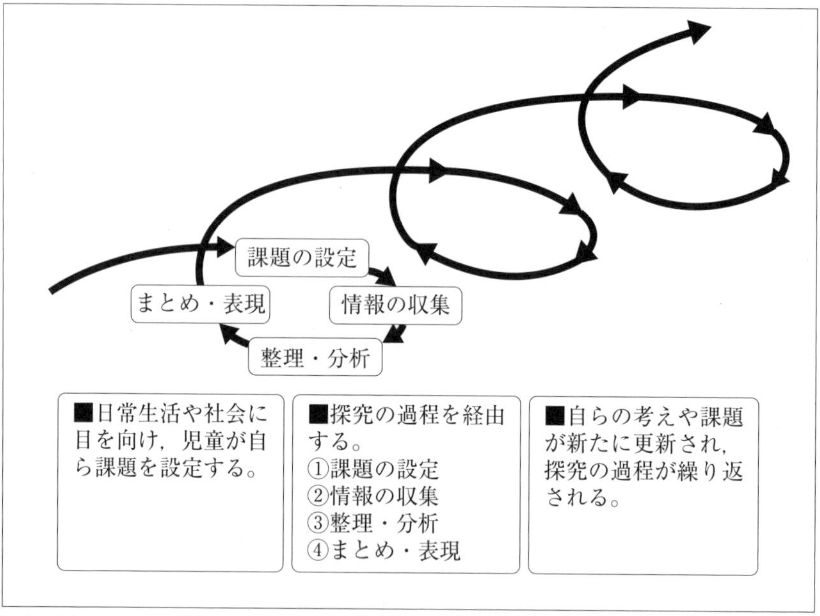

図1-4　探究的な学習における生徒の学習の姿（『今，求められる力を高める総合的な学習の時間の展開』文部科学省　2010）

4 発達段階に応じた学校図書館メディアの選択と利用

児童生徒の学習活動に資料や情報を利用することによって，子どもたちの学びには奥行が出てくる。資料や情報は，学習活動の内容や目的に即したものであり，同時に児童生徒の発達レベルに即したものでなくてはならない。

（１）小学校の図書館

低学年の子どもたちには，楽しんだり知識を得たりするために本を選んで読書しようとする態度を育てることが大切である。入学直後の子どもたちは読書レベルに開きがあるため，最初に絵本を利用する教員もいる。低学年の児童たちには，紙芝居や絵本，幼年童話を揃えておくことが必要である。絵本には昔話絵本や創作絵本，知識の絵本，科学絵本などがある。絵で表現・説明されている図鑑は，低学年でも利用できる参考図書である。生活科で図鑑を利用することも多く，お気に入りの本として図鑑を楽しむ子どももいる。

中学年になると，関心や興味の広がりが個人によって異なってくる。幅広く読書しようとする態度を育てるため，昔話・冒険物語・ファンタジーなどの児童文学，詩，記録・報告文など幅広い内容やジャンルの資料を揃えたい。また，課題に応じて資料を利用することを学んでいくので，国語辞典や地図，百科事典，ファイル資料，地域資料も整備する。授業で使用する国語辞典などは１クラス分の冊数を揃えることも必要であり，ブックトラックで教室へ移動できるようにしているところもある。

高学年では，読書をとおして考えを広げたり深めたりしようとする態度を育てたい。ファンタジー，冒険物語，歴史物語など読み応えのある児童文学や伝記・科学読物などノンフィクションを揃える。目的に応じて資料を利用できるように，漢字辞典や年鑑，白書，統計資料，地域資料，新聞なども揃える。「ふるさと学習」や並行読書のための資料も必要となる。

(2) 中学校の図書館

この時期には，身体的には第2次性徴が見られ，自己意識が強まり，優越感や劣等感，虚栄心や焦燥感などの自我感情が現れてくる。生きることの意義や価値を考え，自己の感情管理の方法を学ぶことができるような児童文学やYA文学を置きたい。小学校と高等学校の中間にあって，生徒の読書能力には個人差が大きいので，児童書から成人向けまでの幅広い資料が必要である。小学校でも同様であるが，授業で，リテラチャー・サークルを行う場合には，吟味した図書を3～5人のグループの人数分の副本を用意する。

また，批判的に読むことや，資料から必要な情報を抽出し新たな情報を創造することを学ぶ時期でもある。参考図書はハンドブック，年鑑・白書類，書誌・索引などを備えたり，オンライン有料データベースを契約したりする。「職業調べ」などの特化したテーマの資料も必要である。

(3) 高等学校の図書館

高校のこの時期には，自己の内面に目を向けると同時に，社会や環境にも目を向けるようになる。さまざまなジャンルの資料に触れさせ，物の見方や感じ方，考え方を豊かにさせたい。純文学，思想，哲学関係の本にも手を伸ばす生徒がいる一方，ライトノベル（軽く読めるという和製英語。「ラノベ」とも呼ばれる）やコミック中心に読書する生徒もいる。ライトノベルを窓口に，メディアミックス化した資料をとおして自立した読者へと導きたい。参考資料も成人向きのものを使いこなし，デジタル資料のものも増えてくる。とくに職業・進学関連のキャリア資料や，小論文対策資料，英語科の多読用資料なども必要となる。

小・中・高校のどの校種においてもデジタル資料が増えてきている。パソコン，デジタルカメラやOHC（教材提示装置）も備えておくとよい。インターネット上のリンク集を作成することも場合によっては必要である。

適切な資料を収集し適切なコレクションを形成していくためには，基本図書を自ら読んで選択眼を養うことが必要である。教科書の内容をよく読み，何が必要かを想定したり，教員とコミュニケーションをとったりすることが役に立つ。具体的に，ルビの有無（総ルビか一部か），活字の大きさ，図版の有無，説明文の量，説明文のわかりやすさなども選択基準となる。『学校図書館基本図書目録』（全国学校図書館協議会 1952-2014）などを選択ツールとして利用することもできる。

■ 理解を確実にするために

1 次の用語を説明しましょう。

①キー・コンピテンシー

②探究的な学習

③21世紀型能力

2 この問題に答えましょう。

学校図書館を利活用するとは，具体的にどのように利用することか，説明してください。

■ 理解を深めるために

① 『21世紀型スキル』P.グリフィン他編　三宅なほみ監訳　北大路書房　2014

② 『学びを拓く授業モデル』五十嵐絹子，藤田利江編著　国土社　2014

③『学校図書館は何ができるか？その可能性に迫る』門脇久美子ほか著　国土社　2014

2 学校図書館利用指導から情報リテラシー教育へ

堀川照代

《目標＆ポイント》 図書館という枠の中で図書館の利用指導を行っていた学校図書館は，どの教科にも基礎となる情報リテラシーの教育へ関わり，それを推進する立場をとるようにと変化してきた。その変化と意味について，米国の歴史を踏まえながら理解を深める。
《キーワード》 図書館教育，図書館利用指導，『学校図書館の手引き』，学校図書館基準，情報リテラシー

1 学校図書館利用指導とは何か

（1）図書館教育と図書館利用指導

学校図書館に関する指導は，従来から「図書館教育」や「利用指導」という語で呼ばれてきた。まず，この２つの語の意味を文部省（当時）が発表した冊子をもとに確認しておこう。

戦後，米国から新しい学校図書館理念が導入され，その啓発・普及のために文部省（当時）は「学校図書館基準」や『学校図書館の手引き』を発表した。「学校図書館基準」は1949年，1953年，1959年と３回発表された。『学校図書館の手引き』と言われるものは，各々タイトルが異なるが，1948年以降1987年までに11冊出版されており，加えて2001年に『新しい時代に対応した学校図書館の施設・環境づくり』（文部科学省編，

ボイックス）が，学校図書館施設の解説書として出されている。

1949年の「学校図書館基準」を改訂した1953年のものは「学校図書館基準（案)」として発表された。それは，A. 原則，B. 機能，C. 学校図書館職員，D. 学校図書館資料，E. 学校図書館資料の整理，F. 建物・設備，G. 経費，H. 運営，I. 図書館教育の９章から構成されており，「I. 図書館教育」として，「図書及び図書館の利用法」に関する指導事項が11項目挙げられていた。

この1953年の「基準（案)」がさらに改訂されたものが，『学校図書館運営の手びき』（明治図書，1959）の第２章に掲載されている。1953年のものと同様に９章構成であるが，「図書館教育」を「図書館の利用指導」と改め，指導事項が15項目に増えている。

1959年の『学校図書館運営の手びき』には，「図書館教育」は「図書と図書館の内容や機能について広く知り，これをみずから自由に使いこなしていく技術や態度を身につけさせる組織的な指導」（p.243）と定義されている。しかしこの手引きには，「図書館教育」と「図書館の利用指導」の２つの語が混在している。

1961年発行の手引き『小・中学校における学校図書館利用の手びき』（東洋館）になって用語が整理された。「学校図書館利用指導とは，学校図書館および学校図書館資料の利用に関するスキル（skill）の指導」と定義され，「従来，現場その他で狭義の図書館教育という名でよばれていたものと，その基本的立場においてかわりのないもの」（p.113）と記されている。ここにおいて，「図書館教育」から「学校図書館利用指導」への移行が明示されたと言える。

ただ，現在でも一般には「図書館教育」という語は用いられており，読書教育も含めた広い概念として使用される場合もある。

（２）『学校図書館の手引き』における学校図書館利用指導

学校図書館利用指導は，具体的にはどのような内容を含んだものであるかを，一連の『学校図書館の手引き』に記載されている事項によって確認してみよう。

1948年に文部省が発行した最初の手引き『学校図書館の手引』（師範学校教科書）には「図書および図書館利用法の指導」として14項目が挙げられている。すなわち，A. 図書館の見学，B. 図書館の機能と利用，C. 館内においてよい市民としてふるまうこと，D. 図書の構成，E. 図書の印刷部分，F. 分類および図書の排列，G. カード目録，H. 辞書および百科事典，I. 参考書，J. 雑誌および雑誌索引，K. 図書目録の作り方（ある主題についての書目の作り方），L. ノートの取り方，M. 登録法と時事問題，N. 文献の評価である。この14項目は，手引きを作成するために米国から提供された参考資料の内容が反映されていると思われる。

1963年発行の手引き『学校図書館の管理と運用』（東洋館）では，学校図書館の利用指導を広義と狭義に区別している。狭義には「図書館および図書館資料の利用に関する基礎的な知識・技能・態度を育成するための指導」（p.180）としており，広義には，①狭義における学校図書館の利用指導，②学習の効果を高めるための利用指導，③読書指導，④レファレンスサービスを挙げ，「これらすべての指導あるいは奉仕を包括して広義における『学校図書館の利用指導』」（p.183）としている。

1970年発行の手引き『小学校における学校図書館の利用指導』（大日本図書）には，「学校図書館の利用指導は直接的には図書館の利用に関して必要とされる知識・技能・態度の育成を意図するものではあるが，指導の究極的なねらいは，あくまでも，生涯にわたる自己教育を支える学習技術（スタディ・スキルズ）とか，あらゆる教科等の学習において

『学校図書館の手引』(1948)「図書および図書館利用法の指導」	『小学校，中学校における学校図書館の利用と指導』(1983)
A．図書館の見学 B．図書館の機能と利用 C．館内においてよい市民としてふるまうこと D．図書の構成 E．図書の印刷部分 F．分類および図書の排列 G．カード目録 H．辞書および百科事典 I．参考書 J．雑誌および雑誌索引 K．図書目録の作り方（ある主題についての書目の作り方） L．ノートの取り方 M．登録法と時事問題 N．文献の評価	A．図書館及びその資料の利用に関する事項 1．図書館資料の種類や構成を知って利用する 2．学校図書館の機能と役割を知って利用する 3．公共図書館の機能と役割を知って利用する 4．地域の文化施設の機能と役割を知って利用する B．情報・資料の検索と利用に関する事項 1．図鑑の利用に慣れる 2．国語辞典，漢和辞典などの利用に慣れる 3．百科事典，専門事典などの利用に慣れる 4．年鑑などの利用に慣れる 5．図書資料の検索と利用に慣れる 6．図書以外の資料の検索と利用に慣れる 7．目録，資料リストなどの利用に慣れる C．情報・資料の収集・組織と蓄積に関する事項 1．必要な情報・資料を集める 2．記録の取り方を工夫する 3．資料リストを作る 4．目的に応じた資料のまとめ方を工夫する 5．目的に応じた伝達の仕方を工夫する 6．資料の保管の仕方を工夫する D．生活の充実に関する事項 1．望ましい読書習慣を身につける 2．集団で読書などの活動を楽しむ 3．進んで読書などの活動を中心にした集会活動に参加する 4．進んで読書などの活動を中心とした学校行事などに参加する

図2-1　利用指導における指導事項

必要とされる情報の検索・組織化・処理の能力などを育成することに存する」(p.9) と定義されており，生涯学習を見据えて情報を使う力の育成が示されている。

1983年の手引き『小学校，中学校における学校図書館の利用と指導』(ぎょうせい) には，「これまでの教える側に立って構想された図書館の利用指導では……技能の一方的な伝達に偏るきらいがあり，児童生徒の側の内発的動機にかけるところが」あったとして，「従来から幾分狭義に解釈される傾向にあった『利用指導』という言葉に代えて」(p.4)「利用と指導」という語を用い，「従来の事項を整理し，児童生徒の情報を的確に処理する能力を育成する立場から」４領域21項目を提示した(図2-1)。４領域とは，A. 図書館及びその資料の利用に関する事項，B. 情報・資料の検索と利用に関する事項，C. 情報・資料の収集・組織と蓄積に関する事項，D. 生活の充実に関する事項である。D は「読書指導」に関する領域であり，その解説書として1987年に『小学校，中学校における読書活動とその指導：読書意欲を育てる』(大日本図書) が刊行された。

以上のように，学校図書館の利用指導は，狭義と広義の考え方が存在してきたが，本書では狭義のものとして扱っていく。

(３) 学校図書館利用指導の位置づけ

利用指導は，とらえられ方によってその位置づけも変化してきた。

前述のように，1959年の「学校図書館基準」に「図書館の利用指導」として15項目が列挙されていたが，加えて「これらの指導は，小・中・高等学校ごとに，教科および教科以外の諸指導を通して，計画的，組織的に行うことが必要である。」「その指導は司書教諭が中心となり，各教師が協力して行う」と記されていた。しかし当時は司書教諭の養成が追いついていなかったのが事実であった。

そこで一般的には，学校図書館の利用指導は国語科の学習指導の一部として実施された。1963年の手引きに，「指導計画を作成する場合……つまり，必要な資料・指導事項，および配当時間や指導方法などについて，それぞれの立場から計画を立てることが必要となる。次の段階において，これらの個々の計画を総合してみると，そこにおのずから全領域の指導に共通して望まれる指導事項が見いだされてくるであろう。これらの共通の要素を抽出し体系化したもの」（p.181）が利用指導であると説明されており，ひとつの体系をもったものとしてとらえられた意義は大きい。

そして1968年改訂の小学校学習指導要領の総則で，「教科書その他の教材・教具を活用し，学校図書館を計画的に利用すること」として「特別活動」のなかの「学級指導」の「内容」として「学校図書館の利用指導」が位置づけられたのであった。その後に出された1970年の学校図書館の手引きには，以下のような記述がみられる。

> わが国の学校教育のなかに学校図書館の理念・方法が導入された当初には…（中略）…「学校図書館の利用指導」の指導内容の大部分を，教科等の学習と融合形式によって指導しようとする考え方が有力であった。…しかし…「学校図書館の利用指導」に関する内容を包摂しながら，同時に特定の教科等のねらいを達成することは必ずしも容易ではない。極端な場合には，教科等の指導内容と利用指導の内容が分裂したり，後者の内容だけが事実上優先して，教科等そのものの指導がゆがめられたりするおそれもある。このような反省から，特設時間における利用指導の必要性・有効性が実践を通してしだいに強く認識されるにいたった。（『小学校における学校図書館の利用指導』文部省　1970　p.42）

1983年の手引きには，前述のように「利用指導」という語に代えて「利用と指導」という語が用いられ，次のように記されていた。

> 正規の授業として学級指導で「利用指導」を行うことの必要性を否定するものではないが，我が国の学校図書館の置かれている一般的状況から見て，「利用指導」を中心に据えることは，実効性に乏しいと言わざるを得ない。むしろ精選され，明確に構造化された各教科，道徳，特別活動等の内容を媒介として，図書館利用が助長され，それに適切な指導を加えるかたちの「利用と指導」を浸透させることが現実的であり，本来の趣旨である。(p.4)

このように，利用指導の内容には，「特設時間で指導する」あるいは「教科のなかで指導する」という２つの方法が時代によって提唱されてきたのである。

2　米国の学校図書館の利用指導

(1)「図書館利用支援」から「教育支援」へ

米国では，アメリカ図書館協会らにより学校図書館基準が出されてきた。1917年に高校の学校図書館基準が出されたのを始めとして1975年までに11回出されている。その後は「基準 (standard)」ではなく「指針 (guideline)」として1988年，1998年，2009年に発表されている。

1945年の小・中・高等学校の統一基準『今日・明日の学校図書館 (*School Libraries for Today and Tomorrow*)』では，学校図書館には公共図書館とは異なる役割があることが明確にされていた。しかし基本的にはこれは量的基準であり，1930，40年代は，学校図書館の役割として教育プログラムに役立つ資料を選択し，それを利用に供することが強調されていた。

1960年にアメリカ学校図書館員協会（AASL）が『学校図書館プログラム基準（*Standards for School Library Programs*）』を発表した。これには，学校図書館の目的が教育を推進するものと明確にされ，「授業に統合された図書館利用教育においても教師としての学校図書館員が学級担任と協力するほうがよいことを強調して」いた（『インフォメーション・パワー：学習のためのパートナーシップの構築』同志社大学　2000 p.6-8）。それまで個々の児童生徒を対象としてきた学校図書館が，児童生徒と教員を対象に授業に関わりをもつことを宣言したものともいえる。学校図書館が資料と施設だけでなく，それらによって何かを行うという「プログラム」をもつ存在として自己主張したのであった。

さらに1969年の基準『学校メディア・プログラム基準（*Standards for School Media Programs*）』は，AASLと全米教育協会視聴覚教育部（DAVI）が共同で作成したもので，1960年の「library programs」が「media programs」に，「librarian」が「media specialist」に変化したことが大きな特徴であった。1975年には，やはりAASLと教育コミュニケーション工学協会（AECT：旧DAVI）の共同で『メディア・プログラム：学校区と学校（*Media Programs: District and School*）』が刊行され，学校区内のネットワークが強調された。

この1960～70年代の学校図書館の変化は，①受動的から能動的へ，②図書を主に扱うライブラリアンからマルチメディアを扱うメディア・スペシャリストへ，③管理者から教員（teacher-librarian）へ，④サービスからプログラムへ，と捉えることができる（Carroll, F. L. *Recent advances in school librarianship*, Oxford, Pergamon Press, 1981, p.102）。

1988年に刊行された『インフォメーション・パワー：学校図書館メデ

ィア・プログラム・ガイドライン（*Information Power: Guidelines for School Library Media Programs*）』には，メディア・スペシャリストの役割が，「情報の専門家（information specialist）」，「教師（teacher）」，「学習指導コンサルタント（instructional consultant）」と説明されている。これは「基準」ではなく「ガイドライン」として方向性を示したもので，それぞれの地域で独自の展開が期待されていた。

さらに1998年に出された『インフォメーション・パワー：学習のためのパートナーシップの構築（*Information Power: Building Partnerships for Learning*）』には，メディア・スペシャリストが次の順に４つの役割として説明されている。（『インフォメーション・パワー：学習のためのパートナーシップの構築』同志社大学　2000　p.6-8）

○教師として，図書館メディア・スペシャリストは，学習・情報ニーズを分析し，そのニーズに合うリソーセスを探索，利用し，その資源が提供する情報を理解し，伝達するために，児童・生徒などの学習コミュニティのメンバーと協力する。（後略）

○教授指導のパートナーとして，図書館メディア・スペシャリストは，教師などと協力して，児童生徒の情報ニーズ，教科内容，学習効果，各種の印刷・非印刷リソーセス，そして電子リソーセスへの架け橋となるものが何かを見極めるものである。（後略）

○情報の専門家として，図書館メディア・スペシャリストは，次のような点でリーダーシップや専門性を提供するものである。それは，あらゆる形態の情報リソーセスを入手し評価すること，教師，管理職，児童・生徒などとの協力関係の中で情報に関する課題への認識を高めること，図書館メディアセンター内外にある情報の探索・アクセス・評価のための戦略について，児童・生徒などの模範となること，という点である。（後略）

○フログラムの管理者として，図書館メディア・スペシャリストは，図書館メディア・プログラムの方針を明示し，それに関連するすべての活動を指揮し，導いていくために，学習コミュニティの全員と協力するものである。(後略)

(2)『インフォメーション・パワー』(1998) におけるメディア・プログラム

前節において，図書館が「プログラム」をもつものと宣言したと述べたが，ではそのプログラムとは何かを少々詳しく見て行きたい。

1960年の「ライブラリ・プログラム」が1969年には「メディア・プログラム」と改称したことは前述のとおりであるが，「図書館」ではなく「メディア」を用いてメディア・スペシャリストがどのようなプログラムを提供するのか，ということである。これについて知るには，1998年の『インフォメーション・パワー』の記述が参考になる。

学校図書館メディア・プログラムの「使命が焦点を当てているのは，情報リテラシーを中心に，『児童・生徒の学習のための情報リテラシー基準』の中で述べる活動的な真の学習を意図したプログラムやサービスを提供することである。」(p.9) として，学校図書館メディア・プログラムの目標が図2-2のように7つ掲げられている。

さらに「学校図書館メディア・プログラムにおける学習と教授の原則」(p.65, 66) が10原則（図2-3）示され，各原則に「メディア・スペシャリストの目標」が数項目挙げられている。例えば「原則1」は次のとおりである。(p.68, 69)

【原則1】図書館メディア・プログラムは，学習と教授に不可欠であり，児童・生徒が学習の目標を達成するのを奨励するためにカリキュラムに十分に組み込まれなければならない。

1．カリキュラムと統合された学習活動や，カリキュラムすべての分野のあらゆる形態の情報を選択，探索，分析，評価，総合，創造，伝達するのに効果的な認知的手法を開発することによって，すべての児童・生徒が情報リテラシーを身につけるのを支援するような学習活動を通じて，情報への知的なアクセスを提供すること。
2．a．広範な主題，難易度，形態を反映する，慎重に選択され，体系的に組織された多様な学習リソーセスの学校区のコレクションを通して，また，b．電子ネットワーク，図書館間相互貸借，他の情報機関との協力の協定などの方法で，図書館メディア・センターや学校の外部から情報や資料を入手するきちんとした手順を通して，さらに，その地域，または遠隔地にあるあらゆる形態の情報にアクセスするための各種の機器操作の利用指導を通して，情報への物理的なアクセスを提供すること。
3．あらゆる種類のコミュニケーション・メディアと科学技術に関する包括的な指導を通して，児童・生徒などが，選別することのできる情報の使い手，優秀な情報の創り手になれるのを促す学習経験を提供すること。
4．学習のための教授・情報工学の利用のための教授計画の原理の適用にあたり，教師などへのリーダーシップ，協力，支援を提供すること。
5．教授・学習スタイル，指導法，興味，能力の多岐にわたる違いに対応しつつ，生涯学習を支援するようなリソーセスや諸活動を提供すること。
6．学校内での統合的，学際的な学習活動の場を与えたり，この場を越えて学習に必要な広範な情報へのアクセスを提供したりすることを通して，学校の情報センターとして機能するプログラムを提供すること。
7．経験や意見，社会的・文化的観点の多様性を反映した学習のためのリソーセスや諸活動を提供し，知的自由や情報へのアクセスが，民主的社会の有能で責任ある市民にとっての前提条件であるという考え方を支持すること。

図2-2　図書館メディア・プログラムの目標（『インフォメーション・パワー』2000　p.9-10）

＜学校図書館メディア・プログラムにおける学習と教授の原則＞

原則１：図書館メディア・プログラムは，学習と教授に不可欠であり，児童・生徒が学習の目標を達成するのを奨励するためにカリキュラムに十分に組み込まれなければならない。

原則２：「児童・生徒の学習のための情報リテラシー基準」が学校のカリキュラムの内容と達成目標に不可欠である。

原則３：図書館メディア・プログラムは，協調的な立案とカリキュラムの開発の模範となり，それらを奨励する。

原則４：図書館メディア・プログラムは，創造的，効果的，協調的な教授の模範となり，それらを奨励する。

原則５：図書館メディア・プログラムを通じて全ての範囲の情報リソースとサービスにアクセスすることが学習の基盤である。

原則６：図書館メディア・プログラムは，児童・生徒を促して，理解や楽しみのために読んだり，視聴したりさせる。

原則７：図書館メディア・プログラムは，多様な学習の能力，スタイル，ニーズを持つ学習コミュニティの全ての児童・生徒などが学習するのを支援する。

原則８：図書館メディア・プログラムは，個人研究も共同研究も奨励する。

原則９：図書館メディア・プログラムは，テクノロジーの利用を学習と教授に統合する。

原則10：図書館メディア・プログラムは，より大きな学習コミュニティへつながるときに不可欠なものである。

図2-3　学校図書館メディア・プログラムにおける学習と教授の原則（『インフォメーション・パワー：学習のためのパートナーシップの構築』アメリカ・スクール・ライブラリアン協会　教育コミュニケーション工学協会共編　渡辺信一監訳，コーンハウザ・由香子［ほか］共訳　同志社大学　2000　p.65）

<学校図書館メディア・スペシャリストの目標>

1．全教科・全学年のカリキュラムに精通し，カリキュラム全体に通じる情報リテラシーの力を奨励する。

2．学校内や学校区そして州の各レベルで，教科別や学年別の，チームや委員会で次のように働く。

・カリキュラムを開発する。

・情報リテラシー・スキルに結び付く学習の目標と目的を確立する。

・情報リテラシーと批判的思考をカリキュラム全体で支援するのに適切な情報リソーセスを勧める。

3．テクノロジーの立案において情報リテラシーに焦点をおくように，すべてのレベルでテクノロジー委員会に参加する。

4．教授と学習の過程全体で情報リテラシーの力を統合するために，学習コミュニティの教師や職員などと協調する。

また，1998年の『インフォメーション・パワー』には，この「学習と教授の原則」のほかに，「学校図書館メディア・プログラムの情報へのアクセスと提供の原則」が７原則，「学校図書館メディア・プログラムにおけるプログラムの運営の原則」が10原則示されている。

3　情報リテラシーの育成

（1）情報リテラシーの概念

リテラシー（literacy）は，一般に識字と訳される。識字とは「文字の読み書きができること」（『広辞苑』）である。したがって，情報リテラシーは情報の読み書きができることと言える。

情報リテラシー（information literacy）という語は，1974年に米国の情報産業協会（IIA：Information Industry Association）の会長ツルコウスキー（P.C.Zurkowski）が米国図書館情報委員会（U.S.National Commission on Libraries and Information Science）に提出した報告書のなかで初めて使用したと言われる。「情報社会」という語が認識されるようになった1970年代に，情報化や情報産業の発展にともなって新しい能力，すなわち「職業上の諸問題に対して情報による解決を行う際に，広範な情報ツールならびに基本的な情報源を利用するための手法や技能」が必要なことが指摘された。その後，IIA は1979年に，「職業上」とは限定しないで「問題解決にあたって情報ツールを利用するための技法や技能」と定義している。（野末俊比古『情報探索と情報利用』「第５章　情報リテラシー」勁草書房　2001　p.254-255）

1980年代から，企業へコンピュータが導入され，通信ネットワークやデータベースが普及し，家庭にもコンピュータが入り始めた。さらにファクシミリや携帯電話，ケーブルテレビや衛星放送，ゲーム機などのメディアが多様化し情報量が増大した。それとともに，大量の情報のなかから必要な情報を探索・収集する力や，情報を分析・評価する力が，企業ばかりでなく，市民の生活や生涯学習の文脈においても必要であることが認識され始めたのである。

アメリカ図書館協会（ALA）の情報リテラシーに関する会長諮問委員会の1989年の最終報告書には，次のように情報リテラシーが説明されている。

> 情報リテラシーのある人とは，情報が必要である時を認識でき，必要な情報の所在を知る能力をもち，必要として情報を理解し，効果的に利用できる能力をもった人である。……つまり，情報リテラ

シーのある人とは，学び方を知っている人である。学び方を知っているというのは，知識を通して学習することができるように，知識がどのように整理されていて，どのように見つけ出せばよいか，どのように情報を利用したらよいかを知っていることである。

（2）我が国の情報教育の進展

我が国では，一般に情報教育で育成する力を「情報活用能力」と呼んでいるが，その情報教育が開始された経緯をみておこう。

我が国の初等中等教育における情報教育は，1985年以降，飛躍的な展開が見られたと言われる。1985年６月の臨時教育審議会第１次答申に「社会の情報化を真に人々の生活の向上に役立てる上で人々が主体的な選択により情報を使いこなす力を身に付けることが今後への重要な課題である。」と述べられ，1986年４月の臨教審第２次答申には，「初等中等教育などへの情報手段の活用を進め，それを通じて情報活用能力（情報リテラシー）の育成を図る必要がある」とし，同年12月の教育課程審議会答申において，「社会の情報化に主体的に対応できる基礎的な資質を養う観点から，情報の理解，選択，整理，処理，創造などに必要な能力及びコンピュータ等の情報手段を活用する能力と態度の育成が図られるように配慮する」と述べられていた。

1989年告示の学習指導要領では，中学校の技術・家庭科の領域に選択領域として「情報基礎」が新設され，中学校・高等学校段階で，社会科・公民科・数学・理科・家庭（高等学校）などに関連する各教科で情報関連の内容が取り入れられた。これにより「情報教育は啓蒙と開発と試行の時代から，本格的実施の時代に入った」（『情報教育に関する手引き』文部省　1990　p.1）と言われる。

1996年７月の第15期中央教育審議会第１次答申『21世紀を展望した我

が国の教育の在り方について』には，①情報教育の体系的な実施，②情報機器，情報通信ネットワークの活用による学校教育の質的改善，③高度情報通信社会に対応する「新しい学校」の構築，④情報化の「影」の部分，について提言されていた。

そして1998年12月告示の学習指導要領（高等学校学習指導要領は1999年３月告示）では，中学校の技術・家庭科に「情報とコンピュータ」を必修とし，高等学校には普通教科「情報」を新設し必修とすることが定められた。

（3）「情報活用能力」とは何か

『教育の情報化に関する手引』（文部科学省　2009）に「小学校及び中学校において身に付けさせたい情報活用能力」が**図2-4**のように表示されている。

この図に示されているように，情報教育はコンピュータの利用を前提としていることは明白である。一方，図書館で扱う資料（メディア）は，図書，雑誌，新聞，AV 資料，電子資料，ネットワーク情報源と多様であり，情報教育に対して図書館教育というときにはこれらの多様な種類のメディアを扱うことになる。資料の種類に特化して，NIE 教育，視聴覚教育，メディア教育，情報教育（コンピュータ教育）という名称もあるが，図書館はこれらの多様な資料を包含した存在なのであり，その延長で，これらの多様な教育とも関わることになる。

（4）情報リテラシーの育成

上述のように，我が国では情報教育で育成する力として「情報活用能力」と定義されてきたという経緯があるので，それと区別する意味で，図書館で扱う多様なメディアをもとに育成する情報を使う力，使いこな

学習指導要領 総則 ＼ 情報教育の目標の3観点	小学校	中学校
	児童がコンピュータや情報通信ネットワークなどの情報手段に慣れ親しみ，コンピュータで文字を入力するなどの**基本的な操作**及び**情報モラル**を身に付け，**情報手段を適切に活用できる**ようにするための学習活動を充実	生徒が**情報モラル**を身に付け，コンピュータや情報通信ネットワークなどの**情報手段を適切かつ主体的，積極的に活用できる**ようにするための学習活動を充実
A 情報活用の実践力	**基本的な操作** ・文字の入力　・電子ファイルの保存・整理 ・インターネットの閲覧　・電子メールの送受信　など **情報手段の適切な活用** ・様々な方法で文字や画像などの情報を収集して調べたり比較したりする ・文章を編集したり図表を作成したりする ・調べたものをまとめたり発表したりする ・ICTを使って交流する　など	**情報手段の適切かつ主体的，積極的な活用** ・課題を解決するために自ら効果的な情報手段を選んで必要な情報を収集する ・様々な情報源から収集した情報を比較し必要とする情報や信頼できる情報を選び取る ・ICTを用いて情報の処理の仕方を工夫する ・自分の考えなどが伝わりやすいように表現を工夫して発表したり情報を発信する　など
B 情報の科学的な理解	**情報手段の特性と情報活用の評価・改善** ・コンピュータなどの各部の名称や基本的な役割，インターネットの基本的な特性を理解 ・情報手段を活用した学習活動の過程や成果を振り返ることを通して，自らの情報活用を評価・改善するための方法等を理解	**情報手段の特性と情報活用の評価・改善** ・コンピュータの構成と基本的な情報処理の仕組み，情報通信ネットワークの構成，メディアの特徴と利用方法等，コンピュータを利用した計測・制御の基本的な仕組みを理解 ・情報手段を活用した学習活動の過程や成果を振り返ることを通して，自らの情報活用を評価・改善するための方法等を理解
C 情報社会に参画する態度	**情報モラル** **（情報社会で適正に活動するための基となる考え方と態度）** ・情報発信による他人や社会への影響 ・情報には誤ったものや危険なものがあること ・健康を害するような行動 ・ネットワーク上のルールやマナーを守ることの意味 ・情報には自他の権利があること　など についての考え方や態度	**情報モラル** **（情報社会で適正に活動するための基となる考え方と態度）** ・情報技術の社会と環境における役割 ・トラブルに遭遇したときの自主的な解決方法 ・基礎的な情報セキュリティ対策 ・健康を害するような行動 ・ネットワーク利用上の責任 ・基本的なルールや法律の理解と違法な行為による問題 ・知的財産権など権利を尊重することの大切さ　など についての考え方や態度

図2-4　小学校及び中学校において身に付けさせたい情報活用能力（『教育の情報化に関する手引』文部科学省　2009　p.50）

す力を，本書では「情報リテラシー」と呼ぶことにする。

さてここで，印刷物とwebページを比較してみよう。例えば，島根県松江市から石川県金沢市までの経路を調べるために，印刷体の時刻表とWeb上の時刻表を利用する場合を考えてみる。

印刷体では，索引地図によって松江駅から金沢駅は北東にあるという位置確認ができ距離を感じることもできる。日本海沿岸を通って行くか，東京経由で金沢へ行くか，陸路で行くか，空路で行くか，などの可能性が見える。

Webでは，出発地・乗換地・目的地の最短距離が示されることが多いが，松江から金沢がどの方位にあるのかわからない。距離がKmで示されるがその距離感は感じられない。Webで提供されるのは，最適と判断された点や事項に限定された情報である。

印刷体，つまりアナログの世界は継続した世界であり，プロセスをたどることができる。それにより物事を俯瞰的に全体的に把握することが可能となる。多様なメディアを扱う図書館であるからこそ，各メディアの特性を知って，適切に選択できる力，効率的に利用できる力，全体像を把握できる力などを児童生徒に身につけさせることができるのである。

■ 理解を確実にするために

1 次の用語を説明しましょう。

①図書館利用指導

②情報リテラシー

③メディア・プログラム

2 この問題に答えましょう。

米国の図書館利用指導はどのように変遷してきたでしょうか。

■ 理解を深めるために

① 『インフォメーション・パワー：学習のためのパートナーシップの構築』アメリカ・スクール・ライブラリアン協会，教育コミュニケーション工学協会共編，渡辺信一監訳，コーンハウザ・由香子［ほか］共訳　同志社大学　2000［発売は日本図書館協会］

② 『学校図書館活用あらかわモデルプラン』荒川区編　国土社　2013

3 情報リテラシーの理論

堀川照代

《目標＆ポイント》 情報リテラシーの育成の必要性や情報リテラシー研究の動向，代表的な情報リテラシーモデル等に関して説明し，情報活用プロセスの指導におけることばかけの重要性について考える。
《キーワード》 利用教育，利用者研究，情報リテラシー教育，情報リテラシーモデル，情報活用プロセス，メタ認知，情報リテラシー基準，Big6 スキルモデル，探究モデル

1 米国における図書館利用教育の理論化

米国の学校図書館では，1960年代から図書館利用教育が盛んになってきた。その利用教育の方法の変遷について，クールソー（C.C. Kuhlthau）は，「ソース・アプローチ」「パスファインダー・アプローチ」「プロセス・アプローチ」という3段階を示している。以下に，クールソーのとらえた発展段階に沿って，米国においてどのような利用教育が展開したのかをみていこう。

（1）ソース・アプローチ（1960～70年代）

1960年代から1970年代にかけて行われた利用教育は，貸出手続きや基本的マナー，分類や目録などの図書館の使い方，地図や百科事典といった所蔵資料や特定の参考図書の使い方などの利用についての説明が主で

あった。

この方法に対して1970年代後半から，利用教育の成果があがっていない，すなわち利用教育で教えられている内容が，実際の図書館利用の場面に転移されにくいことが指摘された。利用教育の内容やその順序，教え方に重点がおかれており，利用者（児童生徒）への関心が不足していることが指摘されたのである。児童生徒の学習意欲を引き出すにはどうすればよいかが課題とされた。

（2）パスファインダー・アプローチ（1980年代～）

児童生徒が利用教育に関心を示さないのは，児童生徒の側にニーズがないからである。したがって，児童生徒の側にニーズを起こさせるためには，児童生徒が学習するテーマに合わせた利用教育を行うことが効果的であり，利用教育を学校のカリキュラムに関連させて実施するべきであると1980年代に提案された。そこで考案されたのがパスファインダーであった。

パスファインダーとは，あるテーマについて資料や情報の探し方を説明する１枚物の案内資料である。基礎的なことを調べる資料，さらに詳しい内容が記載されている資料，新しい情報が記載されている資料などと，資料間の関係を明らかにし，段階的に探索を進めるガイドとなるものである。

「パスファインダーを用いることによって，資料間には「一般」→「特殊」，「基礎的」→「専門的」という方向性が存在することや，資料探索を行う場合，このような方向に沿って進む必要があることを，生徒にわかりやすく説明することができる。……つまり，パスファインダー・アプローチは，資料探索の一般的方法を，生徒が概念的に理解することにつながる方法である。」（福永智子「学校図書館における新しい利用者教育

の方法：米国での制度的・理論的展開」『図書館学会年報』39巻２号　1993 p.59）

（３）プロセス・アプローチ（1990年代～）

クールソーは，パスファインダー・アプローチは特定の情報源の使い方を教えるだけであり，学習者が自ら探索するのに必要な推論のプロセスを発達させることができないとして，情報科学や心理学の研究領域も踏まえて，学習者の視点による情報探索過程を考えた。情報探索過程とは，「思考，行動，感情という要素から成り立ち，生徒が数多くの資料に含まれる情報から学習トピックを形成し，そのトピックに対して新しい見解を持つにいたるまでの複雑な学習の過程である。」（福永　p.60）として，**図3-1**のように表されている。クールソーは，この情報探索の過程そのものを図書館利用教育の対象としたのである。

クールソーのモデルは，「課題の導入」からはじまって，「トピックの

作業段階	課題の導入	トピックの選定	予備的探求	焦点の明確化	情報収集	探索の終了	執筆の開始
感情	確信がない	楽観的	混乱 挫折感 疑念	明白さ	方向感覚 確信	安堵	満足 または 不満足
思考	あいまい ←→ 明確						
行動	関連情報の探索 ←→ 特定情報の探索						

図3-1　**クールソーの情報探索過程モデル**（福永智子「学校図書館における新しい利用者教育の方法：米国での制度的・理論的展開」 図書館学会年報 vol.39　No.2　1993　p.60）

選定」「情報収集」などを経て「執筆の開始」までを含んだ過程であるが，このクールソーのモデルの意義を，福永は次の4点にまとめている。（福永 p.60）

1．情報探索過程の各段階が明示されることによって，教育者は，各段階に応じた適切な助言や援助を，学習者に与えることができる。
2．このモデルを提示することによって，情報探索過程における思考の重要性を，学習者が理解する可能性が生じる。
3．作業開始時に伴う＜不安＞に代表される感情の動きを，学習者が客観的に理解することで，自らの不安に対処し，学習を効果的に進めることにつながる。
4．このモデルは，実際の情報探索におけるチャートとして，学習者自身が情報探索過程のどこにいるか，確認することを援助する。結果的に，学習者が情報探索の概念を理解することにつながる。

2 情報活用プロセスモデル

（1）プロセスモデルの開発

情報リテラシーをプロセスとしてとらえる教育方法が開発され，クールソーのモデルが発表されて以来，1980年代に発達してきた認知科学の影響も受けながら，情報活用のプロセスモデルがいくつか開発されてきた。

1990年代に発表されたものに，「リサーチプロセスモデル」（Stripling and Pitts, 1988），「Big6 スキルモデル」（Eisenberg and Berkowitz, 1990），

「情報リテラシー・ガイドライン」(コロラド教育メディア協会，1994)，「カリフォルニア学校図書館協会のモデル」(1994)，「知識への道筋モデル」(Pappas and Tepe, 1997) などがある。モデルによって情報活用プロセスの段階のとらえ方は異なるが，これらを比較・分析したByerlyらは，共通プロセスとして６段階に分けられることを指摘している。(Byerly, Greg and Carolyn S. Brondie. "Information Literacy Models: Defining the Choices." In Stripling, Barbara K.ed., Learning and Libraries in an Information Age. Englewood. CO. : Libraries Unlimited, 1999)

以下に，代表的な「Big6 スキルモデル」とカナダ・アルバータ州の「探究モデル」をとりあげよう。

(２) Big6 スキルモデル (Big6 Skills Model)

Big6 スキルモデルは，アイゼンバーク (M.B.Eisenberg) とベルコヴィッツ (R.E.Berkowitz) が1990年に発表したものである。アイゼンバークらは，人がさまざまな場面で出会う問題に対して，情報という面からその問題を解決していくプロセスを考え，それを６段階のモデルで表した。以下のモデルは現在 HP 上に掲載されているものである。
(http://www.big6.com/pages/about.php　2015.02.28アクセス)

１．課題を明確にする
　1．1．解決すべき課題は何かを明確にする。
　1．2．課題解決のためにどのような情報が必要かを知る
２．情報探索の手順を考える
　2．1．利用可能な情報源を考える
　2．2．利用可能な情報源から最良のものを選ぶ
３．情報源の所在を確認し収集する
　3．1．情報源の所在を確認する。(知的にも物理的にも)

3. 2. 情報源のなかに必要な情報を見つけ出す

4. 情報を利用する

4. 1. 情報に触れる（例：読む，聞く，見る，触る）

4. 2. 情報源のなかから適切な情報を取り出す

5. 情報を統合する

5. 1. 種々の情報源から取り出した情報をまとめる

5. 2. まとめた情報を示す

6. 評価する

6. 1. 成果を判定する（有効性）

6. 2. 自らの課題解決プロセスを判定する（効率性）

（3）探究モデル（Inquiry Model）

カナダでは，1980年代に教育改革が行われ，リソースベース学習が導入された。リソースベース学習とは「幅広い範囲の適切な印刷・非印刷リソース，人的リソースを，意味あるやりかたで利用することに生徒を積極的に参加させる計画的なプログラムである。このプログラムは，従来の学習活動とは異なるタイプの学習活動を生徒に提供するように計画されたもので，一人ひとりについて具体的目標を設け，それに基づいて，活動や学習リソースを選択し，活動の場所を定め，どこまで学習しなければならないかをその生徒ごとに定めるものである。」（関口礼子『学校図書館が教育を変える：カナダの実践から学ぶもの』全国学校図書館協議会 1999 p.11）

アルバータ州教育省では，この教育改革のために指導用手引書として1985年に『学びを中心に（Focus on Learning : An Integrated Program Model for Alberta School libraries)』を，1990年に『リサーチを中心に（Focus on Research : A Guide to Developing Students' Research

Skills)』を出版し，さらに2004年に『探究を中心に（Focus on Inquiry : A Teacher's Guide to Implementing Inquiry-based Learning)』を出版した。

この『探究を中心に』には，**図3-2**のように，円形のプロセスモデルが示されている。図の中央に「プロセスを振り返る」局面（phase）があり，その周囲に，「計画を立てる」「情報を検索する」「情報を整理する」「創作する」「共有する」「評価する」の６つの局面がある。どの局面も，中心に位置する「プロセスを振り返る」局面に接しており，そこを通過しながら次の局面へと進む。あるいは，中央の「プロセスを振り返る」を通ってどの局面へもつながっていけることが，このモデルの大きな特徴である。

この探究モデルは，「教師の指導の足場として」「児童生徒の感情を判断するものとして」「教師と児童生徒の共通言語として」「児童生徒のための手引きとして」「児童生徒の探究行動を計る指針として」利用できるという。（“*Focus on Inquiry : A Teacher's Guide to Implementing Inquiry-based Learning*” Alberta Learning　2004　p.7-9）

児童生徒は，探究型学習においてプロセスを振り返ることで，「学び方を学ぶ」ことができる。振り返ることによって得られるメタ認知スキル，すなわち，自己のなかの認知的・感情的な領域を探りそれを理解するというメタ認知スキルは，学校の内においても外においても，新たな学習状況に転移可能な「学び方を学ぶ」スキルのひとつなのである。（p.3）

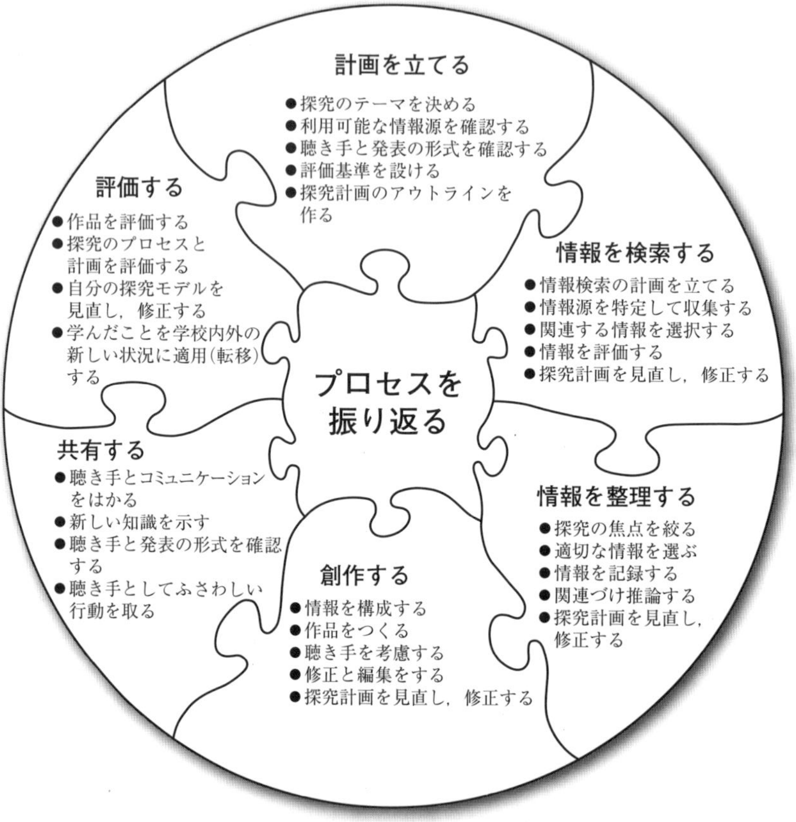

図3-2 カナダ・アルバータ州の「探究モデル」（『問いをつくるスパイラル：考えることから探究学習をはじめよう！』日本図書館協会図書館利用教育委員会図書館利用教育ハンドブック学校図書館（高等学校）版作業部会　日本図書館協会　2011　p.118. 原典：“*Focus on Inquiry : A Teacher's Guide to Implementing Inquiry-based Learning*” Alberta Learning　2004　p.10）

3 児童生徒の情報リテラシー基準

1998年の『インフォメーション・パワー』（アメリカ・スクール・ライブラリアン協会，教育コミュニケーション工学協会共編，渡辺信一監訳，同志社大学　2000）の第１部第２章には「児童・生徒の学習のための情報リテラシー基準」が掲載されている。これは，「理論的な枠組みと，情報リテラシーを身につけた児童・生徒とはどのようなものかを示した広範なガイドライン」である。３つのカテゴリーに分けて９つの情報リテラシー基準が示されている（図3-3）。

これは幼稚園生から第12学年のためのもので，各基準には，複数の「指標」と「基準の適用例」と，「教科基準」（「基準の適用例」で示した以外の教科への適用に関する説明）が示されている。

例えば「基準１」の「基準の適用」では次のように「６－８年生（国語）」の例が挙げられている。（p.15）

> 中学校のクラスでは，ギリシア・ローマ神話を読み，ギリシア・ローマ神話の登場人物がどのように現代に取り入れられているかについて，一冊の本に仕上げる。生徒たちは，食品などのさまざまな商品の広告や会社・企業の名称といった現代のさまざまな舞台に登場する古代の英雄たちを探す。運送サービスのシンボルとしてマーキュリーの絵が利用されているといった実例を示すだけでなく，その英雄のどのような特徴によって会社のシンボルにふさわしいとされるのかを確かめるための調査も行った。

4 21世紀を生きる学習者のための活動基準

アメリカ学校図書館員協会（AASL）は2007年に『21世紀の学習者の

「児童・生徒の学習のための９つの情報リテラシー基準」

情報リテラシー

基準１：情報リテラシーを身につけている児童・生徒は，効率的かつ効果的に情報にアクセスできる。

基準２：情報リテラシーを身につけている児童・生徒は，批判的かつ適切に情報を評価することができる。

基準３：情報リテラシーを身につけている児童・生徒は，正確かつ創造的に情報を利用することができる。

自主学習

基準４：自主学習者である児童・生徒は，情報リテラシーを身につけており，個人的興味に関連のある情報を求める。

基準５：自主学習者である児童・生徒は，情報リテラシーを身につけており，文学などの情報の創造的な表現を鑑賞することができる。

基準６：自主学習者である児童・生徒は，情報リテラシーを身につけており，情報探索と知識の生成に優れようと努力する。

社会的責任

基準７：学習コミュニティや社会に積極的に寄与する児童・生徒は，情報リテラシーを身につけており，民主主義社会にとっての情報の重要性を認識する。

基準８：学習コミュニティや社会に積極的に寄与する児童・生徒は，情報リテラシーを身につけており，情報と情報技術に関して倫理的行動をとる。

基準９：学習コミュニティや社会に積極的に寄与する児童・生徒は，情報リテラシーを身につけており，グループへの効率的な参加を通して，情報を探究し，生成する。

図3-3　「児童・生徒の学習のための９つの情報リテラシー基準」（『インフォメーション・パワー：学習のためのパートナーシップの構築』アメリカ・スクール・ライブラリアン協会　教育コミュニケーション工学協会共編，渡辺信一監訳，コーンハウザ・由香子［ほか］共訳　同志社大学　2000　p.11, 12）

ための基準（*Standards for the 21st-Century Learner*）』を発表し，続いて2009年に『21世紀を生きる学習者のための活動基準（*Standards for the 21st-Century Learner in Action*）』（全国SLA海外資料委員会訳　全国学校図書館協議会　2010）を発表した。これらの背景には，「21世紀型スキル」検討の動きがあった。

そもそも21世紀型スキルの検討は，2003年に米国教育省の援助で組織された「21世紀型スキルパートナーシップ（P21）」が始めたものである。その後，本書の第１章で述べたように，2009年に開始されたATC21Sのプロジェクトが「21世紀型スキル」を第１章❶(3)のように説明している。

さて，『21世紀を生きる学習者のための活動基準』では，AASLの2007年の基準を，「情報リテラシーの定義を拡大し，デジタル，ビジュアル，テキスト，テクノロジーなどにかかわる多様なリテラシーを組み込んだ学びの基準」であるとして，次のように説明している。

> 急速に進展する国際社会で成功するために，学習者たちは，高いレベルのスキル，心構え，責任を身につけなければならない。すべての学習者は，多様な視点に立って質の高い情報にアクセスし，その意味を理解しながら独自の結論や新しい知識を生み出し，その知識を他者と分かち合うことができなければならない。…………この新しい学びの基準は，学びのプロセスに焦点を合わせることによって，学校図書館メディアの分野における子どもたちの学びの基準を，新鮮なアプローチと視野の広いものにしている。（p.7）

『21世紀の学習者のための基準』には，まず「共通の信条」が９項目掲げられている。

1.　読むことは世界に開かれた窓である。

2. 探究は学びの骨格となる。
3. 情報を利用するとき，倫理的に行動することを教わらなくてはならない。
4. テクノロジーを使いこなすスキルは，将来職業に就くためにきわめて重要である。
5. 公平なアクセスは教育の重要な要素である。
6. リソースやテクノロジーの変化にともなって，情報リテラシーの定義が複雑になった。
7. 情報が拡張しつづけているので，すべての人が思考力を身につけ，自分の力で学べるようになることが求められている。
8. 学びは社会的文脈の中で行われる
9. 学びのスキルを高めるには学校図書館がなくてはならない。

そして次に，基準が4項目挙げられている。

1．探究し，クリティカルに思考し，そして知識を得る。
2．結論を導き出し，十分な情報に基づいて意思決定を行い，知識を新しい状況に適用して，新しい知識を生み出す。
3．知識を分かち合い，倫理的かつ生産的に民主主義社会に参加する。
4．人格と美意識を育む。

これらの各基準のもとに，構成要素として「スキル」，「行動に結びつく資質」，「責任」，「自己評価の方策」があり，それぞれに複数の指標が挙げられている。指標は，児童生徒が「スキル」「資質」「責任」「自己評価の方策」の能力を発揮するためにとる行動を記したものである。「……指標のレベルは，学校教育に欠かせない21世紀の学びのスキルを教えるプログラムの骨格として利用できる。」(p.8)

B.1 活動例：3年生

学年：3

図書館の内容：

- □ 固定している
- □ 柔軟性のある
- ■ 組み合わせ
- □ 個別指導
- ■ 独立している
- □ 単元のレッスン
- □ 単元の複数レッスン

継続する協働作業：

- □ なし
- ■ 限られている
- □ 普通
- □ 集中している

内容のトピック：

アメリカ合衆国の政府部門

予想される授業時間：

30分

21世紀の学習者のための基準の目標：

基準1：探究し、クリティカルに思考し、そして知識を得る。

スキルの指標：

指標1.1.6：推論を立て、意味を見出すために、文章、視覚、メディア、デジタルなどの資料にある情報を読み、観て、聞く。

ベンチマーク：

—さまざまなノートの取り方を用いる。（例えば、アウトライン化、疑問点の抽出、ハイライト化、図式化）

—様々な表現形式を用いて情報を要約したり、言い換えたりする。

資質の指標：

指標2.2.4：学んだことを表現して作品（成果）を仕上げることによって、個人的な生産性（創作力）を示す。

責任に関する指標：

なし

自己評価の方策に関する指標：

指標1.4.4：必要なときに適切な援助を求める。

シナリオ：

3学年の担当教員は、SLMSに米国政府に関する通年の単位を始める準備ができていることを知らせた。教員は児童が米国政府の3権の各部門、職名、およびその責務を言えるようにしたい。教員たちはSLMSに昨年と同じように単元の導入としてSchoolhouse Rockの「Three-Ring Government」（人気教育アニメの歌とビデオ）を生徒たちに紹介してほしいとリクエストしていた。毎週1回40分の図書館の時間で、SLMSは生徒たちにこれらのものを見たり、聞いたりすることを教えた。児童は、SLMSに援助されて、それぞれの部門名、職名とおもな職務をグラフィック・オーガナイザーに記入した。SLMSは、トピックに関するフィクションやノンフィクション本の展示準備もする。児童は授業終了前の10分間の本を選ぶ時間に、それらの本にその場で目を通したり、貸出をしてもよい。3学年担当の教員は、クラスに戻り授業を続ける。その後特別に手配された図書館への訪問でSLMSは、このトピックに関する課題のために児童がリソースを選択することを支援する。

地域または州の基準との接続：

3年生　社会科の内容の基準：児童は、米国政府の3権の各部門の目的と組織について説明することができるようになる。

3年生　言語科目の内容の基準：児童は、簡単に年代別で組織したもの（例えばチャート、グラフ、絵）を活用することで、調査の結果について受け手に説明することができる。

概要：

社会科の授業で、3年生の児童は、米国政府の構造を特定して、米国政府の役割と責任について説明する。単元の枠組みとなる本質的な質問は、以下の通り。私たちの政府はどのように組織されているか？

最終的な作品：

各児童は、連邦政府の3権各部門の名称をそれぞれの部門の職名と主な職務に合わせた組織図を完成する。

図書館でのレッスン：

児童は、組織図を活用し、情報のために聞き、観察し、次に、記録し、分類することを学習する。

評価

作品：児童はSLMSが製作したサーカスの3個の輪に類似した組織図を完成する。(1) 正しく3つの政府部門を特定し、(2) 正しくそれぞれの部門の職名、(3) それぞれの部門の主な職務を含めて記入しなければならない。

プロセス：SLMSは児童が組織図を作成し、正確なモデルを完成するために協力しているかを観察する。

児童の自己質問：

--自分の仕事を理解していたか？

--自分に必要な情報を見つけるのに十分な注意深さを持って聞いていたか？

--必要な情報をすべて使って組織図を完成させたか？

--組織図に正確な情報を位置づけたか？

--組織図に含めた情報はすべて正しかったか？

指導案

児童が利用する情報や情報源：

□オンライン契約データベース
□ウェブサイト
□本
□レファレンス
■非印刷資料：Schoolhouse Rockのビデオ（録画）
□雑誌／新聞
■その他（リスト）：歌詞

教育／活動

直接的指導：SLMSは、Schoolhouse Rockのビデオ「Three-Ring Government」を見せることで、児童にこのレッスンを紹介している。ビデオを見ることに続いて、SLMSは双方向的なホワイトボードに政府の部門に関係する歌の歌詞から言葉と、授業で彼らが議論した定義を表示する。

モデル提示と指導をともなう実践：SLMSは授業で歌詞を配布する。児童は再び歌を聞いて、政府の部門に関する言葉を聞くたびに挙手する。児童が歌詞シートの上に丸でかこっている間、SLMSはこれらの言葉をホワイトボードに強調して示す。

自主的な学習：児童はビデオを見ながら1秒後に、3つの輪それぞれの部門名に付箋をはり、職名と主要な責務を書き出す。SLMSは疑問を持つ児童の支援をする。

共有と反映：児童は自分の組織図を完成したとき、彼らは順番にホワイトボードに映し出された組織図に情報を書き込む。彼らは一緒にすべてのラベルを正しく配置するように決定する。その後、彼らは、完成した組織図と自分たちが配置した組織図を比べることによって、自身の結果の正確さをチェックする。

図3-4　**活動例**（『21世紀を生きる学習者のための活動基準』 p.82-3）

『21世紀を生きる学習者のための活動基準』の後半では，第2，5，8，10，12学年のスキルのベンチマーク（水準）を示し，活動例（シナリオ）を挙げている。図3-4は，「基準１」の３年生の活動例である。

5　学校図書館活用の教育

我が国には，学校図書館における情報リテラシーの指導に関して，全国レベルの基準や指針は作成されていない。学習者に焦点を絞った「情報リテラシー基準」も全国的なものは見られない。しかし，個別の自治体や学校レベルでは学校図書館活用教育が展開され始め，そのガイドラインや情報リテラシー基準などを作成するところが現れている。

例えば，東京都東久留米市立第３小学校では，学校図書館活用のためのワークブックである『三小ノート』を作成している。その目的が，保護者向けの案内文に次のように記されている。（稲垣達也「学校図書館ノートの作成・活用」『学校図書館』750号　2013.4　p.19-21）

> 『三小ノート』は，33のテーマを通して，図書館の基本的な利用の仕方や約束事を学ぶとともに，図書資料の活用方法や様々な情報を効果的に活用することを身につけることができます。また，国語や社会，総合的な学習の時間など，各教科等との関連性を踏まえた構成としました。『三小ノート』を活用することにより，学校図書館が学校の教育課程の中核的役割をになっていくものと考えています。

この『三小ノート』の構成（目次）は図3-5の通りである。

では，このような学校図書館活用の指導は，いつだれが行うものであろうか。図書館が中心となってイベント・行事として図書館クイズ大会

Ⅰ　図書館の使い方
- 低　1　としょかんって，どんなところ
- 低　2　としょかんの“やくそく”
- 低　3　本をかりよう
- 低　4　よみたい本をさがそう
- 中　5　本の分けかたをおぼえよう
- 中　6　パソコンで本をさがそう
- 中　7　公立図書館に行こう

Ⅱ　図書資料の使い方
- 低　8　「もくじ」って何？
- 低　9　「さくいん」って何？
- 中　10　「キーワード」って何？
- 中　11　国語辞典を使おう
- 中　12　漢字辞典を使おう
- 中　13　図かんを使おう
- 高　14　百科事典を使おう
- 高　15　年鑑（統計資料）を使おう
- 高　16　新聞や雑誌を使おう
- 高　17　ファイルを使おう

Ⅲ　情報の活用の仕方
- 中　18　インターネット上の情報
- 中　19　情報メディアの特徴
- 高　20　知りたいことは何？
- 高　21　学習計画を立てよう
- 高　22　本で調べて，メモしよう
- 高　23　お願いと御礼のしかた
- 高　24　フィールドワークをしよう
- 高　25　調べたことをまとめよう
- 高　26　調べたことを伝えよう

Ⅳ　情報の応用
- 中　27　新聞を作ろう
- 高　28　ファイル資料を作ろう
- 高　29　著作権や肖像権を守ろう
- 高　30　ネチケット

Ⅴ　チャレンジ編
- 全　31　自由研究をしよう
- 全　32　読書感想文を書こう
- 全　33　記録をつけよう

図3-5　『三小ノート』目次

や辞書引き大会を行うときもある。図書館担当者や学級担任が年度当初などにオリエンテーションとして図書館利用指導を実施する場合もある。「図書の時間」など特設の時間を作って，情報リテラシースキルを教える場合もある。教科や総合的な学習の時間に情報リテラシースキルを教え，情報活用プロセスを体験させることもある。各学校の図書館活用教育に対する理解度や学校図書館担当者の配置状況などによって，現在の実践の状況は様々である。

また，指導する際には，スキルの習得を主目的として特設の時間のなかで指導したり，教科のテーマのねらいとスキル指導のねらいを融合させて教科学習のなかで指導したりするなど，児童生徒の学習状況を押さえながら，適切なねらいや目的をもって指導すべきである。

そのほか，授業の方法について三宅なほみが「ジグソー法」を紹介し

ているのも役に立つ。(『「21世紀型スキル」は世界標準の力』　三宅なほみ http://www.disc.co.jp/uploads/2012/03/2012.1.10miyakeshi_jinzai.pdf)

> これは共通の課題設定，例えば「なぜいま日本の自動車産業はハイブリッド車で勝負しているのか」という課題を設定し，生徒たちがそれぞれのチームに分かれて，①環境面②普及台数③技術力のそれぞれについて調べる活動を行った後，班を組み替えて，持ち寄った知識を組み合わせて新しい課題を解くという活動で，この活動により「知らないことを一斉学習ではない形で知る」，「お互いの知識を出し合って情報交換し，新しい見識を練り上げる」，「新しい疑問や課題にたどりつく」という課程を体験させようというものです。これにより１人ひとりの学習者が他者の多様な考えを統合して自分の考えを深め，自分なりに納得した答えを得ることができるのです。こうした繰り返し学習で，コミュニケーション能力とか協調型問題解決能力などが培われてきます。

学校図書館では，読書指導の領域で「リテラチャー・サークル」が普及してきている。これは，３～５人のグループで同じ本を，役割を決めて話し合いをしながら読み進めていく方法である。コネクター（自分とのつながりを見つける），クエスチョナー（疑問を見つける），リテラリー・ルミナリー（優れた表現に光を当てる），イラストレーター（思い浮かんだ情景を絵にする）などの役割がある。

読書活動においても探究的な学習においても，こうした協調型の学習活動が求められているのである。

■ 理解を確実にするために

1 次の用語を説明しましょう。

①パスファインダー・アプローチ

② Big6 スキルモデル

③情報リテラシー基準

2 この問題に答えましょう。

情報リテラシーの指導は，どの時間に行いますか。

■ 理解を深めるために

① 『21世紀を生きる学習者のための活動基準』アメリカ・スクール・ライブラリアン協会（AASL）編　全国 SLA 海外資料委員会訳　全国学校図書館協議会　2010

②『思考力の鍛え方：学校図書館とつくる新しい「ことば」の授業』桑田てるみ編著　静岡学習出版　2010

4 情報リテラシー教育の推進

塩谷京子

《目標＆ポイント》 情報リテラシーを育成するには，学級担任や教科担当教員が個々に実施するよりも，全校で組織的体系的に取り組む方が効果的である。先ず，校内の教職員に情報リテラシーに関する理解を図った上で，その教育の推進組織を明確にし，全体計画や年間指導計画等を作成する必要がある。本章では，これらの作成の仕方について説明する。

《キーワード》 コーディネーター，体系表，全体計画，年間指導計画，学習指導案，評価

1 司書教諭はコーディネーター

(1) 本の部屋から学びの場へ

学校図書館法制定（1953）以来半世紀の間，多くの学校図書館は単なる「本の部屋」として位置してきた。学校図書館を活用した授業が行われるようになったのは，学校図書館法が一部改正され12学級以上の学校に司書教諭が必置となった2003年以降のことである。

学校図書館法第２条には学校図書館の目的が述べられており，学校図書館を「図書，視覚聴覚教育の資料その他学校教育に必要な資料（以下「図書館資料」という）を収集し，整理し，及び保存し，これを児童又は生徒及び教員の利用に供することによって，学校の教育課程の展開に寄

与するとともに，児童又は生徒の健全な教養を育成することを目的として設けられる学校の設備をいう」と定義している。

学校図書館の目的は，「教育課程の展開に寄与する」「児童生徒の健全な教養を育成する」と明記されている。

1998年改訂の小学校および中学校の学習指導要領第１章総則には，指導計画の作成等に当たって配慮すべき事項として，「学校図書館を計画的に利用しその機能の活用を図り，児童の主体的，意欲的な学習活動や読書活動を充実すること」と示されている。この考え方は現行の学習指導要領にも引き継がれている。

子どもの読書サポーターズ会議では，『これからの学校図書館の活用の在り方等について（報告)』（文部科学省　2009）において審議内容を報告した。その中で学校図書館の機能と役割が整理されている。特に，児童生徒に対しては「読書センター」と「学習・情報センター」を２つの柱として捉え，「学習・情報センター」の機能については，具体例を示しながら以下のように説明している。

> 学校図書館は，児童生徒の自発的・主体的な学習活動を支援するとともに，情報の収集・選択・活用能力を育成して，教育課程の展開に寄与する「学習・情報センター」としての機能を果たす。
>
> ► 学校図書館で，図書やその他の資料を使って授業を行うなど，教科等の日常的な指導において活用される。
>
> ► 教室での授業で学んだことを確かめ，広げ，深める，資料を集めて，読み取り，自分の考えをまとめて発表するなど，児童生徒の主体的な学習活動を支援する。
>
> ► 図書や新聞，インターネット等のデジタル情報など多様なメディアを提供して，資料の探し方・集め方・選び方や記録の取り方，

比較検討，情報のまとめ方等を学ばせる授業の展開に寄与する。
―（略）―
► 児童生徒が学習に使用する資料や，児童生徒による学習の成果物などを蓄積し，活用できるようにする。

（文部科学省　2009　p.3　下線は筆者）

(２) 先輩司書教諭が取り組んだこと

学校図書館を，「学習・情報センター」として機能させる中心者が司書教諭である。2003年以降，各学校に配置された司書教諭は，どのようなことをしてきたのだろうか。

先ず取り組んだことは，学習環境整備であった。学校図書館で授業を行ったり，学校図書館を使う単元がデザインされたりするようになると，１クラス分の児童生徒が座れる机椅子が必要になる。授業で使う図書館資料やファイル資料も必需品だ。このように，授業で使える「学びの場」として機能させるために必要な環境を整えることが重要な仕事だった。

次に見えてきたことは，百科事典や図鑑，年鑑などが学校図書館に置かれるようになったものの，児童生徒はそれらの使い方を知らないことだった。「学びの場」としての学校図書館の環境を整えることに加え，その一方で，児童生徒に，学校図書館を活用するための技能を習得させる必要があるという考えが現場から生まれた。

市川市学校図書館教育研究部会（2004）は，『コピーして使える学校図書館活用資料集』を出版し，「学びの場」として学校図書館を使うときに必要な技能を集め一覧できるようにした。市川市を皮切りに，授業でコピーして使える資料集が次々と発表された。最近では，小中学校の国語の教科書にも，従来からの国語辞典や漢字辞典の使い方に加え，百科事典の引き方や目次・索引の使い方なども載るようになってきた。

問題解決学習や探究学習が進められるようになると，情報を探すだけでなく自分の手元に置く方法や，集めた情報を整理・分析したりまとめて表現したりする技能も必要になってくる。現在，このような学習は，各教科や総合的な学習の時間の中で行われている。例えば，報告書やレポートの書き方は国語科で学んでいる。国語科では，「単元のねらい」と「言語活動」を組み合わせた単元展開が主流になっており，説明したり論述したりするなど，習得した技能を活用するような学習活動が設けられている。

このように，2003年以降，先輩司書教諭は，学習・情報センターとし

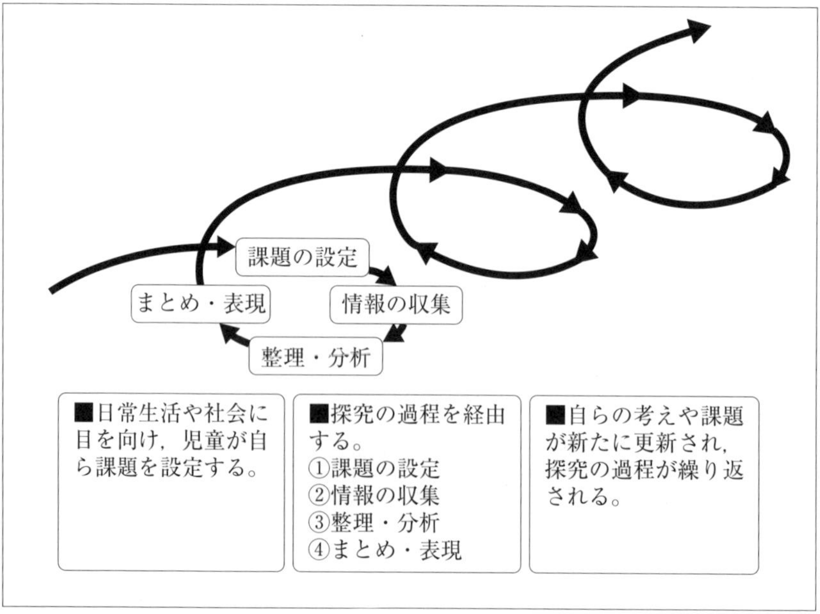

図4-1　探究的な学習における児童の学習の姿（文部科学省，『学習指導要領解説総合的な学習の時間』，2008）

ての機能をもつ学校図書館づくりや，学校図書館を活用した授業実践に取り組んだ。

各授業実践は，当初は点であったものが，課題を設定し，情報を収集し，整理・分析し，まとめて表現するという一連の探究の過程（図4-1）を通して，情報リテラシー（第5-8章参照）を育成するという考え方へと発展していく。

(3) 情報リテラシーという用語

情報リテラシーという用語は，学校現場では一般的ではないため，馴染みがないと思われる方も多いかもしれない。もともと，学校図書館では，利用指導という用語が使われていた。図書館でのルール，借り方返し方などを含めた図書館の使い方，必要な本の探し方などを，年度当初に指導するのが一般的であった。しかしながら，学校図書館が「学習・情報センター」として使われるようになると，指導内容が利用指導だけでは収まらないことから，別の用語が使われるようになってきた。

最も一般的な用語は「調べ学習」である。知りたいことを図書館で調べる様子をイメージしやすいため，教育現場以外でも使われている。調べ学習という用語はあくまでも活動を示しており，能力を示している訳ではない。

文部科学省は「情報活用能力」という用語を使っている。情報教育の目標が情報活用能力の育成であり，「情報活用の実践力」「情報の科学的理解」「情報社会に参画する態度」が情報活用の能力の三観点である。図書館にある図書なども情報であることから，情報を活用する能力（情報活用能力）という用語は，図書館教育でも使われることがある。しかしながら，図書館教育で使う場合は，「情報活用の実践力」を差す場合がほとんどであることから，情報教育側から見ると意味が異なる。

「調べ学習」「情報活用能力」が日本語であるのに対して，リテラシーという用語は，日本語に訳されていない。アメリカの図書館協会が使っていた「インフォメーション・リテラシー」という用語のうち，情報だけが翻訳され，リテラシーは翻訳されずにそのまま使われている。『大辞林　第三版』（三省堂　2006）には，「読み書き能力。また，ある分野に関する知識やそれを活用する能力」とある。情報リテラシーを，この文言にあてはめると，「情報に関する知識やそれを活用する能力」となる。若干長いが，「情報リテラシー」とは，情報についての知識や情報を活用する能力を示すという意味で捉えることができる。

2 協働のための計画案の作成と発信

現在，各教科や総合的な学習の時間において，児童生徒の情報リテラシーの育成が推進されている。情報社会で必要な能力として捉えられているからだ。

指導をする教員が複数になり多くの人が学校図書館を活用するとなると，児童生徒や教員らが効率的に活用できるように，司書教諭は動く必要がある。これがコーディネーターとしての役割である。具体的には，学校図書館の立場から職員会議で全体計画や指導計画案を提案したり，実行し反省するための部会を開いたり，授業を進める教員と協働して準備をしたりすることがあげられる。多くの人が関わると課題も多く出る。司書教諭ひとりで悩むのではなく，管理職に相談をもちかけたり定期的に部会を開いたりすることを大切にしたい。

（1）2つの計画案

学校図書館を多くの教職員が活用するとなると，誰が見てもわかるような一覧表が必要になる。それが計画案である。計画案には2種類ある。ひとつは全体計画案，もうひとつは指導計画案である。

全体計画案（表4-1）は，学校図書館教育が，学校教育目標に向けてどのような役割を担っているのかを示したものである。学校図書館教育目標をはじめ，各学年や各教科等での取り組みが一覧できるように図式化して書かれたものが多い。

指導計画案（表4-2）は，どの学年がどの時期にどのように学校図書館を活用するのかを一覧表にしたものである。この計画案があると，どの学年がどの時期にどういう使い方をするのかが一目瞭然になる。学校司書は，必要な資料を揃えることができる。司書教諭は，そのための準備について指導者と打ち合わせができる。小学校6年間，中学校3年間，高等学校3年間を通して，バランスよく活用できているのか，情報リテラシーが育成されているのかなども見渡せる。

（2）体系表の利用

自分の学校の指導計画案は適切なのか，不足していることはないのかなどを確認する時に便利なのが，体系表である。また，体系表を参照することで，自校の指導計画案はどこに重点が置かれているのかも見える。

表4-3は，全国学校図書館協議会（2004）から出された，「情報・メディアを活用する学び方の指導体系表」である。体系表を見る時には，縦軸と横軸に目を向けたい。何を意図して作成されたのかがわかるからだ。この体系表は，小学校低学年，中学年，高学年，中学校，高等学校ごとに必要な学び方を，「Ⅰ学習と情報・メディア」「Ⅱ学習に役立つメディアの使い方」「Ⅲ情報の活用の仕方」「Ⅳ学習結果のまとめ方」の4つに分けて示している。各学校において指導計画案を作成するときには，

表4-1　全体計画案

平成27年度　学校図書館活用教育全体計画

松江市立意東小学校

日本国憲法
小学校学習指導要領
学校図書館法
学校図書館憲章
子どもの読書活動に関する法律

学校教育目標
心豊かにたくましく生き抜く実践力のある児童の育成

児童の実態
保護者の願い
地域の実態
教職員の願い
現代社会の要請

めざす子ども像
いっしょうけんめい勉強する子
ともだちも自分も大切にする子
うんどうを力いっぱいする子

学校図書館教育の目標
読書活動や調べ学習を通して自分の考えを持ち，豊かな想像力をはぐくみ，人間性豊かな子どもの育成を図る。
○　読書の楽しさや喜びを味わわせ，意欲的に本を読もうとする態度を育てる。
○　課題解決にあたって，必要な情報を選択し，効果的に活用する力を育てる。
○　読書生活の基本的な習慣を養い，生涯読書につなぐ力を育てる。

各学年の目標

1・2年	3・4年	5・6年
○やさしい読み物に興味を持ち，楽しんで読書をしようとする。	○いろいろな読み物に興味を持ち，幅広く読書をしようとする。	○適切な読み物を選んで読み，自分の考えを広げたり，深めたりしようとする。
○学校図書館の利用の仕方の基本的な知識･技能･態度を培い，喜んで資料の活用ができる。	○進んで学校図書館を利用する態度を培い，楽しく資料や情報を集め，活用することができる。	○積極的に学校図書館を利用する態度を培い，計画的に資料や情報を集め，整理し発信することができる。

各教科
・司書教諭・学校司書・担任が連携を図り，計画的に図書館を活用した学習を取り入れる。
・図書館を活用した学習を通して，情報を検索・収集・整理・分析・発信する能力（情報活用能力）を養う。

総合的な学習の時間
・課題の追究・解決の場面で適切な情報の活用ができるようにする。
・多様な資料や多様な方法で課題解決を図ることで，情報活用能力をさらに伸ばす。

道徳
・様々な資料を通して，自分の考えと違う考えを尊重したり，主体的に判断したりする力を育てる。
・読書を通して，豊かな道徳的心情を培う。

特別活動
・学級活動を通して，学校図書館の利用や情報の適切な活用の仕方を身につけさせる。
・図書委員会において，学校図書館に関わる仕事を協力し合い，自主的に実践する態度を育てる。

読書活動
・朝読書や図書の時間を通して，読書の習慣化を図り，楽しく読ませる。
・必読書、読み聞かせ、ブックトーク，アニマシオン等様々な方法で読書の意欲化を図る。

家庭・地域との連携
・図書館便りを通して学校図書館活用教育への理解と協力を得る。
・読み聞かせや図書整備ボランティアを募り，読書活動の連携を図る。

学年・学級経営　　学校図書館の環境の整備・充実

生涯学習の基礎を培う

表4-2　指導計画案

平成27年度　学校図書館活用教育年間計画（4年）

松江市立意東小学校

月	国語「言語活動」	活用したい情報活用能力	図書館支援内容	国語以外の教科	活用したい情報活用能力	図書館支援内容
4	○図書館へ行こう 「分類番号で本さがしをしよう」	B　図書館利用のマナーを知る B"　分類記号の見方を知る	図書館オリエンテーション 使い方説明 分類の説明，クイズ	理）あたたかくなると ・ヘチマを調べる	F　百科事典を使う ・目次，索引を使う	百科事典の使い方（ポプラディア）の説明，クイズ 個別支援 百科事典準備
5	○漢字辞典の使い方を知ろう 「漢字辞典の3つの引き方を覚えよう」	F　漢字辞典を使う	使い方の説明 個別支援，辞典予備あり			
	○おすすめ本の紹介 「『おすすめ本』から読みたい本を見つけよう」		「おすすめ本」リストの検討 複本の用意あり（期間限定）			
6	○メモの取り方をくふうして聞こう 「工夫して見学メモを取ろう」	E　メモの取り方を工夫する ・かじょう書き ・話の組み立て	メモの取り方の説明 個別支援	国）「お話もみの木」さんのストーリーテリング		
	○みんなで新聞を作ろう 「グループで見学新聞を書こう」	C　調べることを決める H　わりつけや見出しを知る L　目的と形式を考えて書く M　意見交換をする	全体でマッピング 新聞のしくみの説明	理）人の体のしくみ		資料準備
7	○「ことわざブック」を作ろう 「ことわざブックを作ろう」	J　ワークシートに書く	ことわざの図書資料準備			
	○読書感想文を書こう 「書くことを整理して感想文を書こう」	J　ワークシートに書く（ボーン図） L　目的に合わせて事実と感想を区別してまとめる	感想文の書き方指導（サマースクール） 個別支援	理）夏の星		資料準備
9	○身の回りの文章を読みくらべよう 「陣幕相撲の広告を作ろう」	G　広告や説明書を読み取る L　目的と形式を考えて書く	広告や説明書など非連続型テキストの特徴や書かれている内容を説明	総）陣幕相撲に参加しよう ・陣幕九五郎について調べる	C　調べることを決める（マッピング） J　情報カードに書く K　KJ法で情報を整理する L　目的と形式を考えて書く	資料準備 情報カードの書き方を指導し，資料や体験などから情報を集める
	○わたしの考えたこと 「お休みの出来事から考えたことを書こう」	K　いちばん伝えたいことを決める L　自分の考えと理由を書く K　推こうする	ワークシート 付箋紙など準備			
10	○感想を伝え合おう『ごんぎつね』	M　意見交換をする	読み広げのための複本準備（新美南吉，きつねの出てくる本）	社）郷土をひらく ・佐藤忠次郎について調べる	J　情報カードに書く K　KJ法で情報を整理する L　目的と形式を考えて書く	資料準備
11	○クラスで話し合おう			読書集会		
	●くらしの中の和と洋 「『くらしの中の和と洋ブック』を作ろう」	C　太陽マップを使って知りたいことを考える I　引用の仕方をする J　情報カードに書く J　引用する K　思考ツール等を使い情報を整理する L　目的と形式を考えて書く（ブック） M　読み合う		ペア読書		
12	○読書会を開こう『世界一美しいぼくの村』 「つながりのある物語を読んで，本を紹介する読書会を開こう」	J　あらすじをまとめる J　引用する	関連図書準備 読書会の進め方 読書会までにまとめておく紹介文の書き方	社）県の広がり ・特色ある地域について調べる	C　調べることを決める（マッピング） J　情報カードに書く K　KJ法で情報を整理する L　目的と形式を考えて書く	パンフレット等準備 調べてまとめる手順の説明
1	○わたしたちの生活とロボットについて考えよう 「自分の『ゆめのロボット』を考えよう」	J　情報カードに書く K　ボーン図で情報を整理する L　自分の考えと理由を書く	関連図書準備 ボーン図の説明	総）1／2成人式をしよう ・夢をかなえた人の話を読む		資料準備
	○目的や形式に合わせて書こう	L　目的と形式を考えて書く				
2	○報告します，みんなの生活 「みんなの生活を調査して報告しよう」	C　思考ツールを使って課題を設定する E　アンケートを取る M　相手に分かりやすい発表方法を選ぶ M　資料の出し方を工夫する				
3				「心に残った1冊」カードを書こう		

表4-3　情報・メディアを活用する学び方の指導体系表（全国学校図書館協議会，2004）

	I　学習と情報・メディア	II　学習に役立つメディアの使い方	III　情報の活用の仕方	Ⅳ　学習結果のまとめ方
小学校低学年	○学習のめあてを持つ ・学習テーマの選択 ○情報・メディアの利用法を知る ・学校図書館のきまり ・学級文庫のきまり ・図書の取り扱い方 ・コンピュータの使い方	○学校図書館を利用する ・ラベルと配置 ・レファレンスサービス ○課題に応じてメディアを利用する ・図鑑等の図書資料 ・掲示、展示資料	○情報を集める ・各種メディアの活用 ・人的情報源の活用 ○記録の取り方を知る ・抜き書きの仕方 ・絵を使った記録の仕方 ・気づいたことの書き方	○学習したことをまとめる ・情報の整理 ・感想の書き方 ・絵や文章のまとめ方 ○学習したことを発表する ・展示、掲示による発表 ・紙芝居やペープサートによる発表 ・OHP、OHC を使った発表 ○学習の過程と結果を評価する ・調べ方 ・まとめ方 ・相互評価
小学校中学年	○学習計画の立て方を知る ・学習テーマの選択 ・調べ方の選択 ○情報・メディアの種類や特性を知る ・図書 ・視聴覚メディア ・電子メディア ・人的情報源 ○情報・メディアの利用法を知る ・学校図書館、学級文庫のきまりや使い方 ・公共図書館でのサービス ・図書の取り扱い方 ・ネットワークの使い方	○学校図書館を利用する ・分類の仕組みと配置 ・請求記号と配架 ・コンピュータ目録 ・レファレンスサービス ○その他の施設を利用する ・公共図書館 ・各種施設 ○課題に応じてメディアを利用する ・国語辞典、地図等の図書資料 ・ファイル資料 ・掲示、展示資料 ・視聴覚メディア ・電子メディア	○情報を集める ・各種メディアの活用 ・人的情報源の活用 ○記録の取り方を知る ・抜き書きの仕方 ・切り抜き、ファイルの作り方 ・要点のまとめ方 ・表や図の作り方 ・ノートのまとめ方 ・AV 機器等を使った記録の取り方 ○必要な情報を選ぶ ・目的に応じた情報の選択 ○利用上の留意点を知る ・インターネット ・著作権 ・情報モラル ・個人情報	○学習したことをまとめる ・情報の取捨選択、整理 ・自分の意見のまとめ方 ・絵や文章のまとめ方 ・図や表の取り入れ方 ・写真や音声の取り入れ方 ・資料リストの作成 ○学習したことを発表する ・展示、掲示による発表 ・紙芝居やペープサートによる発表 ・劇や実演による発表 ・OHP、OHC を使った発表 ○学習の過程と結果を評価する ・メディアの使い方 ・調べ方 ・まとめ方 ・発表の仕方 ・相互評価
小学校高学年	○学習計画を立てる ・学習テーマの決定 ・調べ方の決定 ○情報・メディアの種類や特性を知る ・図書、新聞、雑誌 ・視聴覚メディア ・電子メディア ・人的情報源 ○情報・メディアの利用法を知る ・学校図書館、学級文庫のきまりや使い方	○学校図書館を利用する ・分類の仕組みと配置 ・請求記号と配架 ・カード目録 ・コンピュータ目録 ・レファレンスサービス ○その他の施設を利用する ・公共図書館 ・各種施設 ○目的に応じてメディアを利用する ・漢字辞典、事典、年鑑等の図書資料	○情報を集める ・各種メディアの活用 ・人的情報源の活用 ○記録の取り方を知る ・切り抜き、ファイルの作り方 ・要点のまとめ方 ・表や図の作り方 ・ノートのまとめ方 ・記録カードの作り方 ・自作資料の作成法 ・AV 機器等を使った記録の取り方	○学習したことをまとめる ・情報の取捨選択、整理 ・自分の考えのまとめ方 ・絵や文章のまとめ方 ・図や表の取り入れ方 ・写真や映像、音声の取り入れ方 ・コンピュータを使ったまとめ方 ・資料リストの作成 ○学習したことを発表する ・展示、掲示による発表 ・紙芝居やペープサートによる発表

小学校高学年	・公共図書館や各種文化施設でのサービス ・図書の取り扱い方 ・ネットワークの使い方	・新聞、雑誌 ・ファイル資料 ・掲示、展示資料 ・視聴覚メディア ・電子メディア	・コンピュータでの記録の取り方 ○情報を比較し、評価する ・複数の情報の比較、評価 ○利用上の留意点を知る ・インターネット ・著作権 ・情報モラル ・個人情報	・劇や実演による発表 ・録音、ビデオ、OHP、OHC を使った発表 ・コンピュータを使った発表 ○学習の過程と結果を評価する ・メディアの使い方 ・情報の調べ方 ・情報のまとめ方 ・発表の仕方 ・相互評価
中学校	○学習の方法を考える ・いろいろな学習方法 ・学習計画の立て方 ○情報・メディアの種類や特性を知る ・印刷メディア ・視聴覚メディア ・電子メディア ・人的情報源 ○図書館の役割を知る ・学校図書館 ・公共図書館 ・その他の施設 ・ネットワーク	○図書館を利用する ・分類の仕組み ・配架の仕組み ・目録の種類 ・レファレンスサービス ○各種施設を利用する ・博物館 ・資料館 ・美術館 ・行政機関 ・その他の施設 ○目的に応じてメディアを利用する ・参考図書 ・新聞、雑誌 ・ファイル資料 ・視聴覚メディア ・電子メディア	○情報を収集する ・各種メディアの活用 ・人的情報源の活用 ○効果的な記録の取り方を知る ・ノートの作成法 ・カードの作成法 ・切り抜き、ファイルの作成法 ・AV 機器等を使った記録の取り方 ・コンピュータを使った記録の取り方 ○情報を分析し、評価する ・目的に応じた評価 ・複数の情報の比較、評価 ○情報の取り扱い方を知る ・インターネット ・著作権 ・情報モラル ・個人情報	○学習の結果をまとめる ・評価した情報の整理 ・伝えたいことの整理 ・自分の考えのまとめ方 ・レポートによるまとめ方 ・紙面によるまとめ方 ・コンピュータを使ったまとめ方 ・資料リストの作成 ○まとめたことを発表する ・レポートによる発表 ・口頭による発表 ・展示、掲示による発表 ・実演による発表 ・写真、AV 機器を使った発表 ・コンピュータを使った発表 ○学習の過程と結果を評価する ・調査、研究の方法 ・調査、研究の過程 ・成果の評価 ・相互評価
高等学校	○学習の意味を考える ・学習とは何か ○情報化社会とわたしたちの学習を考える ・現代社会と情報、メディア ・学習と情報、メディア ・情報、メディアの種類と特性 ○図書館の機能を知る ・学校図書館 ・公共図書館 ・ネットワーク	○図書館を利用する ・分類の仕組み ・配架の仕組み ・目録の種類 ・レファレンスサービス ○各種施設を利用する ・博物館 ・資料館 ・美術館 ・行政機関 ・企業 ・その他の施設 ○効果的にメディアを利用する ・参考図書 ・新聞、雑誌 ・ファイル資料 ・視聴覚メディア ・電子メディア	○情報を収集する ・各種メディアの活用 ・人的情報源の活用 ・調査、実験、体験などからの情報の入手 ○効果的に記録する ・ノートの作成法 ・カードの作成法 ・切り抜き、ファイルの作成法 ・AV 機器等を使った記録の取り方 ・コンピュータを使った記録の取り方 ○情報を評価する ・情報源の評価 ・目的に応じた情報の比較、評価 ○情報の取り扱い方を知る ・インターネット ・著作権 ・情報モラル ・個人情報	○学習の結果をまとめる ・評価した情報の整理 ・自分の考えのまとめ方 ・目的に応じた記録のまとめ方 ・資料リストの作成 ○まとめたことを発表する ・レポートによる発表 ・口頭による発表 ・展示、掲示による発表 ・実演による発表 ・写真、AV 機器を使った発表 ・コンピュータを使った発表 ○学習の過程と結果を評価する ・調査研究の方法と過程 ・成果の評価 ・相互評価

表4-4　図書館を活用する学び方指導体系表（松江市教育委員会　2015）

平成27年度版

			1	2	3	4	5	6	7・8・9
			前期				中期		後期
			小学1年	小学2年	小学3年	小学4年	小学5年	小学6年	中学1年～3年
A	知る	図書館の利用	○学校図書館を利用する ・図書館の場所を知る ・中にある設備や展示物を知る ・本の借り方返し方がわかる ○図書館利用のマナーを知る ○学校司書を知る		○公共図書館を知る ○レファレンスサービスを知り利用する			○公共図書館，資料館，科学館等を利用する ・コンピューター検索	（国語1） （学活1） （学活1） ・本の読み広げ方を知る（国語3）
B		分類・配架	○本は仲間分けしてあることを知る		○類を知る（0～9類，絵本）	○分類記号（3桁）の見方を知る	○日本十進分類法を知る ・請求記号の見方を知る	○類を覚える	
C	見つける	課題の設定	○学習のめあてをもつ ○知りたいことを見つける	○話すこと書くことを選ぶ	○学習計画の立て方を知る ○知りたいことの中から調べることを決める ○思考ツールを利用する□		○学習計画を立てる ○連想から発想を広げる		・マッピング，フローチャート，KJ 法を活用する（国語1）・カードを活用する（地理）
D	つかむ	情報の収集	○いろいろな情報源があることを知る		○課題を解決するために自分で資料を集める		○課題に応じて資料や情報を集める ○多面的に考える	○課題に応じて複数の資料や情報を集める ○情報の特性を知る	○課題に応じた各種メディアを利用する（地理，理科2） ・読書と情報（国語1・2・3）
E		人からの情報	○興味をもって聞く	○人に聞く（マナー） ・短い言葉でメモを取る	○インタビューの仕方を知る ○メモを取る ・事前に質問の内容を決める	○メモの取り方を工夫する ・箇条書き ・話の組み立て	○アンケートを取る ・質問の答えの予測をたてる	○聞き取り調査をする ○取材をする	・インタビュー，アンケートで情報を集める（国語2） ・聞き取り調査で情報を集める（歴史）
F		図鑑，辞典，事典，統計資料等の利用	○図鑑にふれる	○図鑑を使う ・目次，（索引）を見る	○国語辞典を使う ○百科事典を使う ・目次，索引を使う ○ガイドブック，パンフレットを使う ○ファイル資料を使う	○漢字辞典を使う	○年鑑を使う ・目次や索引を有効に使う ○白書や統計資料集を使う	○分野別事典を使う	○図鑑，理科年表を使う（理科1） ○国語辞典，漢和辞典，百科事典を利用する（国語1）
G		図表，絵，写真の利用	○興味のある図，絵，写真を探す ○絵を読み取る		○図表，地図，グラフを読み取る ○年表を読み取る	○広告や説明書を読み取る ○地図帳を使う	○題やキャプションを活用する ○地球儀を使う	○複数の資料を活用する ○年表を活用する	○統計資料を活用する（数学1，理科1，地理） ○写真を読み取る（地理） ○白書を利用する（社会）
H		新聞や電子メディア等の利用				○わりつけや見出しを知る ○小学生新聞を見る ○インターネットで調べる	○書き手の意図を読み取る ・記事の構成と写真の役割 ○新聞の一面の構成を知る ○メディアの特徴を知る ・リテラシーを身につける ○気象情報を得る	○説得の工夫を読み取る	○新聞を利用する（社会） ・紙面構成を知る（国語1） ・記事を比較する（国語1） ・社説を比較する（国語3，公民）
I		出典，引用，著作権，参考資料一覧について	○自分の考えと他の人（資料）の考えを区別する	○本の名前と書いた人の名前を書く	○出典について知る ・出版社名を書く	○引用の仕方を知る	○参考資料一覧を知る ○奥付を見る	○著作権を知る	○参考資料の使い方の留意点を知る（国語1，技術，地理，総合1，公民） ・参考文献，出典の書き方（総合1，技術，国語1）
J		情報の取り出し	○ワークシートに書く ・書き抜く ○メモに書く	○付箋やカードに書く ・短い言葉や文で書く	○情報カードに書く ○要約する ○あらすじをまとめる	○引用する	○情報カードを活用する ・取捨選択，順序，構成を考える ○要旨をとらえる		○情報カードを活用する（総合1）
K	まとめる	情報の整理	○伝える順序を考える ○情報を比べる	○理由を考える	○一番伝えたいことを決める ○書いてあることを整理する ○思考ツールを利用する□	○まとまりをとらえる ・推敲する ○関係づけて読む	○適切な事例や資料をあげる	○複数の情報を効果的に活用する ○項目ごとに整理する	
L		ま　と　め	○感想を入れてまとめる ＊絵カード	＊手紙，クイズ，紹介文	○事実と意見を区別してまとめる ○自分の考えと理由を書く ＊レポート，案内文，説明文，リーフレット，地図	○目的と形式を考えて書く ＊新聞，ブック，意見文，手紙，ポスター ＊ホームページ	○目的に合わせた方法を選んでまとめる ○目的に合わせて事実と考えや感想を区別してまとめる ＊感想文，報告文，依頼文，リーフレット，ポスター ＊農業ごよみ，関係図	○自分の考えを持つ ＊投書 ＊随筆	○伝えることを意識して効果的にまとめる（技術，地理，歴史） ・案内文，レポート，鑑賞文（国語1）・手紙（国語2）・批評文，ポートフォリオ（国語3） ・ポスターセッション，案内文，手紙（国語1） ・ミニレポート（社会）
M	伝え合う	発表，交流	○いろいろな発表の仕方を知る ＊実物，ペープサート ＊事物の説明，経験の報告，応答，紹介，感想 ○話を集中して聞き話題にそって話し合う	○理由をつけて発表する ＊劇，クイズ，説明 ＊写真，フリップ	○相手に分かりやすい発表方法を選ぶ ○資料の出し方を工夫する ○考えの共通点や相違点を考えて話し合う ○意見交換をする	○役わりを考えて話し合う ＊案内	○要旨を意識する ○考えを正しく聞き取る ○資料を活用して説明する ＊ポスターセッション，討論，助言，提案，推薦，読書会 ○立場や意図をはっきりさせて計画的に話し合う	○発言の意図を明確にする ○意見と理由とのつながりを考えながら聞く ○問題を解決するために話し合う ＊プレゼンテーション ＊外部の人へ発表会	・スピーチ（国語1）・プレゼンテーション（国語2）・記者会見型スピーチ（国語3） （総合・全教科）
N	ふり返り（毎時間，単元後）		○学習の過程と結果を評価する						

※国語科の教科書の指導内容を基本とし，生活科，社会科（「学び方コーナー」），理科の教科書（いずれも東書）を参考に記載しています。
※表の内容をどの単元で扱うかは各校の年間指導計画によります。（cf.「学び方指導体系表と単元例関連表」）
※「思考ツールを利用する□」は，探究的な学習の様々な場面で適切に取り入れてください。例：ピラミッド図，ボーン図，座標軸，マッピング，ウェビング，KJ 法　etc.
※「まとめる」「伝え合う」の＊印は言語活動例をあげています。
※総合的な学習の時間は，上記のすべての力を活用します。

※中学校では教科などを表中に（　）で入れています。
※中学校の内容は H27年度に改訂します。
※中学校については改訂中。

小学校低学年から高等学校までは不要であろう。しかしながら，各校種の児童生徒だけを見ていると，事前に何を学んでいるのか，今後は何を学ぶのかが見えて来ない。そのようなときに，全体を見渡せる体系表があるということを知っておくことは，全体の中での位置を確認するときに有効である。

地域によっては，独自で体系表を作成しているところもある。松江市では，「図書館を活用する学び方指導体系表」を作成している（表4-4）。小学校１年生から中学校３年生に必要な学び方を，「知る」「見つける」「つかむ」「まとめる」「伝え合う」「ふりかえり」に分けて示している。地域によって使用する教科書が異なったり，地域独特の単元が設定されていたりすることから，教育センターが中心になってこのような体系表を作成する動きが出ている。

（3）指導計画案の作成と発信

体系表のようなモデルがあると，どういう力をつけていけばいいのかが一目でわかる。しかしながら，体系表の内容だけでは各学年で行う授業を組み立てることはできない。国語や理科という教科はあっても，情報リテラシーという教科は存在しないからである。現行の小中学校の学習指導要領では，情報リテラシーを児童生徒に習得させるための指導は，各教科等に埋め込む形で行うとされている。

小学校５年生国語科の教科書には，レポートの書き方を学ぶ単元がある。探究の過程に沿ってどのようなことを積み重ねていけばレポートが仕上がるのかが丁寧に記載されている。例えば，「図書館で，本・事典・辞典などをさがして読む」との一文がある。これは，「目次・索引を使った調べ方」「百科事典の引き方」「国語辞典の引き方」「図書館の本の分類」などが既に前の学年で習得されており，それらを使って調べることができることを前提とした文章である。だから，詳しいことは記載されていない。ところが，一回教わっただけでその後使わなければ忘れてしまう児童生徒もいるだろう。本当は直接本を手に取って学んだ方がよい内容を，本が整備されていないなどの理由で教科書を読んで教わっただけの場合もあるだろう。

そこで，児童生徒に習得・活用させたい情報リテラシーを指導計画案に記載しておくと，情報リテラシーが埋め込まれている各教科等の単元や教材を学級担任や教科担任が扱うときに役立つ。指導計画案は，年間を通して作成する場合と，単元ごとに作成する場合がある。

単元ごとに作成する指導計画案の具体を見てみよう。表4-5は，中学校の司書教諭が社会科１年生の教科書から情報リテラシーに関することばを拾い整理したものである。「百科事典で調べてみよう」「地理事典などで調べてみよう」「統計資料で調べてみよう」など，教科書にはシンプルに書いてあるが，どのようにして調べるのかの記述はない。「パソコンでまとめよう」「新聞でまとめよう」などとも書かれているが，どのようにしてまとめるのかの手順は示されていない。社会科の先生は，それらを教える時間的なゆとりをもっていない。同学年の国語科の教科書に「レポートを書く」という単元があるが，国語科で学習したからといって社会科でできるとは限らない。

そこで司書教諭はレポートを書くために必要な要素を取り出し，どの教科で指導しているのかを吟味する。その教科で指導できるのか否か，できないとしたらどうするかなどについて教科担任と検討をする。それをもとに，司書教諭は指導する教科名と指導内容，指導手順をもとに指導計画を作成し，ワークシートの準備をする。

つまり，どの教科でどういう内容を指導するのかなどの調整を単元の最初に行っておくことが，教科担任制の中学校・高等学校では大切であ

表4-5　中学校1年生社会科教科書における図書館利用に関する内容（慶應義塾普通部）

「世界の国々を調べよう」（中1地理・帝国書院）より

	中国	アメリカ	ドイツ
ブレスト	写真を見て，中国のイメージをあげてみましょう。	写真のなかで，見たことがある風景はありますか？ほかにも知っている風景や都市はないでしょうか。	ドイツは，いくつの国と国境を接しているかをかぞえてみましょう。
概要	国の基本データを調べよう－地図帳の統計資料を見て下に書き入れよう。	国の基本データを調べよう－地図帳の統計資料を見て下に書き入れよう。	国の基本データを調べよう－地図帳の統計資料を見て下に書き入れよう。
資料集	統計資料から国の特色を考えよう。	地図帳の統計資料で，その国のおもな宗教や言語を調べてみたり，宗教・言語・民族などについての分布をあらわした資料図を見たりしましょう。	地図に注目して，調べる課題を見つけよう。
	地図帳の統計資料で，おもな輸出品目のなかに農産物がないか調べてみたり，地図で土地利用や農業の記号を見てみたりしましょう。	ドイツからほかの国への航空路線について，地図帳で調べてみましょう。	
さまざまな調べ方	民族の分布やそれぞれの生活・文化の特色を，百科事典や地図帳で調べてみましょう。	さまざまな民族の生活・文化のようすについて，調査する国のホームページや地理事典などで調べてみましょう。	各国のホームページなどで，その国が属している国際組織を調べてみたり，統計資料で貿易額や人の移動に関する数値を見つけてみましょう。
	調査する国の人口問題を，インターネットや新聞記事で調べてみましょう。	おもな農産物の輸出先について，農林水産省の統計で調べてみましょう。	ドイツのおもな輸出品について，統計資料で調べてみましょう。
	米の栽培と気候とのかかわりを，百科事典やインターネットで調べてみましょう。	コンピュータなどの研究開発をしている世界的な企業を，インターネットで調べてみましょう。	国境をこえる環境問題のようすや，改善の取り組みについて，各国の大使館や環境団体のホームページで調べてみましょう。
	食生活と宗教とのかかわりを，ガイドブックや百科事典，国ごとの生活・文化に関する本などで調べてみましょう。		環境問題についての本や新聞記事，国や企業のホームページを見たり，自治体の広報課に問い合わせたりして，各機関の取り組みについて調べてみましょう。
	工業の変化や問題点について，その国に進出している企業のホームページや新聞記事で調べてみましょう。		人々の環境に対する考え方や，環境を守る取り組みについて，図書館の環境問題の本などで調べてみましょう。
			調べる国の言語や宗教，衣食住，音楽や絵画，文学などについて，事典や写真集，映像資料などを使って調べましょう。
			調査する国の町並みについて，観光ガイドブックなどで調べてみましょう。
まとめ	国（中国）を調べて分かったことを，地図でまとめよう。	国（アメリカ）を調べて分かったことを，パソコンでまとめよう。	国（ドイツ）を調べて分かったことを，新聞にまとめよう。

る。具体的な事例としては，国語科の指導時数の中で司書教諭が情報リテラシーに関する指導を任される場合，国語科や社会科の教科担任と司書教諭がTTで授業を行う場合，総合的な学習の時間を使ってTTで授業を行う場合，司書教諭はワークシートを作成し指導は教科担任が行う場合などがある。

このように，情報リテラシーの指導は各教科等のように指導時間が設定されているわけではないので，学校ごとの実態に即した指導計画案が必要になる。指導計画案を作成するのは，教育課程と情報リテラシーの両方の知識をもつ司書教諭である。指導計画案があって初めて見通した授業ができ，児童生徒に情報リテラシーを習得させることができるのである。

指導をするときに複数の指導者がいるということは，共通認識するための何かが必要である。それが，教科ごとに作られている指導計画案（表4-6）である。この指導計画案は，縦軸に指導の月，横軸は指導のステップ（指導学年），内容には指導するスキル（情報リテラシー）と指導教科・単元・指導時期・連携する指導者が記載されている。

一方，指導計画案は年度当初に作成し，部会の討議（図4-2）を経て，職員会議で提案するとよい。人数は少なくても部会があることにより，ひとりで進めているのではないことが教職員に伝わるからだ。何よりも，司書教諭にとって相談相手がいることは安心して職務を遂行できることにつながる。

表4-6　国語科と社会科，図書館利用を連携させた指導計画案（慶應義塾普通部）

2学期全8回の授業計画

			「図書」の内容	スキル	「地理」に関連づけて…
1	9月	ブレーンストーミング	レポートの「基本」形 (テーマ→問題→結論→理由) ブレーンストーミング	キーワードを考える NDC	担当する「国」を決める 知っていること（イメージ）を書く 国を調べるときの「視点」を意識する (地理の教科書・NDC)
2	10月	百科事典 索引 奥付	百科事典の「索引」の読み方 百科事典を読む 百科事典の奥付を見る→情報の新旧を確かめる	索引の巻を使う メモをとる 奥付を見る	百科事典から，「国」の概要に関する部分をメモする 出版年を確認する
3		百科事典 図表	図や挿絵，表を読む データの出典を見る→情報の新旧を確かめる	図・表・挿絵を読む	図や表に注目する 写真を見て，言葉で説明する いつのデータかを確認する 「視点」のどの項目にあたるか考える
4		年鑑 統計	年鑑や統計の使い方 データを更新する	年鑑・統計を利用する	百科事典から得たデータを新しいデータに更新する
5	11月	奥付 目次・索引	出版年や著者を確認する 目次や索引を見て情報を探す 「はじめに」を読んで全体を見通す	複数の本を比較し，情報を評価する 目次・索引・「はじめに」を使う	『ナショナルジオグラフィック世界の国』(2007～) 『目で見る世界の国々』(1990前後) の内容を比較する
6		新聞記事 雑誌記事	(本と比較しながら) 新聞記事と雑誌記事の特徴を考える 新聞記事と雑誌記事を検索する	新聞・雑誌のつくり 情報源としての新聞・雑誌の特徴 記事検索	「国」に関する最近のニュース（記事）を探す
7		「問題」 「結論」 「理由」	レポートの「基本」形について再確認する	テーマの絞り方	「国」の特徴と思う点を３つ挙げる ３つの項目が互いに関連するように考える (Aという特徴がある，その結果Bという特徴が生まれる，それがCという特徴につながる)
8	12月	引用 要約 出典	さまざまな資料を探し，メモをとる	５Ｗ１Ｈ メモ（引用・要約・出典）	自分が選んだ3つの「国の特徴」についてさらに調べる

※授業は週１回45分中の30分を充てる。

図4-2　部会での様子

部会の名称は，学校図書館部や学校図書館委員会などが一般的である。校内組織に部会がない学校については，国語部などの教科部の中で討議の時間を設定してもらうなどの工夫が必要である。部会では，昨年度の反省をふまえ本年度特に力を入れたい点について検討事項を絞ると討議しやすい。また，学校図書館を使った授業を行う単元を尋ねておくことは，その単元に必要な本を購入するときにも参考になる。

3　実践と評価

（1）学校図書館を活用した授業の推進

協働のための指導計画案ができ，年度当初の職員会議で提案できたら，次は，指導計画案通りに実施する段階に入る。

「学校図書館の機能を活用する」方法は，２通りある。ひとつは，学校図書館で授業を行う場合である。もうひとつは，学校図書館の資料を使って教室などで授業を行う場合である。いずれも，学校図書館の機能を使った授業である。

通常，教員は各教科や総合的な学習の時間の単元の中で，学校図書館を使う場面を設定する。図書館で授業を行うか，それとも教室（特別教室を含む）で行うかは，1時間の時間配分により異なる。教室で行う場合は，事前に図書館資料を教室に運ぶ必要があり，学校図書館で行う場合は，その時間を確保する必要がある。このちょっとした手間を解消するのが司書教諭の仕事でもある。指導計画案に記載されている単元であれば，事前に司書教諭が声をかけることができる。学校司書と相談して，単元に関係する資料を展示しておくことも可能だ。図書館利用の多い学校では，授業をしたい場合に，手軽に申し出て使える方法を作っておくことも必要である。

協働とは，ティームティーチングのように一緒に授業をすることだけを意味しているわけではない。司書教諭が，学級担任や教科担任をしている学校も多い。また，教員によっては，司書教諭とティームティーチングで授業を行う必要性を感じていない場合もあるだろう。司書教諭は，計画に沿って，学校図書館の機能を使った授業が行われていくようにマネージメントすることが重要である。そのために，コミュニケーションをとったり，準備の相談にのったり，学校司書の応援をもらったりするなど，様々な協働の仕方がある。

このように，授業を行う予定の教員とコミュニケーションをとることがマネージメントの第一歩である。

（2）情報リテラシーの育成

何かを使うときには，使い方を知る必要がある。例えば，自動車を運転するには運転するための技能や知識が必要である。自身の小中高校時代に学校図書館を活用した授業を体験していない教員が学校現場には多くいる。情報に関する知識やそれを活用する能力，すなわち情報リテラシーを教わった記憶がないため，どのようにして児童生徒に教えたらいいのか，また，児童生徒はどんなことにつまずくのかが見えないという質問によく出会う。

指導計画案があり，学習・情報センターの機能を使って授業を進めているものの，情報リテラシーが児童生徒に身についていないので，本を探して1時間が終わってしまったとか，調べたことをそのまま新聞に写していたなどの悩みを聞くこともある。

このような「学び方が習得されていない」という悩みに，多くの先輩司書教諭も直面してきた。そのため，前出の市川市のようにコピーして使える資料集や，情報リテラシーの習得の仕方に関する参考図書も数多く出版されている。

本書では，探究の過程を「課題の設定」「情報の収集」「整理・分析」「まとめ・表現」の4段階でとらえ，各過程に沿って具体的な学び方の指導法や，情報リテラシー育成の現場の様子を紹介する。❶は第5章で，❷は第6章，❸は第7章，❹は第8章で扱う。

①課題の設定

例えば，テーマの設定の仕方，計画の立て方

②情報の収集

例えば，情報の集め方，集めた情報を手元に置く方法

③整理・分析

例えば，集めた情報の整理の仕方，シンキングツールの使い方

④まとめ・表現

例えば，組み立て方，レポートの書き方，発表の仕方

本講座の第５章から第８章は，次の２つの視点から構成した。

一つは，探究の過程に沿って，学校図書館を活用するために必要な知識を司書教諭がもつことを目的として構成した。この知識があることで，学校図書館を使った授業が実践されているときに，情報リテラシーが習得されていないために起こる問題点を回避できる。本来，この知識は，学校図書館を使って授業を進めるすべての教員に必要であることは言うまでもない。

もう一つは，各教科や総合的な学習の時間において，学級担任や教科担任が中心となり，司書教諭や学校司書と協働して，児童生徒に情報リテラシーを育成している授業場面を，司書教諭がイメージできるようにすることを目的として構成した。このような授業場面をコーディネートすることが，これからの司書教諭の求められる能力であるからだ。

（3）運営の評価

評価は，指導計画案が順調に進んでいるのか，問題点はないのかという視点で，学期ごとや年度末に行う（表4-7）。その際も，まずは司書教諭が資料を作成し，部会で検討し，職員会議で報告するという順序を踏む。こうした順序を踏むことで，学校図書館部が活動していることが教職員に伝わるのである。

協働は，まずは発信するところから始まると言ってよい。短い時間でも定期的に部会をもつことにより，計画の改善点が見つかったり，学校図書館を活用した授業の様子の報告があったりするなど，何らかの動きが確認されるからである。部会では，常に指導計画案をもとに打ち合わせを行うと，年間の中のどういう位置を検討しているのかが見えやすい。

部会での内容を，打ち合わせや職員会議の中の短い時間で発信するこ

表4-7　運営の評価表例（千葉県教育委員会　2010）

（　　　　　　）中学校　記載者名（司書教諭・図書館担当教諭など）

学級数		学校図書館図書標準の定める冊数	
平成20年度末の学校図書館の蔵書冊数		学校図書館図書標準の達成状況	

		該当欄に○を付けてください。	達成している	おおむね達成している	達成していない
物的環境	1	学校図書館図書標準が80％以上達成されている			
	2	古い図書を廃棄し，新しい図書に買い換えている			
	3	教職員が教材研究等で活用できる図書が整っている			
	4	日本十進分類法（NDC）等により図書が分類され，書架が整理されている			
	5	掲示物の工夫など，部屋の環境が整っている			
人的環境	6	司書教諭，又は図書館担当教諭等としての職責を遂行する時間を確保するため，授業時間数の軽減等校務分掌上の配慮をしている			
	7	学校図書館専任（市町村から派遣される学校司書や読書指導員等）の職員が配置されている			
	8	生徒が図書委員として活動を行っている			
	9	学校の方針のもと，司書教諭等が窓口となりボランティアが読み聞かせや図書整理等の活動をしている			
活用	10	生徒の在校中（放課後は含まない）はいつでも開館していて，学校図書館を活用できる			
	11	年間指導計画に学校図書館の活用が位置づけられている教科・領域がある			
	12	各学級・学年とも授業において計画的に学校図書館を活用している			
	13	学校図書館の活用方法や約束事が決まっていて生徒に指導している			
	14	生徒の学校図書館の活用状況や図書の貸出状況をおおよそ把握している			
意欲の喚起	15	教職員や学校司書，又はボランティア等により読み聞かせや朗読，ブックトーク等読書活動の支援を行っている			
	16	推薦図書（県のものや学校独自のもの等）について知らせている			
	17	新しく購入した図書について掲示物等で知らせている			
外部連携	18	公立図書館から，又は学校間での図書貸出等の連携を図っている			
	19	保護者会や学校だより等による家庭への読書に対する啓発を行っている			
		○の数の合計			

とは，学校図書館部が動いていることを伝えるいい機会である。短い時間の発信を数多く行うことを心がけたい。

(4) 児童生徒の評価

児童生徒の評価は，2つの視点から考えたい。いずれも，詳細は第8章で説明するため，ここではアウトラインのみ紹介する。

一つは，単元の学びにおけるねらいに対する評価である。

もう一つは，児童生徒の情報リテラシーの習得度の評価である。

前者は，学級担任や教科担任が常に行っている。後者については，把握していない学校も多いものの，司書教諭が校内全体の児童生徒の実態を把握することは，次年度の指導の改善点を見出す時にも有効な方法である。

■ 理解を確実にするために

1 次の用語を説明しましょう。

①学校図書館の3つの機能とは何か。

②司書教諭が常に持っていたい2つの計画書とは何か。

③探究の過程の4段階とは何か。

2 次の問いに答えましょう。

①指導計画案は，なぜ必要なのか。その理由を説明しなさい。

■ 理解を深めるために

① 大庭コティさち子『考える・まとめる・表現する　アメリカ式「主張の技術」』NTT 出版　2009

② 塩谷京子・堀田龍也編著『司書教諭が伝える　言語活動と探究的な学習の授業デザイン』 三省堂　2013

5　情報リテラシーの育成（1）課題の設定

塩谷京子

《目標＆ポイント》「探究の過程」を4段階でとらえると，第1段階は課題の設定である。本章では，テーマ（課題）の設定の仕方，情報探索の計画を立てる時の留意点について，実際に指導すべき事項，および指導方法を説明する。

《キーワード》 情報リテラシー，探究の過程，情報活用スキル，課題の設定，テーマの設定，ウェビング，情報探索の計画

1　はじめに　―授業におけるテーマの設定―

学校現場では，学校図書館は静かに読書をするだけの場ではなく，知りたいことや疑問に思うことの解決の場でもあるとの認識が定着してきている。そのために各教科等では，「課題の設定」，「情報の収集」，「整理・分析」，「まとめ・表現」の過程をたどる探究型学習が行われるようになった。

探究型学習のはじめの段階は，課題の設定である。本章では，テーマ（課題）の設定の仕方，情報探索の計画を立てる時の留意点について，実際に指導すべき事項，および指導方法について説明する。

課題（テーマ）設定の仕方については，小中学校と高等学校では，大きく異なる。テーマの設定と聞くと，大学生が卒業論文のテーマを決めるように，枠がなく自由に決めるイメージを受ける。しかしながら，多

くの小中学校では，各教科や総合的な学習の時間のなかで，共通テーマ（トピック）を教師が設定することがほとんどである。設定された共通テーマの中で，児童生徒は自分のテーマを決める（問いを立てる）という手順を踏む。なお，一部の高等学校においては，大学の卒業論文のようにテーマ設定から行っている学校もある。

2 「問い」を見える形にする ―絞りこむときに使う方法―

「知りたいこと」「不思議なこと」などの「問い」が生まれ，頭の中にある「問い」を紙の上に表し，それを文章化することで初めてテーマが設定される。「問い」が生まれることと「問い」を文章化することは，別の技能が必要である。児童生徒は授業で自分のテーマを決める以外に，普段から素朴な「問い」をもっている。これらを含め，日常生活の中で切実感のある自分の「問い」を児童生徒に抱かせたい。

ここでは，児童生徒の頭の中にある「問い」を見える形にするための方法を紹介する。「問い」を可視化するための方法として様々な図（シンキングツール，グラフィックオーガナイザーなどと呼ばれている）が使われている。バックボーンとしての概念をもとに図があるので，概念を整理しながら図の紹介をする。

(1) 絞り込むときに使う方法 ―三点決め―

小学校低学年の児童は語彙が少ないが，日常「なぜ？」をいくつも抱いている。そこで，指導者とのやりとりの中で，「問い」を文章化していくのが望ましい。よく使われる方法として「三点決め」がある（図5-1）。これは，3回尋ねながら児童が知りたいことを絞り込んでいく方法である。まず，トンネルをイメージした大きな半円を書く。次に，大きな半円の中に半円を書く。さらに，その中に半円を書くというように，３度繰り返す。

例えば，動物園に遠足に行くとする。大きな半円には大テーマである「どうぶつえん」と書く。「動物園のどの動物を一番見たいですか？」と問いかける。児童は次の半円の中に「ゾウ」「ヘビ」「フラミンゴ」などと書く。さらに「ゾウの何を知りたいのですか？」と，問いかける。児童は「鼻」「耳」「足」などと答え，一番小さな半円の中に記入する。このようなやり取りを図にすることで，動物園からゾウの鼻まで絞り込めたことになる。知りたいのはゾウの鼻ということが見えてきた訳だ。

しかし，この段階では，ゾウの鼻のどんなことを知りたいのかまでは，わからない。３回絞り込むことに慣れてきたら，さらに「ゾウの鼻のどんなことを見たいの？」と，問いかける。児童は「水の飲み方」「口までどうやって運ぶのかな」などと，疑問の一端を語る。そこで，指導者は言葉を補足しながら，「どうやって水を飲むのかを見たいのですね」「鼻でつかんだ食べ物をどのようにして口に運ぶのかを見たいのですね」と，完全な文章にしていく。こうして初めて児童は，「問い」の文章を書くことができる。

この図の中には，共通テーマ（トピック）に全く関係のないことばは出てこないのが原則である。しかし，ことばの上位概念と下位概念の理解がない児童にとっては難しいことでもある。その場合，日常使うことばを使って上位概念と下位概念があることを教えるとよい。例えば，文房具と鉛筆の関係，犬とチワワの関係など，子どもが日常使うことばを扱うとわかりやすい。このようなウォーミングアップと合わせて，三点決めを教えると「絞る」という概念を感覚的にとらえることができる。

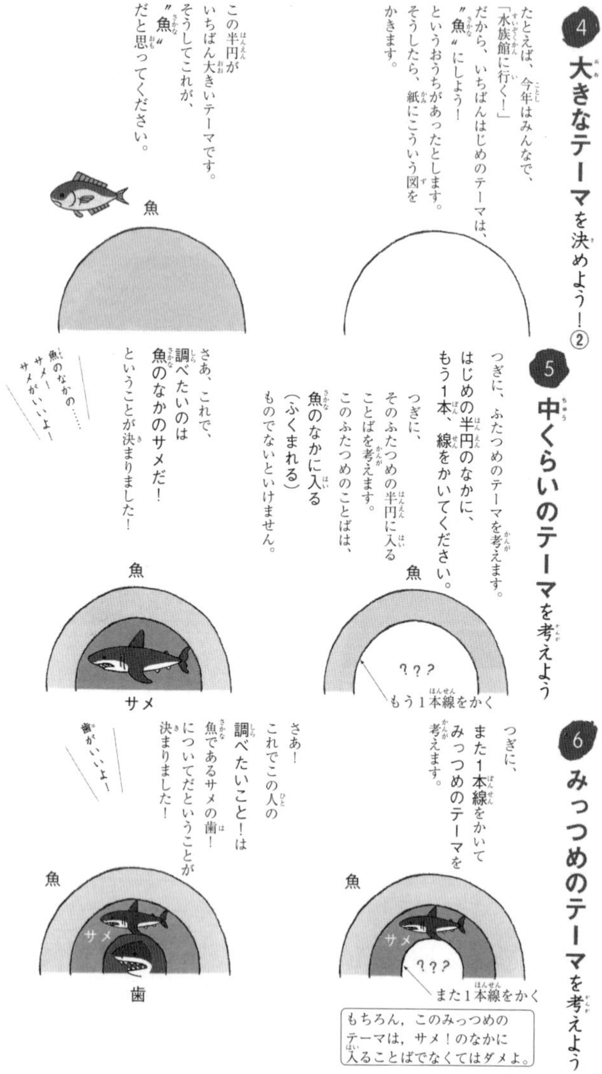

図5-1 三点決め（赤木かん子『お父さんが教える自由研究の書き方』2009 p14-19）

(2) 絞り込むときに使う方法　―ペンタゴンチャート―

児童が自身の「問い」を探すときの方法として，ペンタゴンチャートがある（図5-2）。トピックに「の」をつけて，絞り込んでいく方法である。

例えば，教室ではこんなやり取りの中で使うことがある。教室でメダカを飼うことになった。教師が「メダカの何を知りたいですか」と尋ねると，「メダカの種類を知りたい」「メダカの飼い方を知りたい」「メダカの病気について知りたい」「メダカの食べ物を知りたい」「メダカの卵について知りたい」などという返事が児童から返ってくる。このやり取りを図にしたものが図5-3である。周りに書いた知りたいことを見ながら，興味がある順に番号を付ける。そして，選んだものを文章化していく。頭の中にあることを紙面に表せたら，次はそれをもとに文章化することが必要である。

例えば，知りたいことの欄に「卵」と書いたとしても，「メダカはどこに卵を産むのか」「メダカの卵をかえすにはどんなことに気をつけたらいいのか」「メダカの卵はどのように大きくなるのか」というように，文章にするとニュアンスが変わってくることもある。自分の「問い」を文章化することは，相手に伝えるだけでなく自覚するためにも大切である。

3 「問い」を見える形にする　―広げるときに使う方法―

一見，絞るだけでテーマ設定ができると思うがそうではない。学年が進むと与えられた共通テーマや関連用語の知識が不十分であることが多

今日の授業では，図を使って，調べたいことを見つける方法を身につけます。
1．みなさんは理科でモンシロチョウを育てながら観察してきましたね。（モンシロチョウの成虫の絵を貼る。）チョウは「昆虫」だということを勉強しましたね。（「こん虫」と書いたカードをモンシロチョウの絵のそばに貼る。）
2．昆虫の体は，３つの部分からできています。ここは何といいましたか？
・頭です。
そうでしたね。（「頭」と書いたカードをモンシロチョウの絵の頭の部分に貼る。）
ここは，何ですか？
・胸です。
そうでしたね。（「むね」と書いたカードをモンシロチョウの絵の胸の部分に貼る。）
ここは，何でしたか？
・腹です。
そうでしたね。（「はら」と書いたカードをモンシロチョウの絵の腹の部分に貼る。）
3．これらのことを，「体のつくり」と言います。（５角形の図のまん中にチョウと書き，一つの[の]のところに，「体のつくり」とマジックで記入する。
4．チョウには，何本のあしがありますか？
・６本です。
そうでしたね。（「６本の足」と書いたカードをモンシロチョウの絵の足の部分に貼り，５角形の一つの[の]のところに，「あしの数」とマジックで記入する。）
5．６本のあしは，どの部分にありますか？
・胸です。
そうでしたね。６本とも全部胸にありますね。
6．モンシロチョウは，どのように育ちましたか？
・たまご，幼虫，さなぎ，せい虫の順に育ちました。
そうでしたね。そのことを，チョウの「育ち」と言います。（５角形の一つの[の]のところに，「育ち」とマジックで記入する。）
7．幼虫は，何を食べましたか？
・「キャベツ」や「あぶらな」です。
そうでしたね。（５角形の一つの[の]のところに，「食べ物」とマジックで記入する。）
どんなものを食べるのかなどは，「飼い方」とも言います。（５角形の一つの[の]のところに，「飼い方」とマジックで記入する。）
8．チョウの他にどんなこん虫を知っていますか？
・テントウムシ・ハチ・トンボ・アリ・カブトムシ・クワガタ・バッタ
9．それでは，昆虫ならどれも，チョウのような「体のつくり」や「あしの数」や「育ち」をするのでしょうか？

（どの「こん虫」もそうかな？と掲示）
・クモはあしが8本だよ。
うーん，クモは昆虫でしょうか？（クモと書き，（？）マークをつける。）
・ムカデにはあしがたくさんあるよ。（ムカデと書き，（？）マークをつける。）
・ダンゴムシは，体が3つに分かれていないよ。
うーん，ダンゴムシは，昆虫といえるでしょうか？（ダンゴムシと書き，（？）マークをつける。）

10. それでは，ワークシートの◯の中に自分が調べたい虫の名前を書きましょう。
11. 次に，その虫の何について調べてみたいのか「の」の後につなげて書いてみましょう。この図を参考にしてください。（少しだけ時間をとる）
12. それでは，代表の人に発表してもらいます。新しい拡大した5角形の図 掲示
・ダンゴムシの体のつくり
・ダンゴムシのあしの数
・ダンゴムシの育ち
・ダンゴムシの食べ物
・ダンゴムシの飼い方　　（拡大した5角形の図にマジックで記入していく。）
13. さて，次に自分が調べたい順に番号をつけます。
14. あなたは，どのことを一番知りたいですか？
・ダンゴムシのあしの数です。
15 それはどうしてかな？
・昆虫はあしが6本といったけど，ダンゴムシには，もっとたくさんあしがあったような気がするからです。
16. そうかあ，じゃあそのことについて調べてみようね。調べたいことを，文にします。（拡大した5角形の図の下に，「ダンゴムシのあしは，何本か？」と書く。）
17. このように，語尾を「か？」にして文を作ると，調べたいことが，はっきりします。（「か？」を赤マジックで囲んで，強調する。）
18. みなさんも，一番調べてみたいことを一つ，文にしてみましょう。
19. 今日は，自分が一番調べたいことが見つかりましたね。
20. 調べたいことを見つける時は，このように図を使って，絞り込みます。の を使うと考えやすくなります。そのあとに，「か？」を使った文にすると調べたいことがより明確になります。これで「調べたいことを見つけよう」の授業を終わります。

図5-2 「調べたいことをみつける」ときの授業の流れ（静岡市立水見色小学校（当時）池谷聡美先生の授業より）

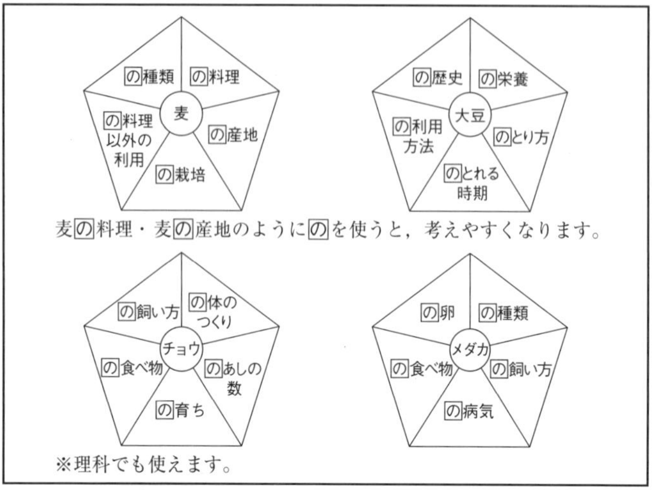

図5-3 ペンタゴンチャート（筆者作成）

くなるため，下調べが必要になる。また，広げてみることで，今まで知らなかったことのなかに，興味をもつこともある。そこで，与えられた共通テーマから自分の問いを絞り込むのではなく，まずは一旦広げてみることで，自分の興味はどのあたりにあるのかの見当をつけていく方法の習得が必要になる。

広げる方法としては，マンダラート，ブレーンストーミング，ウェビングなどがある。整理する方法としては，KWL シート，ウェビングなどがある。（ウェビングは，使い方次第でどちらでも使える。）

小学校においては，探究の過程である「課題の設定」「情報の収集」「整理・分析」「まとめ・表現」のそれぞれの段階における情報リテラシーの習得が必要である。そのため，単元をデザインするときに，どこに重点を置くのかをあらかじめ吟味し，単元ごとに使う時間数の軽重をつける必要が出てくる。

一方，中学校では，各段階における基本的な情報リテラシーは習得されていることから，探究の過程を見通して進むことに重点を置くことが可能になる。

さらに，高等学校では，生徒が探究の４つの過程をイメージできることから，「課題の設定」における「広げて整理する」方法の習得などに重点を置くことができる。整理することに時間をかけることにより，ディスカッションが増える。他者の意見を聞き，自分とは異なる視点や価値観に出会うことで，テーマに対するがイメージが広がったり深まったりする。このことが以降の探究の過程に影響するのは言うまでもない。また，「広げているのか」「整理しているのか」を意識させたり，複数ある手法の中から目的に応じて方法を選ばせたりすることなどを，スモールステップとして取り入れることもできる。

（1）発想の可視化とマンダラート

マンダラートは，発想したことを可視化するための一つの方法として，今泉浩晃によって1987年に考案されたものである（図5-4）。まず，「３×３の９」のセルを用意し，中央のセルにトピックを書く。まわりの８つのセルには中央のトピックからイメージしたことや関連した言葉などを入れていく。次に８つのセルから１つのセルを選び，新たな「３×３

こなもん	食の都	関西弁
秀吉	大阪	お笑いの文化
淀川	USJ	２つの空港

⇒

	淀川	

図5-4　マンダラート（今泉浩晃著『超メモ学入門マンダラートの技法―ものを「観」ることから創造が始まる』日本実業出版社　1988）

の9」セルの中央に書く。そのことばからイメージしたことや関連した言葉などを周りの8つのセルに入れていく。これを何度も繰り返す。9つのセルを何回繰り返しても構わないので，自分の好きなときに止めることも再度続けることもできる。

(2) ウェビングとイメージマップ

ウェビングは，あるテーマに対して知っていることがらや関心のあることがらを線で結んでいく方法である。児童生徒が書いたものを見ると，テーマから多方面に線が出ているものと，テーマから出た線から枝分かれしながらもどんどん深めていくものとがある。同じテーマでも，児童生徒により体験や知識，興味の度合いが異なっていることから，多様なウェビングが出来上がる。このようにしてでき上がった図をイメージマップとも言う（図5-5）。頭の中にあることを可視化することで，自分の興味がどこにあるのかを知ることができることに加え，友達との情報交換も可能になる。

自由に広げていく方法とは別に，テーマに対して，あらかじめ必要な用語を記入しておき，そこから知っていることがらや関心のあることがらを線で結んでいく方法もある。例えば，大阪がトピックである場合は，そのまわりに「地形」「気候」「産業」「交通」「歴史」などの用語を記入しておき，そこから書き進めていく。

カテゴリーの限定はあるものの，基本的な知識の習得途上である児童生徒にとっては，テーマに対して自分の得意な面だけを深く書いていくだけでなく，多方面から書き始めることができるという長所がある。加えて，自分がよく知っていたりよく調べていたりする分野には多くの言葉や線があるが，そうでない分野は空白であることから，さらに深めたい分野ともう少し下調べが必要な分野などが見て取れることも長所であ

ウェビング（例１）

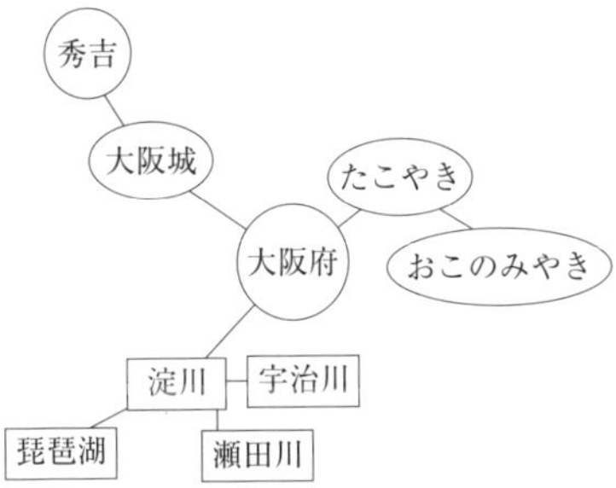

1　知っていることを書く　◯印
2　大阪に関する本の目次を見て興味のあることを書き加える　□印
3　全体の中から調べたいことを決める

ウェビング（例２）

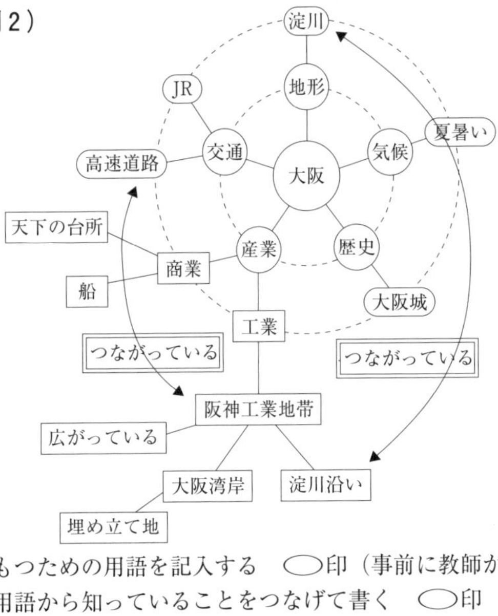

1　イメージをもつための用語を記入する　◯印（事前に教師が入れても可）
2　それぞれの用語から知っていることをつなげて書く　◯印
3　大阪に関する本の目次を見て興味のあることを書き加える　□印
4　全体の中から調べたいことを決める　◫印

※ここでは調べたいことを決めるので，目次を見る程度でおさえておく。詳しく中味まで調べるのは情報の収集の過程とする。

図5-5　ウェビング

ろう。一方，事前に用語が記入されていることで，発想が限定されることも考えられる。指導者は，目的や発達段階を考慮して使い分ける必要がある。

（3）ブレーンストーミング

ブレーンストーミングは，アレックス・F・オズボーンによって考案された会議の仕方の一つである。あるテーマから思い浮かぶことをできるだけ多く自由に出し合う方法である。ブレーンストーミングでは，多様なアイデアを出すことに主眼が置かれている。

ブレーンストーミングでは，各自が思いついたことをカードや付箋に書くところから始めるのが一般的である。カードや付箋は動かすことを考慮し，常に一つのことを書くようにする。書き終えたら，それらをホワイトボードや紙の上に，似たものは重ねたり違うものは離して置いたりして出し合った後，線でつなげたり，輪で囲ったりしていく。この過程では，カードや付箋を出しながらその理由を述べたり，線や輪を書きながら関係を説明したりすることを通して，単なる思いつきであったことが調べていきたいこと考えていきたいことへと発展していく。学校現場では，教員が示した大テーマに対して，自分の興味関心のあることや今後調べてみたいことをはっきりさせる一つの方法として，ブレーンストーミングが行われている。

（4）学習活動とKWLシート

学校現場では，テーマに対して基本的な知識や体験の少ない児童生徒が興味をもって取り組むことができるように，単元の導入段階で様々な工夫をしている。講師に講演を依頼したり，映像や写真を見せたり，体験活動を行ったりする場合がそれに当たる。興味をもつためには，ある程度の知識や体験が必要であるからだ。

また，学校図書館もこの一端を担っている。児童生徒がテーマの概要を把握するための情報源を，学校図書館が提供できるからである。例えば，導入段階では，指導者が読み聞かせやブックトークを行ったり，リサーチガイドで紹介したり，児童生徒に百科事典などの参考図書で調べさせたりする方法がある。指導者が読み聞かせやブックトークを行うことにより，児童生徒は図書を手に取りやすくなる。指導者に適切な図書を紹介したり，単元に合わせた展示をしたりすることは，教育課程と蔵書についての両方の知識がある司書教諭にとって，重要な仕事である。

リサーチガイドとは，トピックに関連する情報源を資料リストとして整理したものである。情報源には，百科事典などの参考図書の該当項目名，Web ページの URL，新聞記事の検索語などがある。学校によっては毎年同じトピックを扱うこともあるので，リサーチガイドを作成しておくと便利である。

このような多岐にわたる活動そのものが「広げる」ことであるため，児童生徒は新しい刺激をシャワーのように受けることになる。このような活動後の整理は，KWL シートが便利である（図5-6）。

K：What I know　知っていること

W：What I want to know　知りたいこと・疑問に思うこと

L：What I learned　学んだこと

K・W・L に分けることにより，自分の「問い」がどこにあるのかが見えてくるのである。

K 知っていること	W 知りたいこと 疑問に思うこと	L 学んだこと

図5-6 KWL シート

4 情報探索の計画を立てる

（1） 3つの調べる方法

テーマが設定できたら，必要な情報・資料を探索するためにはどのような情報源があるのか，それはどこにあるのか，どのようにして入手したらいいのかを考える。

しかし，情報探索の計画を立てる（調べる計画を立てる）ときに，常に学校図書館を使うとは限らない。インタビューしたりアンケートをとったりして人に聞くことで情報を得ることも多い。さらに，自分でやってみることで確かめられることもある。

小学校では，各教科等の学習において，いくつもの情報収集の方法を体験している。例えば，3年生では基本的なインタビューの仕方，百科事典の使い方，4年生ではアンケートの取り方，5年生では年鑑の使い方，やり取りの重なるインタビューの仕方など，多岐に渡っている。また，社会科では見学，理科では観察や実験，これらもすべて情報収集の方法である。

1．みなさん，こんにちは。前回の授業では，お茶について調べたいことを考えました。
今日の授業では，自分が調べたいことをどうやって調べていくか
調べることの計画の立て方を学習していきます。＊［調べることの計画を立てよう］
と掲示

2．みなさんは，今まで社会科や国語や理科の学習でたくさんの調べ学習をしてきましたね。夏休みの自由研究でも調べ学習をしました。どんな方法で調べましたか。
・学校図書館に行って［本］で調べました。
・インゲン豆が育つ様子を［観察］しました。
・植物［図鑑］を使って調べたことがあります。
・車が通る量を［調査］したことがあります。
・［インターネット］で調べました。
・公立図書館に行って，調べたいことがのっている［本］を探しました。
・商店街のことを調べたときは，お店の［人に直接聞いた］ことがあります。
・社会科［見学］で自動車工場に行って，自動車ができるまでを調べたことがあります。
＊［調べる方法・・・・］をキーワードで提示。

3．たくさんの方法がありましたね。
では，いままで使った方法を三つの調べ方に分類してみましょう。三つとは，
・［読んで調べる］　・［人に聞いて調べる］　・［自分の目で確かめる］
です。　＊三つのカードを提示

4．まず，［読んで調べる］には皆さんが今までやってきた調べる方法のどれが入りますか。
・学校図書館の［本］で調べる方法です。
・［図鑑］も読んで調べました。
・［インターネット］は読んで調べる方法かな。
・［新聞］は読みます。
・［パンフレット］は写真が載っているから分かりやすいね。
・［資料集］もあります。

5．［読んで調べる］と今までなんとなくわかっていたことがはっきりしますね。読むことによって一般的な情報を得ることができ，自分の考えに説得力が出てきますね。
学校図書館にこんな本がありました。　＊「お茶の本」を紹介する。

6．では，次に［人に聞いて調べる］方法です。
この写真を見てください。　＊インタビューの様子の写真を見せる
直接人に聞いて調べる方法をなんといいましたか。
・［インタビュー］です。
交番に行っておまわりさんに質問しているところですね。もう一つ，たくさんの人

に同じ内容の質問をして意見を求める方法を国語で学習しましたね。
・アンケートです。
学校のみんなが昼休みにどんな遊びをするかアンケートをとって調べたことがそれです。
自分が調べたいことについて，深く調べていくためには，専門家に話を聞いてみることもできます。

7．最後に，自分の目で確かめる方法です。
・理科で，めだかの卵の様子を観察したのがそうかな。
みなさんは，4年生で車いすやアイマスク体験をしましたね。
体験も，自分の目で確かめる方法です。
また，予想を立ててから，実際に実験して調べる方法もそうですね。
このように，読んで調べた情報が本当かどうか自分の目で確かめてみることも調べ学習をしていく上で大切になってきます。
＊三つのカードを再度提示しながら

8．この三つの調べ方を一つだけ使うのではなく組み合わせていくと，いろいろな情報を得ることができます。調べ学習では，一つの情報で判断してしまうのではなく，三つの調べ方を使ってたくさんの情報を集めることも大切です。

9．今日は，自分の調べたいことが決まったら，どんな方法で調べていけばよいか調べることの学習計画を立てました。調べる方法は，本やインターネットだけでなく，人に聞いて調べたり，自分の目で確かめたりといろいろな方法がありましたね。次の時間は皆さんがこれから調べていくお茶についてどんな調べ方を使うといいか学習計画を立てます。
これで，調べることの計画を立てる授業を終わります。

参考（袋井南小学校の5年生）
お茶について調べたいこと
・お茶の種類 → 本で調べる
・お茶を使った料理やおかし（お茶アイスクリーム，お茶クッキー）→ 本で調べる
・おいしいお茶の入れ方 → 体験
・お茶を使った製品にはどんなものがあるか → アンケート　パンフレット
・お茶の産地 → インターネット　インタビュー（農協）
・お茶ができるまで → 体験（お茶摘み，手もみ体験）

図5-7 「調べる計画を立てる」ときの授業の流れ（周智郡森町立三倉小学校 平尾和美先生の授業より）

そこで，このような体験を経た児童生徒には，調べる方法を整理する時間が必要である（図5-7）。

調べる方法は，－①読んで調べる方法　②人に聞いて調べる方法　③自分でやってみる方法－の３つに分けられる。

①読んで調べる方法として，印刷媒体のものと電子媒体のものがある。印刷媒体のものには，図書，雑誌，新聞，ファイル資料などがあり，電子媒体のものには，CD や DVD，インターネット，百科事典や新聞記事や統計資料のデータベースなどがある。

②人に聞いて調べる方法として，フィールドに出て行うインタビューやアンケートがある。

③自分の目で確かめる方法として，実験などがある。

（2）情報探索の計画の立て方

調べる方法を一通り経験すると次は，自分のテーマを解決するにはどの方法で調べるのがいいのかを選び，計画を立てる必要が出てくる（図5-8）。

児童生徒の中には，出会った情報をそのまま鵜呑みにしてしまうことがある。複数の情報源に出会うこと，多様な調べ方で「問い」を解決していくことなどの意味を，一度に理解するのは難しい。そこで，３つの調べる方法を組み入れた計画表を用意しておくのも，ひとつの方法である。

どのような調べ方をするのかが決まったら，どこへ行けば調べられるのかを考える。必要に応じて事前に電話連絡をしたり，手紙やメールなどでお願いしたりすることもある。また，お世話になったときはお礼を言うことも指導しておきたい。

調べる計画の立て方を学んだ後，探究の過程を見通した上で実際に調

テーマ
淀川はどのような使われ方をしてきたのか。

チェック	調べること	方法
	淀川はどこを通っているのか	地図帳
	淀川はどのような洪水を起こしたのか	淀川河川事務所

図5-8　調べる計画を立てるときに使うシート例

べる計画を立てる段階に入る。自分のテーマを解決するに当たり，どのような方法で情報収集をするのか，それをどのように整理・分析するのかまで，見通しておく訳だ。

例えば，アンケートをとる場合は，アンケート結果をどのように整理するのかまで決めておく。インタビューに出かける場合は，インタビュー結果をどのように整理するのかまで決めておく。実験する場合は，実験の手順や準備物，実験結果をどのように整理するのかまで決めておく。読んで調べる場合は，どういう情報が必要なのかをあらかじめ整理しておく。例えば，基本情報を得る，用語を確認する，同じテーマで調べている先輩はいないかを調べる，数値で現状を把握する，反対意見を調べるなど，目的をもって情報収集できるような計画が必要になる。

そのためには，設定したテーマに対しての仮のゴールが必要になる。仮のゴールが見えるようになるためには，テーマ設定段階（「広げる」「整理する」）での下調べやディスカッションが効いてくる。仮のゴールを文やキーワードで示しておくことまでを含めた見通しをもつことは，主体的に取り組む上で大切なスキルである。

なお，成長するにしたがい読んで調べる内容も増えるため，学校図書館を使って情報探索をする必要が出てくる。そこで，必要な情報・資料を探索するためには，どのような情報源があるのか，それはどこにあるのか，どのようにして入手したらいいのかなど，情報源の種類や探索方法の知識が必要になる。これについては，第6章で説明する。

■ 理解を確実にするために

1 次の用語を説明しましょう。

①探究の過程の４段階とは，それぞれどのような段階を示しているのか。

②調べる方法は，大別するとどのような方法があるのか。

2 次の問いに答えましょう。

①絞りこむ方法と広げて整理する方法とでは，どちらのほうが後で教えるのか。それはなぜか。

■ 理解を深めるために

① 赤木かん子著『お父さんが教える自由研究の書きかた』自由国民社　2009

② 今泉浩晃著『超メモ学入門マンダラートの技法 — ものを「観」ることから創造が始まる』日本実業出版社　1988

③ 塩谷京子『探究的な学習を支える情報活用スキル — つかむ・さがす・えらぶ・まとめる』全国学校図書館協議会　2014

④ 宅間紘一『はじめての論文作成術 — 問うことは生きること』日中出版　2008

⑤ 川喜田二郎著『発想法』中公新書　1967

⑥ 川喜田二郎著『続・発想法』中公新書　1970

⑦ 堀川照代編著『司書教諭テキストシリーズ — 学習指導と学校図書館』樹村房　2008

6　情報リテラシーの育成（2）情報の収集

塩谷京子

《目標＆ポイント》 テーマが設定できたら次は，情報を収集する段階に入る。情報を収集するためには，まず学校図書館の使い方やルールを知る必要がある。また，自分が必要としている情報にたどり着くための方法や集めた情報を手元に置く方法も知っておきたい。本章では，学校図書館のオリエンテーションからはじまり，情報の集め方と記録の仕方について実際に指導すべき事項，および指導方法を説明する。
《キーワード》 オリエンテーション，分類，目録，情報探索，参考図書，ファイル資料，情報カード，要約，引用，目次，索引，インタビューの仕方

1　学校図書館を使う

学校図書館は「教育課程の展開に寄与する」ことから，公共図書館とは機能面で異なった位置づけをされている。学校図書館は，読書センター，学習・情報センターとしての機能をもち，これらの機能を活用することを通して「情報リテラシー」を育成する。

学校では，入学時や年度当初に学校図書館オリエンテーションとして，学校図書館での約束（ルール）や図書館資料の分類などの指導が行われている。しかし，どこにどのような資料があるのかを知っただけでは必要な情報を見つけることはできない。各教科等でレポートの提出などの課題が出されたとしても，書き上げることはできないだろう。このよう

な情報リテラシーを身につけていくことも含めて「学校図書館利用指導」を計画的に行うことが望ましい。

ここでは，年度始めのオリエンテーションについて説明する。

（1）学校図書館オリエンテーション　―小学校―

小学校1年生には，学校図書館との出会いを大切にしたい。1年生に丁寧にオリエンテーションを行うことは，学校図書館の使い方を身につけるだけでなく，公共物である本を大切にする態度を養ったり，読書に親しむ態度を培ったりすることにもつながるからだ。自治体によっては1年生に読書ガイドブックを配布しているところもある。また，学校図書館利用促進のために教員を対象にリーフレットを配布している地域もある。これらは学校図書館利用指導を進めるときの道標となる。1年生には，約束や本の借り方・返し方を教えることに加え，読書に親しみながら本の扱い方や本の探し方なども，計画的継続的に指導したい。

具体的な指導内容には以下のようなものがある。

○「がっこうのとしょかんには」

　　学校の図書館にいる人，学校の図書館にあるもの

○「ほんとなかよし」

　　学校の図書館の約束，本の扱い方

○「ほんのなかまわけ」

　　ラベルの見方，分類番号を使った探し方

小学校3年生になったら，自分で図書資料を探せるように指導したい。そのためには，NDC（図6-5参照）という分類のルールや，目次・索引（図6-10参照）などを使って必要な情報にたどりつく方法を体験的に学ぶ授業を組みたてたい。小学校5年生以上になったら検索用コンピュータ（図6-9参照）を使う方法を取り入れることにより，多様なキーワー

図6-1　小学校のオリエンテーションの様子

※指導は，学級担任　司書教諭　学校司書の３人で進める授業

ドを使って本を探すことが可能になる。その場合も体験的に学ぶことを大切にしたい（図6-1）。

（2）学校図書館オリエンテーション　―中学・高等学校―

中学校はいくつかの小学校から生徒が集まるため，６年間の学校図書館での体験や学びは小学校によって異なる。小学校で培った技能の差が中学校でのレポートの仕上がりの差にならないためにも，中学校１年生での指導は大切である。高校についても同様のことが言える。

高校１年生でも小学校と同じように，約束，借り方返し方，分類などを年度当初に学ぶ。しかし，それだけの知識では，「問い」の答えを導くことはできない。複数のリソースをどのように使えば，自分の「問い」の答えにたどりつくのかを経験的に習得していく必要があるからだ（図6-2）。

図6-2 高校のオリエンテーションの様子（複数の情報源を使いながらメディアの使い分けについて体験的に学ぶ授業）

2 情報・資料の探索

（1）学校図書館のメディア

学校図書館は「学校の教育課程の展開に寄与する」ために，さまざまなメディアを収集している。さらに，多様なメディアから必要な情報源を取り出しやすいように，学校図書館の資料は組織化されている。

学校図書館のメディアには印刷メディアと電子メディアがある。印刷メディアは，図書（一般図書，参考図書），逐次印刷物（雑誌，新聞など），パンフレット・リーフレット，ファイル資料などがある。電子メディアには，CD，DVD，VTR をはじめ学校自作のコンテンツなどがある。

ファイル資料とは，新聞や雑誌などの切り抜きを台紙に貼り，件名を付与して引き出しなどに件名の五十音順に並べたり，表題を付けてファイリングしたりして探しやすくしたものである（図6-3）。ファイル資料には，新聞・雑誌の切り抜き，パンフレット，リーフレット，ポスタ

図6-3　ファイル資料

ー，写真，市町村の広報紙などがある。小学校での総合的な学習の時間や社会科など，地域を題材として学習するときに学校独自のファイル資料を作っておくと便利である。ファイル資料は地域資料の他に世界で話題になっている今日的な課題など，図書では集められない情報の探索にも役立つ。

作成したファイル資料を組織化するためには，形や大きさをそろえること，件名を付与することが必要である。ファイル資料の大きさは様々であるが決まった大きさの台紙に貼ると形がそろうので使いやすくなる。台紙の大きさは，収集する種類や収納するものによって異なる。また，件名，日付，出所を台紙の決まった場所に記すようにすると，台紙１枚にひとつの件名となり児童生徒が記事を探しやすくなる。

コンピュータは徐々に学校図書館になくてはならないものになってきている。コンピュータを使って児童生徒は，CD・DVD などの電子資料を見たり，Web 検索をしたりしていることが多い。電子資料には市販のものと各学校などで作成したコンテンツがある。最近では，Web検索だけでなく，中学・高校向けの事典や辞典などの総合データベースや新聞記事データベースを取り入れる学校図書館も増えてきている。

(2) 参考図書と一般図書

参考図書は一般図書に対することばであり，調べるための本の総称である（レファレンス・ブックともいう）。学校図書館の資料は原則としてNDC（日本十進分類法）という分類法で整理しているが，調べるための本である参考図書には別置記号をつけて参考図書コーナーに置く方法がとられている。

テーマ設定後すぐに資料の探索にとりかかると，多くの生徒は一般図書の書架で資料を探そうとする。本が見つかったらその中から必要な情報を抜き出してノートに写すのが，よく見られる調べ学習である。そうではなく，テーマで用いたキーワードを，まずは調べてみることをさせたい。概要を知ったり全体像が見えたりすることで，大枠からそれない探索ができるからだ。

小学生には，事柄が簡潔にまとめてある子供用百科事典が役に立つ。中学・高校生には参考図書を使って情報の探索ができるように指導をしたい。図6-4は，何を調べるかをもとにどのような参考図書を使ったらいいのかを示したものである。ことがらを調べるには事典や図鑑やハンドブックを使い，ことばを調べるには辞典を使う。人物，場所，数値，年月日などを調べるには何を使ったらいいのかが一覧になっている。しかし，これを見せただけで参考図書を使った情報の探索ができるようになるわけではない。生徒が与えられた課題を解決するために学校図書館のどの資料を使ったらいいのかを考えて探す演習が必要になる。

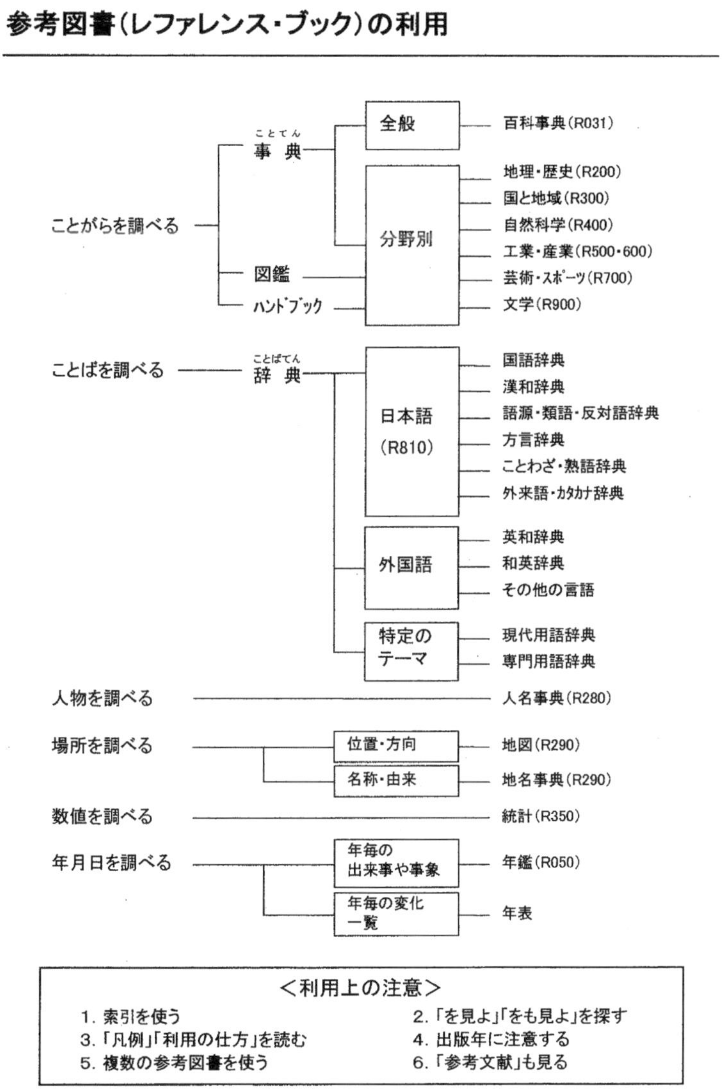

図6-4　**参考図書の利用**（慶應義塾普通部図書室編「普通部図書室利用案内」2015　p.26）

3 情報・資料の探索のためのツール

(1) 分類と案内表示(サイン)

調べることの概要がわかったところで，わかっていることとわからないことを整理し，必要な資料の探索をはじめる。そのときに必要なのが，分類と案内表示（サイン）の知識である。

学校図書館の本も公共図書館と同じく日本十進分類法（NDC）で分類されている。NDC とは，すべてのことがらを 0 から 9 の数字に納める方法である。10個ではひとつのかたまりが大きすぎるので，それをさらにまた10個に分け，さらにまた10個に分けというように，どんどん細かくしていくことができる。はじめの大きな分類を第 1 次区分，次を第 2 次区分，その次を第 3 次区分，または，類，綱，目という（図6-5）。例えば，486は，4 自然科学のなかの，8 動物学のなかの 6 昆虫類ということになる。486は昆虫に関する本につけられる分類番号であり，読むときは，「よんはちろく」と読む。分類番号は本の背に貼ってある背ラベルの一番上の段に書かれている。書架に置かれた本は，分類番号の小さい順に左から右に並べられている。なお，まん中には著者などの名前の頭文字を示す図書記号，一番下にはシリーズなどの順番を示す巻冊記号が書かれている。分類記号，図書記号，巻冊記号を合わせて請求記号と言う。

本を探すときは，探したい分類番号の本がどの辺りの書架にあるのかの目星をつける必要がある。そんな時に役立つのが図書館全体の配置図（ライブラリーマップ）（図6-6）である。おおまかな書架の位置がわかったら，書架の横に貼ってあったり上に置いてあったりするサイン（図6-7）を見ながら目当ての本を探す。

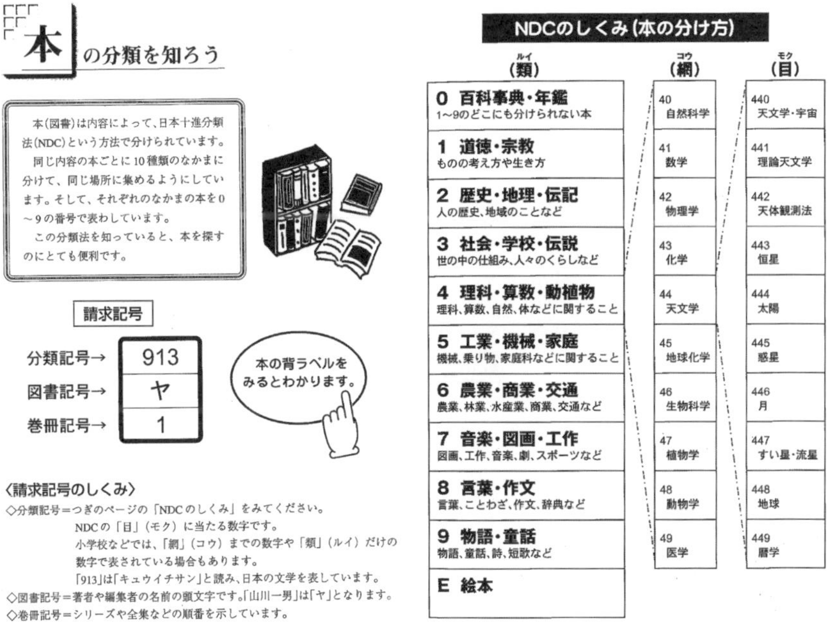

本の分類を知ろう

本（図書）は内容によって、日本十進分類法（NDC）という方法で分けられています。
同じ内容の本ごとに10種類のなかまに分けて、同じ場所に集めるようにしています。そして、それぞれのなかまの本を0～9の番号で表わしています。
この分類法を知っていると、本を探すのにとても便利です。

請求記号

分類記号→　913
図書記号→　ヤ
巻冊記号→　1

本の背ラベルをみるとわかります。

〈請求記号のしくみ〉
◇分類記号＝つぎのページの「NDCのしくみ」をみてください。
NDCの「目」（モク）に当たる数字です。
小学校などでは、「綱」（コウ）までの数字や「類」（ルイ）だけの数字で表されている場合もあります。
「913」は「キュウイチサン」と読み、日本の文学を表しています。
◇図書記号＝著者や編集者の名前の頭文字です。「山川一男」は「ヤ」となります。
◇巻冊記号＝シリーズや全集などの順番を示しています。

NDCのしくみ（本の分け方）

（類）ルイ	（綱）コウ	（目）モク
0 百科事典・年鑑 1～9のどこにも分けられない本	40 自然科学	440 天文学・宇宙
1 道徳・宗教 ものの考え方や生き方	41 数学	441 理論天文学
2 歴史・地理・伝記 人の歴史、地域のことなど	42 物理学	442 天体観測法
3 社会・学校・伝説 世の中の仕組み、人々のくらしなど	43 化学	443 恒星
4 理科・算数・動植物 理科、算数、自然、体などに関すること	44 天文学	444 太陽
5 工業・機械・家庭 機械、乗り物、家庭科などに関すること	45 地球化学	445 惑星
6 農業・商業・交通 農業、林業、水産業、商業、交通など	46 生物科学	446 月
7 音楽・図画・工作 図画、工作、音楽、劇、スポーツなど	47 植物学	447 すい星・流星
8 言葉・作文 言葉、ことわざ、作文、辞典など	48 動物学	448 地球
9 物語・童話 物語、童話、詩、短歌など	49 医学	449 暦学
E 絵本		

図6-5　日本十進分類法（藤田利江『学校図書館支援シリーズ①このまま使える学習ガイド』2008，pp.2-3）

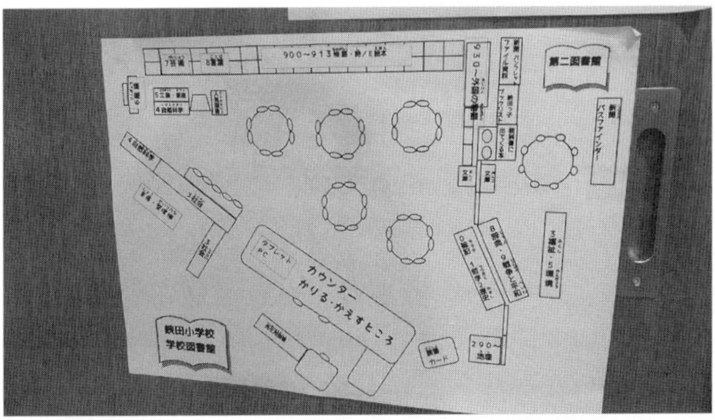

図6-6　図書館の地図（ライブラリーマップ）

図6-7　サイン

分類の指導は，児童生徒の成長段階に合わせて何度も行われている。初期指導では，たくさんの本が並んでいると思っている児童に，本には決められた「部屋」（置かれている場所）があることを理解させる。学年が進むに連れて，分類体系のもとに整理されていることが見えてくる。さらに，参考図書などのあることも理解する。このように，発達段階に合わせて分類指導をしていくことが大切である。

（2）検索用コンピュータ（OPAC）

図書館資料の検索ツールとして，図書館には目録がある。目録はカード目録（図6-8）とオンライン目録（OPAC：Online Public Access Catalog）（図6-10）がある。最近では，多くの図書館がオンライン目録を使用している。

キーワードを考え，OPACに入力すると，検索結果を見ることができる。そこには，請求記号，件名，内容紹介，著者紹介，目次などが書かれている。請求記号には，分類記号，図書記号，巻冊企業が記されて

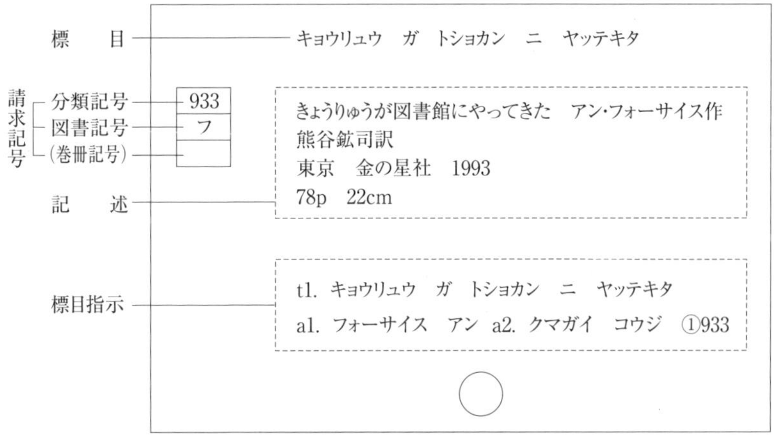

図6-8　**書名目録の例**

いる。分類記号（**図6-9**）は図書館資料のある場所を示すことから，図書館の地図，案内表示（サイン）をたどっていくと，請求記号のはってある本に行き着くしくみになっている。

4　読むことによる情報収集

（1）目次と索引の使い方

図書館はインターネットとは異なり，必要な情報へ直行できるしくみにはなっていない。まずは，調べたい内容の資料を探すための知識（サインや分類など）が必要であった。探し当てたら次は，調べたい内容が資料のなかのどこに書かれているのかを特定して情報を取り出す知識を必要とする。そのために，目次と索引が役に立つことを小学校のうちか

図6-9 **本の探し方①分類記号を使う**（慶應義塾普通部図書室編「普通部利用案内」2015 p.14）

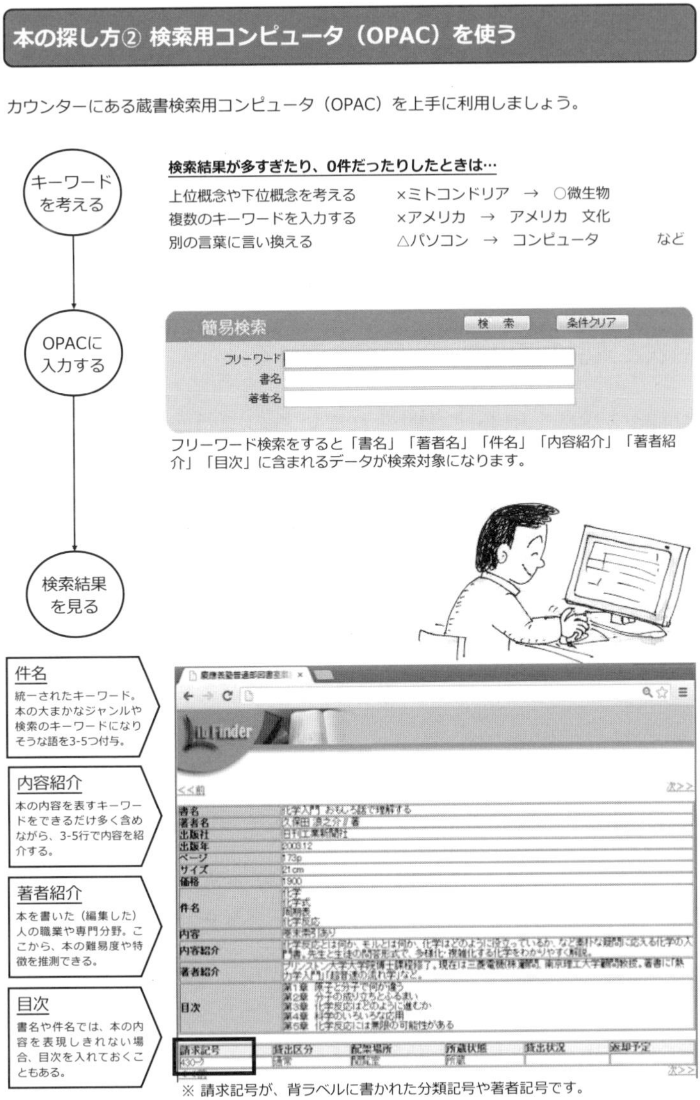

図6-10　**本の探し方②検索用コンピュータ（OPAC）を使う**（慶應義塾普通部図書室編「普通部利用案内」p.15）

ら教えたい。

目次は，本の内容をまとまりごとに分けてその見出しを順に並べたものである。本の全体を把握したり，調べたい内容をまとまりの中から探したりするときに便利である。

索引は，本文に含まれていることがらを，五十音順またはアルファベット順に並べたものである。目次ではどのまとまりに入るのかがわからないことがらであっても，索引を使えば探すことができる。

(2) 目次と索引の使い方 ― 図鑑を使って ―

図鑑は絵や写真を中心に説明されているのでわかりやすく，どのページからでも興味のあるところから見ることができる。また，左右２ページで完結されていることが多いので，ひとめで把握しやすい。そのため，小学校低学年から利用することができる。授業では，低学年は生活科と関連して使い，中学年になると目的に応じて背表紙を見ながら図鑑を選んで使う。高学年以上になると，各教科や総合的な学習の時間で使う。そこで，中学年の児童には，図鑑を利用しながら目次と索引の便利さに気づかせたい。

初期指導においては図鑑が役立つ。図鑑の背表紙を見てどういう分野のことがらがのっているのかを想像させることから始める。「昆虫の図鑑にはひまわりはのっているかな」「トンボは？」という簡単なやりとりを通して，まとめたことばがあることをおさえていく。発達段階に合わせて，目次にも大見出しと中見出し，小見出しがあることを学ぶ。そうした上で，図鑑の背表紙や目次にはどんなことばが書かれているのかを探してみると，そこには上位語と下位語があることを理解できるようになる。

さらに，目次で探せないときには索引を使う。索引を引いてみると，

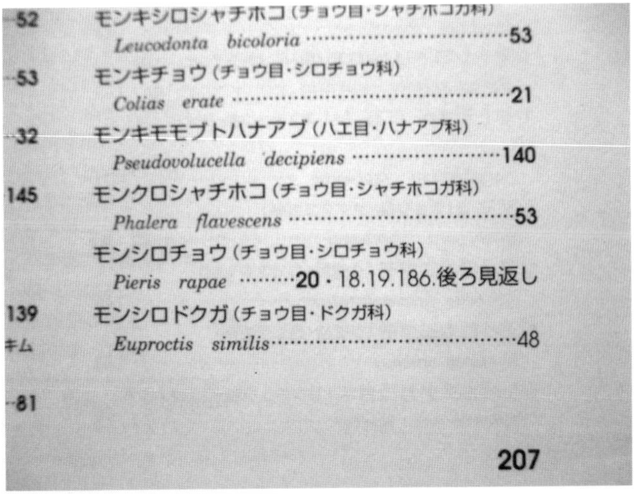
-52　モンキシロシャチホコ（チョウ目・シャチホコガ科）
Leucodonta bicoloria ……………………53
-53　モンキチョウ（チョウ目・シロチョウ科）
Colias erate ……………………21
-32　モンキモモブトハナアブ（ハエ目・ハナアブ科）
Pseudovolucella decipiens ……………………140
145　モンクロシャチホコ（チョウ目・シャチホコガ科）
Phalera flavescens ……………………53
モンシロチョウ（チョウ目・シロチョウ科）
Pieris rapae ………**20**・18.19.186.後ろ見返し
139　モンシロドクガ（チョウ目・ドクガ科）
キム　*Euproctis similis* ……………………48
-81
207

図6-11　**図鑑の索引例**（ニューワイド学研の図鑑　昆虫）

ページ数だけを表しているのではないことがわかる。**図6-11**は，図鑑の索引である。記載されているページはひとつではなく，表記されているすべてのページが索引には載っているということを意味している。あるページのみを濃く表すことで一番詳しく書かれていることを示したり，写真や絵が載っていることを記号で示したりなど，索引には多くの情報が詰まっている。ことばが並んでいるので難しそうに見える索引ではあるが，引き方を知るとその便利さに気がつくのも事実である。

（３）参考図書の使い方

①百科事典の利用

百科事典は知りたいことが簡潔にまとめられているので，調べようとすることがらの全体像を把握するのに便利である。

百科事典の引き方は２通りある。

1 みなさんこんにちは。
3年生になって理科という新しい教科が始まりました。理科では，モンシロチョウの観察をしましたね。そして，観察してわからなかったことを本で調べました。
2 モンシロチョウについて調べた時，どんな本を使いましたか。
・モンシロチョウの本
・昆虫の図鑑
3 そうですね。いろいろな本を使って調べました。理科のほかにも社会や毛筆といった新しい勉強が始まります。
音楽では，「リコーダー」という楽器を使い始めます。
＊リコーダーを見せる
リコーダーってどのように演奏するか知っていますか。
・知ってる
・吹くと音が出る
・穴があいているところを押さえて吹く
4 よく知っていますね。
吹き方のほかに知っていることはありますか。
・・・・・
5 リコーダーについてもっと詳しく知りたいとき，どうしたら良いですか。
・音楽の教科書を見る。
・音楽の先生に聞く。
・本で調べる
6 そうですね。
もっと知りたいときには，人に聞いたり本で調べたりします。
リコーダーについて図書館の本で調べる時はどんな本を使いますか。
・・・・・
7 ちょっと難しいですね。
図書館には，モンシロチョウのこともリコーダーのことも調べられる本があります。
それが，百科事典です。
今日は百科事典の使い方について勉強していきましょう。
＊紙「百科事典の使い方」を貼る
8 ここに百科事典があります。
＊百科事典ポプラディアを提示
何冊ありますか。
・11冊
9 そうですね。11冊あります。でも，本当はこれで1冊です。
＊ポプラディアで示す。
これを一冊にまとめてしまうと，重くて運べません。
だから，調べやすいように分けてあります。
この1つずつを「巻」と言います。
＊1巻をもつ

10　さっそく「リコーダー」について調べましょう。
何巻を使いますか。
・10巻
11　そうですね。
ここを本の背と言います。背を見ると，五十音が書いてありますね。
百科事典は，五十音順に言葉がのっています。
10巻には，「む」で始まる言葉から「ん」で始まる言葉までのっています。
リコーダーは「り」で始まるので，10巻です。
このように，まず背を見て，巻を選びます。
12　では，10巻のどこにのっているのでしょうか。
反対側を見ます。ここを小口と言います。
いろいろな色が付いていますね。
初めの言葉ごと，色が違っています。
小口の色のついている所を，爪と言います。
「む・め・も・や・ゆ・よ・ら・り」とみて，8番目の爪を選びます。
小口を見て，爪を選びます。
13　リコーダーはこの爪の前の方ですか。後ろの方ですか。
・二番目の文字がコだから前の方
14　そうです。二番目の文字が「コ」だから前の方を適当に開きます。
開いたところのページにのっている最初の項目の4文字がここに，最後の項目の4文字がここに書かれています。これを柱と言います。
柱を見て，載っているページを探します。
15　このページにリコーダーはのっていますか。
・のっていない
もっと前ですか。後ろですか。
・後ろの方
16　後ろを見ます。
・あった
17　ページが決まったら，一つずつ項目名を見て探しましょう。
リコーダーは写真があったので，すぐに見つかりました。
10巻の185ページに載っていました。
18　百科事典は
　1　背を見て巻を選ぶ
　2　小口を見てつめを選ぶ
　3　柱を見てページを探す
　4　項目名を探す
このような順序で調べます。
19　もう一度百科事典を見てください。
10巻に「ん」で始まる言葉までのっています。
11巻は何が書いてあるのでしょうか。
わからない時は，「背」を見ます。

20 なんと書いてありますか。
・索引
21 索引とはなんですか。
・本にのっている言葉が全部出ている。
・五十音順に書かれている。
22 そうです。(11巻をもって開きながら)
だから，あから始まってどこを開いても言葉が書いてあります。
そして，わ・んでおしまいです。
ということは，「リコーダー」も載っているということですね。
探してみましょう。
＊11巻を置く
・あった
23 何と書いてありましたか。
・⑩　185
・10巻の　185ページのことだ
・写もかいてある
24 写は写真がのっているという意味で，⑩は巻を185はページを表しています。
さっき調べた時，10巻の185ページに載っていましたね。
25 よく見ると他にも書いてあります。
・管楽器
・縦笛
・木管楽器
・矢印
26 この矢印は，この項目にも「リコーダー」のことが書かれていますという印です。
本当でしょうか。引いてみましょう。
管楽器の項目を調べてみるとリコーダーの文字がありました。
27 このように，索引を使ってリコーダーを調べると，
リコーダーの項目が出ている巻とページがわかるだけでなく，
リコーダーという言葉が書かれている他の項目までわかります。
28 次にこの楽器（タンバリン）を調べてみましょう。
29 索引で引いてみましょう。
この楽器はタンブリンとも言いますが，
正しくはタンバリンだということがわかります。
30 このように索引を使うと，巻とページがすぐわかるだけでなく，
関連項目がわかったり，正しい項目名がわかったりします。
だから百科事典で調べる時，索引も使ってみましょう。
31 これで「百科事典の使い方」の勉強を終わります。

図6-12　「百科事典の引き方」の授業原稿（静岡市立賤機南小学校青木依子先生の授業より）

ひとつは，「背」「つめ」「柱」を見ながら探す方法である。まず，調べたいことがらの最初の文字がどの巻にあるのかを探すために「背」を見る。次に，調べたいことがらが小口のどの「つめ」に当たるのかを確認してページを開ける。その次に，「柱」を見ながらページをめくって探す。

もうひとつは，巻末の索引を使って探す方法である。百科事典は1冊そのものが索引になっていることが多い。百科事典の索引を引くと，調べたい項目名がどの巻のどのページに載っていることがわかるだけでなく，「をみよ」や「をもみよ」や，「→」の記号で関連項目が示されていることもある。実際に引いてみると，関連する知識を得る便利さを実感することができる。

いずれの方法も，小学校3年生から指導可能である。その場合は，各教科等の学習につなげて百科事典を引く指導をすることが大切である（図6-12）。

百科事典は小学生から大人まで，利用者にあったスタイルで出版されている。中学生や高校生で成人向けの百科事典を利用できるようにするためには，小学生からの利用が大切である。また，最近ではオンライン百科事典も出ており，キーワードを入力するだけで必要な情報を得ることができる。動画や音声などによる説明があったり，定期的に更新されるため新しい情報を得ることも可能になったりしていることが，印刷媒体の百科事典にはない特長である。

②その他の印刷資料の利用

百科事典以外の参考図書として，年鑑，白書，辞書，専門事典，新聞などがある。辞書は，小学生から使うことができる。小学校では国語辞典を授業で使うことも多いので複本で揃えておく必要がある。年鑑は，小学校の5年生頃から使うことができる。社会科や総合的な学習の時間での使用頻度が高いため，表やグラフの読み取り方を習得させることは大切である。年鑑には，調査年，引用もとなどが記載されていることを知ると，データに興味をもつ児童生徒も出てくる。

③参考図書を使った情報探索の演習　— 中学・高等学校 —

中学・高等学校の図書館では，一般図書とは別に参考図書が別置されている。一般的に参考図書はカウンターの近くに置かれている。

参考図書を使った情報探索の演習は，中学・高等学校の各教科等で調べ学習を進めて行く上で必要不可欠であり，中学・高等学校の司書教諭の出番でもある。

修学旅行の行き先（この場合「日光」とする）の調べ学習をする光景をよく見かける。まず「日光」について調べたいことが載っていそうな本を一般図書から探し，次に本を開いて必要な情報を見出し，そしてノートやカードに書くという手順で行われていることが多い。

しかし，すぐに一般図書を探しに行かないで，「日光」を参考図書である百科事典で引いてみるとどうなるだろう。生徒は知らないことばの多さに驚く。また，すぐに一般図書を探しに行かないで，「日光」に関する新聞記事を読んでみるとどうなるだろう。生徒は調べなければわからないことがたくさん出てくることに気づく。知らないことばや調べなければわからないことを課題として投げかけることにより，生徒はどんな本で調べたらいいのかを考える。このときに便利な本が参考図書であることを生徒は演習を通して実感する。このような経験の積み重ねがあって初めて，生徒は参考図書を手に取るようになるのである。

5 聞くことによる情報収集

① インタビューの初期指導

聞かなければわからないことに出会ったときに，児童ははじめて知っていそうな人に聞いてみること（インタビュー）の必要性を感じる。しかし，小学校の低学年の児童が大人に向かって話をしたり，大人が話すことを聞き取ったりするのは難しい。

そこで，インタビューの初期指導では，聞きたいことを質問形式の文章にしてカードに書いておくこと，質問する相手からひとつだけを答えてもらうことが大切である。カードに質問が書いてあると安心してインタビューができるし，うまくインタビューできなかったときはカードを見せても構わないからだ。児童がインタビューすると大人はたくさんのことを答えようとする。知識の少ない児童はたくさん答えられても吸収できないことが多い。そういうときは，児童から「ひとつだけ教えてください」というのが効果的である。これができるようになったら，あいさつをすることやお礼をいうことも練習してインタビューに臨みたい。

② アンケートとインタビュー

インタビューの経験が多くなってくると答えに対してさらにインタビューを重ねていきたくなる。知りたいことが多くなったり深くなったりするからだ。その場合には，アンケートという方法もよく使われている。

アンケート用紙の構成要素は，「依頼文」「フェイスシート」「質問」の3つである。それぞれの構成要素の中に入れておきたい項目がある。「依頼文」には，自己紹介，アンケートの目的，回答を依頼する文章，連絡先を入れる。さらに，個人情報には配慮するとの一文を忘れずに書く。「フェイスシート」では，回答者の年齢（学年）や性別などの属性を尋ねる。回答者が簡単に記入できるように選択肢を作る。「質問」の作成の手順として，調べたいことを考え，自分が回答者としたらどのような答えがあるのかを考える。回答方法として「自由記述式」「選択式」がある。回答者の負担をなくすためにも，できるかぎり選択式にするようにする。最後にお礼の文章を書くことも忘れないようにしたい。

アンケートの質問のところをインタビュー形式で行うこともある。その場合も，アンケートを作成する手順で質問を考える。インタビューの回答に対してさらに聞きたいことがあるときは，何を詳しく尋ねたいのかが相手に伝わるように話す。また，相手の話に耳を傾けうなずきながら聞くことが大切である。

インタビューのときの記録の取り方として，メモをとること以外に，写真，VTR などがある。これらを使う場合は事前に許可を得ることがマナーである。

また，インタビューを行うときには事前に依頼することが多い。その場合は，電話，手紙，ファックス，電子メールなどで，訪問日時，目的，人数，内容などを伝える。終了後には，礼状などで感謝の気持ちを伝えることも大切にしたい。特に，小学生が初対面の人と電話で話すのは難しい。電話は相手の顔が見えないので，伝えたいことが伝わっているのかがわかりにくい。そこで，伝えたいことをメモしておくこと，ゆっくり話すことなど，電話をかけるときに必要なスキルを事前に身につけておくとよい。

6 記録する

（1）集めた情報を手元に置く

資料の中から探している情報を見つけたら，それを自分のファイルやノートに抜き出しておく必要がある。その資料は，もう一度探すことがあるかもしれない。さらに，自分が見つけた情報を友だちが探したいと言うかもしれない。そこで再度資料を探し出せるために，書名，著者名，発行者名，出版年などを記録する習慣をつける。

初期指導においては，奥付が意味していることの理解が難しいので，表紙に記載されている本の題名と出版社の名前を記録する。最低その二つを特定できれば，再度資料を探すことができることも加えて教えたい。

初期指導後は，奥付の意味を理解した上で必要なことがらを記録することができるようになる。著者の位置には，編著者，監修など様々な表記がされるため，これらはすべて本に対する責任表示を表していることを理解するのが意外と難しい。

また，情報を集めているときに，「この情報は役立つだろう」と思い手元に置いておきたくなる場合がある。情報を手元におく方法として，ノートや情報カード（詳細は次項で説明）などに要約，抜書きすることに加え，切り抜きやコピーをして下線を引いたりマーカーで印をつけたりする方法もある。要約は自分にとって必要なことがらを短くまとめることで，抜書きは丸写しすることである。その際，注意することがある。著者の考えをコピーして自分のファイルに綴じたりノートに抜き書きしたりしておくのは構わないが，新聞やレポートを書くときやプレゼンテーションをするときに，ほかの人が書いた文章をあたかも自分が考えたかのように書いてはいけない。これを，著作権の侵害という。

また，レポートを書くときには，自分の意見を導き出すための根拠として要約や引用という手法を用いる。文章の文脈の中で引用した方が読みやすいのか，要約した方が読みやすいのかを考える必要がある。著者の表現までをも読者に伝える意味があると判断した場合は引用を用いることが多い。引用すると文章が長く，複雑になるため，主語述語に留意させたい。

それから，著者の考えを引用する場合には，「　」で引用部分をくくること，「　」は正確に写すこと，出典を明記する約束があることを教える。出典の書き方として，レポートの場合は，最後にまとめて書く方法と引用した文章や図表の後ろに書く方法がある。プレゼンテーションの場合は，引用した文章や図表のあるスライドの中に書くようにする。また，作品によっては利用が制限されているものもあるため，ほかの人の作品を自分のレポートやプレゼンテーションの中で扱う場合は，配慮が必要である。

(2) 情報カードの書き方

情報カードは，集めた情報を手元に置きたいときに，小中学校でよく使われている方法である。そのため，情報カードを使いながら，情報収集の基礎を習得させるという認識をもって指導に当たりたい。

① 情報カードの初期指導

初めて情報カードに出会う小学校低学年には，「問い」（調べたいこと）と「答え」（調べたこと）を正対させることから始めたい（図6-13）。小学校低学年の児童は，疑問や知りたいことが山のようにある。しかしながら，自分の「問い」を文章化したり，その答えを本から導き出したりすることは，意外と難しい。そこで，本を

問い	
答え	

図6-13　初期指導用情報カード

読みながら「初めて知ったことを情報カードに書いてみよう」と投げかける。

例えば，図鑑を見たときに，コアラはユーカリの葉を食べていることを初めて知ったとする。情報カードの「答え」の欄には，「コアラはユーカリの葉を食べる」と記入する。ここまでは，簡単にできる。そこで，この答えの問いを考えさせる。「コアラは何を食べているのか」という文ができる。それを，「問い」の欄に記入する。

こうすることで，「問い」と「答え」を正対させたり，「問い」は疑問詞を入れた文章にしたりすることに留意して，情報カードを書くようになる。よって，情報カードの大きさもB5用紙の半分ほどの大きさで十分である。

②情報カードの書き方

「問い」（調べたいこと）と「答え」（調べたこと）が正対するようになったら，次の段階に進む。どのようにして情報を集めたのか，要約したのか引用したのかなどを意識させて，情報カードに書かせたい。そこで，あらかじめ情報カードにこれらのことを記入しておき，児童生徒が○をつけるようにしておくと便利である（図6-14）。項目については，感想を加えたり，カードに通し番号を入れたり，わかったことを考察という用語に変えたりするなど，児童生徒の実態に合わせていく種類かを作成し，印刷して学校図書館に常備しておくと使い勝手がよい。

学年が進み．情報カードの書き方が身に付いてくると，「問い」（調べたいこと）の疑問詞が多様になってくる。時を知りたいときには when，場所を知りたいときには where，誰かを知りたいときには who，目的を知りたいときには what，理由を知りたいときには why というように，欲しい情報と疑問詞は結びつきやすい。

これらに対し，どのように（どんな）の how を使う頻度は，学年が進むに連れて増えていくものの，調べた内容は漠然とした記述に陥りやすい。そこで，「どのような」の次にくることばを意識して加えさせると，調べることが明確になってくる。児童生徒がよく使う用語として，どのような種類，どのような方法，どのような様子，どのような特長，どのような仕組み，どのような順序，どのような工夫，どのような原因，どのような影響，どのような対策などがある。年齢に合わせて使うことが望ましい。

このように情報カードを書く活動は，習得した情報リテラシーを活用する場となる。各教科等の学習だけでなく，ノーベル賞受賞など，大きなニュースがあった機会を利用して数日間情報収集を行うと，情報収集が日常的になる。

情報カード　　月　日

名前（　　　　　　）

1 知りたいこと	
2 調べたこと 要約 まとめよう！ 引用 書きうつそう！ 	
3 出典 つかった本をかこう！	書名 著者（書いた人） 出版社（本を出したところ） 出版年（本が出た年） 
4 感想 おもったこと かんじたことをかいてみよう！	

津山市立図書館

図6-14 情報カード

■ 理解を確実にするために

1 次の用語を説明しましょう。

①請求記号には何が書かれていますか。

② NDC とは何ですか。

2 次の問いに答えましょう。

どのような手順で必要な本を探しますか。

■ 理解を深めるために

① 赤木かん子・塩谷京子『しらべる力をそだてる授業！』ポプラ社 2007

② 小笠原喜康著『新版　大学生のためのレポート・論文術』講談社現代新書　2009

③ 塩谷京子『探究的な学習を支える情報活用スキル　―つかむ・さがす・えらぶ・まとめる―』全国学校図書館協議会　2014

④ 図書館教育研究会『新学校図書館通論』学芸図書株式会社　2007

⑤ 橋本修・安倍朋世・福嶋健伸『大学生のための日本語表現トレーニングスキルアップ編』三省堂　2008

⑥ 藤田利江著『学習に活かす情報ファイルの組織化　(学校図書館入門シリーズ　10)』全国学校図書館協議会　2004

⑦ 福嶋健伸・橋本修・阿部朋世編著『大学生のための日本語表現トレーニング実践編』三省堂　2009

⑧ 堀田龍也編『わたしたちとじょうほう 3 年 4 年』株式会社学研教育みらい　2010

⑨ 堀田龍也編『私たちと情報 5 年 6 年』株式会社学研教育みらい　2010

7 情報リテラシーの育成（3）整理・分析

塩谷京子

《目標＆ポイント》 情報収集後は，手元に情報カードなどが数多く集まる。これらを整理したり分析したりして自分の主張を導くのが「整理・分析」の段階である。本章では，整理・分析の仕方について，実際に指導すべき事項，および指導方法を説明する。

《キーワード》 整理する，比較する，分類する，関連づける，多面的にみる，シンキングツール

1 「考えよう」から「考えることを教えよう」

（1）思考力・判断力・表現力

2007年に一部改正された学校教育法第30条では，学力の要素を次のように示している。

- 基礎的な知識及び技能
- 知識・技能を活用して課題を解決するために必要な思考力・判断力・表現力等
- 主体的に学習に取り組む態度

これを踏まえ2008年３月に公示された学習指導要領の総則では，以下のように記されている。

第１章　総則
第１　教育課程編成の一般方針 １ （前略） 学校の教育活動を進めるに当たっては，各学校において，児童に生きる力をはぐくむことを目指し，創意工夫を生かした特色ある教育活動を展開する中で，基礎的・基本的な知識及び技能を確実に習得させ，これらを活用して課題を解決するために必要な思考力，判断力，表現力その他の能力をはぐくむとともに，主体的に学習に取り組む態度を養い，個性を生かす教育の充実に努めなければならない。その際，児童の発達の段階を考慮して，児童の言語活動を充実するとともに，家庭との連携を図りながら，児童の学習習慣が確立するよう配慮しなければならない。（文部科学省　小学校学習指導要領総則　2008　下線筆者）

上記の内容は学習指導要領総則にあることから，学校図書館においても大きく関わる。さらに，第４　指導計画の作成等に当たって配慮すべき事項の２(10) では，次のように記されている。

学校図書館を計画的に利用しその機能の活用を図り，児童の主体的，意欲的な学習活動や読書活動を充実すること
（文部科学省　小学校学習指導要領総則　2008　下線筆者）

思考力・判断力・表現力をはぐくむために，学校図書館の立ち位置も示された。2003年に全国必置（12学級以上の学校という制限はあるもの の）となった司書教諭は，学習・情報センターとしての機能をもつ学校図書館の整備を進めてきた（第４章参照）。このような司書教諭の努力により，学校図書館では，情報を収集する児童生徒の姿をよく見かけるようになった。

その一方で，司書教諭や学校司書からは，「集めた情報をそのまま新聞やレポートに書き写している状況を改善したい」との声をよく耳にし

てきた。図書館を使った学習は行われているものの，「整理・分析」についても課題も多い。情報を集めて，それを文章に書いて終わるのではなく，「整理・分析する」という過程も加えた「課題の設定」「情報収集」「整理・分析」「まとめ・表現」という探究の過程を見通した試みが始まっている。考えることを教えたり，考えたことを可視化したりする取り組みの発信地は，総合的な学習の時間，情報教育，図書館教育に加えて，国語科，社会科などの教科にも広がっている。

► 桑田てるみ氏（国士舘大学）と私立中高等学校の司書教諭・学校司書による「学校図書館とことばの教育研究会」の取り組み

　　桑田てるみ編著　『思考力の鍛え方　学校図書館とつくる新しい「ことば」の授業』（2010）　静岡学術出版

「考える」こと自体を考えてみると，今まで見えなかった何かが見えるかも。思考を目に見える形で提示して，子供たちを導いてみよう（著書の帯より）

► 河西由美子氏（玉川大学）と私立公立司書教諭による「SLLS　－学びの場としての学校図書館研究会―」の取り組み

　　河西由美子・堀田龍也編　『まかせて学校図書館』　スズキ教育ソフト

小学校低学年・高学年，中学校段階において学校図書館に必要なスキルを探究の過程に沿ってデジタルで出版。スライドを使えば，探究の過程に必要な情報リテラシーを，誰でも教えることできる。

► 黒上晴夫氏（関西大学）を中心とした教師によるシンキングツールを用いて「考えることを教える」という取り組み

　　黒上晴夫・小島亜華里・泰山裕著　『シンキングツール　～考えることを教えたい～』（2012）　NPO 法人 左右田みなと

「知識をいろいろな形で扱うこのような知的な行為を，『思考』と呼んでみましょう。『考えること』ですね。人がものを学ぶとき，それは知識だけを記憶するのではなく，さまざまな思考のプロセスを通して身につけていくはずです。」（シンキングツール～考えることを教えたい～　p.1）

（2）整理・分析の段階で教えたいこと

何枚もの情報カードを集めたからこそ見えてきたもの，それが意見である。この意見をつくるのが，整理・分析の段階である。しかしながら，情報を集めただけでは意見を導くことは難しい。意見を導くには，集めた情報を分類したり，比較したり，関連づけたりする必要がある。このようなことを児童生徒にさせたいときに，教員は「考えてみよう」と投げかけることが多い。「考えてみよう」と言われたら，多くの児童生徒は手が止まったり黙ったりする。どうやって考えるのかが見えないからだ。

そこで教えたいのが考えるための方法である。事実と事実をある観点をもとに「比較する」ことで，情報を収集しているときには見えなかった共通点や相違点が見えてくる。集めた段階では別々である事実と事実も，「関連づける」ことで，自分の意見を見出すことができる。「比較する」「関連づける」などのように，どのようにして考えるのかという方法を知っていれば，集めた事実から意見を見出すことが可能になる。このような方法は，他にも，「分類する」「多面的にみる」など，いくつも教科書などに取り上げられている。

さらに，どのようにして考えたのかを見えるようにするためには，可視化するための図が必要になる。その図のことを「シンキングツール」（「グラフィックオーガナイザー」と言う場合もある）と言う。シンキングツールには，ベン図，マトリックス表，X チャート，イメージマップなどがある（詳細は本章の後の部分で説明する）。シンキングツールに似たものとして，ワークシートがある。ワークシートは，教員が独自で作ったもので汎用性が少ない。シンキングツールは，すでに社会で出回っており多くの人が知っている。そのため，いつでもどこでも使うことができる。互いに何のために使っているのかを想像することも可能である。

（3）整理・分析の方法とシンキングツール

「比較する」ことにより，相違点や共通点が見える。相違点はそれぞれの特長となる。それぞれの特長を見たいときには，マトリックス表（図7-4）がよく使われる。また，１本の線を引くだけでも左右に分けて違いを記入することもできる。相違点と共通点の両方の特長を見たいときには，ベン図が便利である。

「分類する」ことにより，類ごとに分けるための視点が見える。類ごとに見出しをつけることで，ばらばらの情報が整理される。Ｘチャートやチャート（図7-1）を使って分類したり，付箋紙やカードに書いたものを仲間ごとに分けたりする。また，座標軸は相互の関係に留意しながら分類するときに役立つ。学校図書館も０－９の数字で分類されている。

「関連づける」ことにより，一見関係のなさそうなことが意味をもってつながるようになる。関連づけるときには，キーワードとキーワードを輪で囲んだり，線と線で結んだりする。関連づけることを，教科書には「照らし合わせる」「つなげる」と表記されている場合もある。ばらばらのキーワードがつながることにより全体が見えてくることから，主張が見えたり予想を立てたりすることができる。コンセプトマップ（概念地図法）（図7-6）などを使うと可視化できる。

「多面的にみる」ことにより，多様な視点やものの見方，価値観などに出会う。多面的にみるときは，事前にどういう見方があるかを確かめた方が可視化しやすい。例えば，小学校の生活科では五感を大切にする。ひとつのことを目で見るだけでなく，耳で聞いたり，鼻でにおいを嗅いだりするなど，多面的にとらえることで，ものの見方に広がりをもたせることができる。可視化するツールとしてくま手図（図7-8）が使われる。また，多面的にみることをイメージするときに便利なのがサイコロである。サイコロの面にいくつかの視点を書いておくと，どういう視点があるのかを把握しやすい。ボーン図（図7-9）を使うと，多面的な方向から原因や要因を見出すことができる。

このように，情報を収集した後，整理・分析する方法はいくつもある。また，方法を可視化するためのシンキングツールも多様にある。ここであげた考えるための方法は一部であることは言うまでもない。国語科の教科書には，「比べて考えましょう」「順序立てて考えましょう」などの表記が至る所にあり，そのための図も事例として載せられている。考えるための方法を示唆しているのである。児童生徒に「考えてみましょう」ではなく，「比べて考えてみましょう」と投げかけることにより，どのようにして考えたらいいのかが見えてくる。整理・分析の方法は，目的によって異なるため，基本的な方法については，ぜひ体験させておきたい。以後，その具体的な指導法について説明する。

2 集めた情報を分類・比較する（仲間分けする・比べる）

「分類する」「比較する」ことは，児童生徒は日常的に行っている。「仲間分けする」「比べる」という用語で馴染み深いはずだ。分類したり比較したりすることにより，情報を集めたときには見えなかった視点やそれぞれの特長，分けたものをまとめることばなどが見えるようになる。

(1) 分類する

「仲間分け」は，集めることが好きな児童にとっては，集中して行う活動である。例えば，お店屋さんごっこをするときには，カードに書いた商品を自然に仲間分けし始める。種類ごとに分ける，値段で分ける，商品の大きさで分けるなど，視点をもって分けることができる。しかしながら，これを言語にするのは意外と難しい。そこで，分類するときには，「何で分けたのか」「それぞれどのような名前がつくのか」を，意図的に尋ねるとよい。例えば，ケーキやさんの場合は，種類で分け，それぞれにスポンジ，タルト，クッキーと名前をつける。この活動は，今後分類するときに，視点を見出したり，分けたそれぞれにラベリングをしたりするときに役立つ。

学年が上がるにつれ，集めたカードよりも分類の視点やそれぞれに付けたラベルが意味をもつようになる。例えば，身の回りのマークをカードに書いて集める活動の後にカードを分類する場合，分類の仕方をいく通りも見つけたがるため，前に分類した視点やラベルが残らない。そこで，X チャートの上で分類し，分類した視点やそれぞれに付けたラベルを X チャート上に記入をしておく。別の分類方法を試したいときには，新たな X チャート上で行えばよい。このようにして X チャートを使うことにより分類の足跡を残すことができる。もちろん，分類するときに常に用紙やカードを用意する必要はない。ノートに X と書けば，それで X チャートができあがる（図7-1）。

また，分類の視点も，見た目から体験したからこそ分類できること，知識があるから分類できることというように広がっていく。児童生徒がどのような視点で分類しているのかを見落とさないようにしたい。

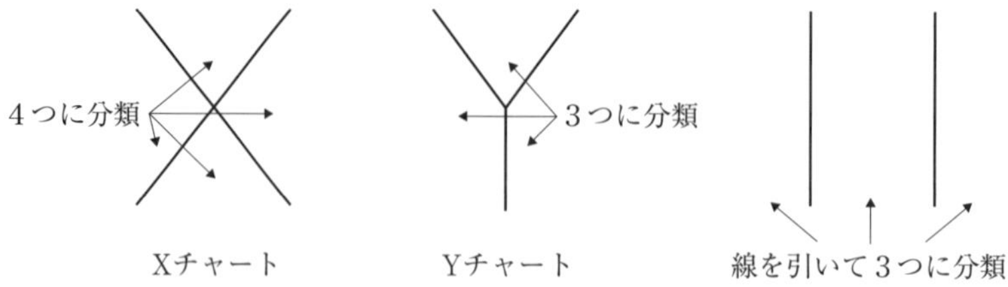

図7-1 分類するときに使うシンキングツール例

(2) 比較する

「比較する」というと，違いに目を向けやすい。「鉛筆の長さを比べる」「ケーキの大きさを比べる」ときには，長さや大きさの違いに目が向く。しかしながら，比較するときには，違いが見えるのと同時に，共通点も見えることを確認しておきたい。また，違いをみるときには，「長さ」「大きさ」などの視点が必要になる。

学年が上がるにつれ，外から見えることでの比較から徐々に体験したからこそ比較できること，知識があるからこそ比較できることというように，比較の視点が変化する。例えば，モモとバナナを比較するときには，色や形の比較から始まり，食べたときの味や皮をむいた時の色，そして，産地や気候条件というように発達段階に則して変わっていく。日常当たり前のように比較していることを，整理・分析するときに生かすとなると，このような指導が必要になってくる。加えて，可視化するためのツール（道具）として，マトリックス表，ベン図などを使うことにより，意見交換のときに相手に説明しやすくなるため，コミュニケーションのツールとしても利用度は高い。

慶應義塾普通部では探究の過程（課題の設定，情報の収集，整理・分析，まとめ・表現）に添って，情報リテラシーを育成している。整理・

【課題】
図書館とは何か，知らない人に分かるように説明しなさい。ただし，**一般的な定義**を最初に述べ，次に，**国立／公共／学校図書館それぞれの特徴（集めた情報）と役割（あなたの意見）を**，図書館ごとに分けて（段落を変えて）書くこと。

図書館とは、「図書・記録その他の資料を収集・整理・保管し、必要とする人の利用に供す施設。」と広辞苑第六版に書いてあり、国立、公共、学校図書館などがある。

国立国会図書館は、借し出すことが目的ではなく、本を文化遺産として保存し、残していくことが目的の施設である。そのため、日本の全ての出版物が集まる、本は全て書庫にあり、勝手に手に取って見ることはできない、本のデータを作成し、電子化する部署がある、などの特徴がある。

次に、公共図書館は、その地域の住民に資料を提供したり、その地域の情報やイベントなどを広めることが目的なので、本が図書館に無かった場合にその本がある図書館を探してくれることや、地元の催し物の紙などが掲示してあったり、その地域の公式ホームページなどが見れるパソコンがあるなどの特徴がある。

さらに、学校図書館は、その学校の関係者などに資料を提供することや、その学校の生徒達が休み時間などに楽しくすごせる場になることや、生徒達に本などの資料を使って情報を得る方法を教えるため、授業に使うためのモニターや、先生や係の人がおすすめする本が置いてあったり、生徒達がリクエストできるようになっていたり、その学校の行事に関する資料がおいてあるなどの特徴がある。

1年　F組　24番	氏名

図7-2

図7-3 マトリックス表使用例（マトリックス表を使って特長を見える化した上での話し合いの様子）

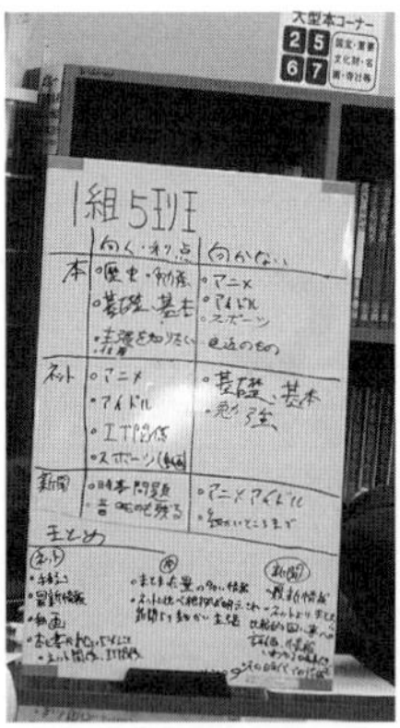

図7-4 マトリックス表を使って比較している様子

分析することを体験的に学んでいない生徒が多いことから，普通部図書館と自分の地域の公共図書館を比較して，それぞれの特長を見出す授業を行っている（**図7-2**）。この授業では，それぞれの特長を知ることで，目的をもって普通部図書館と公共図書館を使ってほしいという願いがあった。そこでマトリックス表にして特長を見える化した上で，どんな目的のときに使うのかを話し合っていた（図7-3）。

高校生になると，図式化しながらグループで考えを作ることができるようになる。授業では図書・新聞・インターネットの向き不向きを比較する時にマトリックス表を利用しているグループがあった。マトリックス表を使用することで，特長を比較しながら，自分たちの考えを見出そうとしていることを，互いに認識し合うことができる。この場合もシンキングツールを使って見える化することで，話し合いが生まれやすくなっている（図7-4）。

3　集めた情報を関係づける・関連づける（つなげる）

つながりを意識する時の初期指導として取り組みやすいのが，物語（小説）の登場人物図鑑作りである（図7-5）。物語には登場人物が出て

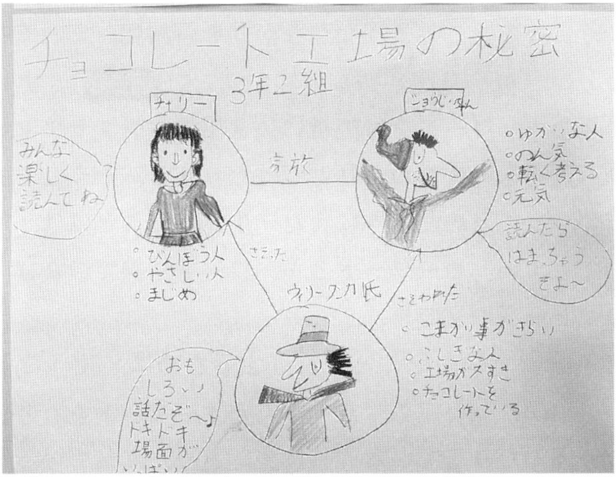

図7-5　登場人物図鑑の例

くる。彼らがどのような関係なのかを書くことで，人と人とのつながりに目が向くようになる。

知識が増え，語彙が豊かになってくると，一見異なること同士をつなげて考えるようになる。つなげて考えると，今までは見えなかったことが見えるようになることから，関係付けたり関連づけたりして考えることを好むようになる。

社会科では，都道府県の学習において，地形，気候，交通，産業などの視点をもって，地域学習を進める。例えば大阪府の地形は，大阪湾に面して平野が広がっていること，大きな淀川が琵琶湖から大阪湾に流れていること，和歌山・奈良・兵庫の県境には山があることなど，地形というくくりのなかで必要な知識を習得していく。学習が進むにつれ，産業と地形，産業と気候，産業と交通というように，一見つながりのなさそうなことがらを照らし合わせるようになってくる。

例えば，大阪府の高槻市で昔から高槻寒天が作られ続けているのには，地形や気候とのつながりが深いのではないかという予想を立てて，詳しく調べるようになる。このようなつながりを言語化していくときに，コンセプトマップ（概念地図法）が便利である（図7-6）。集めた情報カードから必要なキーワードを付箋紙に抜き出す。コンセプトマップに付箋紙を貼り，近いものは重ねたり近づけたりする。そうして，６つほどにまとめていく。まとめたときに新たに生まれたことばは，別の色の付箋紙に書いてもよい。キーワードとキーワードを線でつなぎ，見えたことを線上にフレーズや文で書く。

また，教科学習で学んだことを整理するために，使うこともできる（図7-7）。この図は光合成の学習で学んだキーワードをもとに，線を使って結んだり囲んだりしている。特に矢印（→）にしているところは変化を表している。

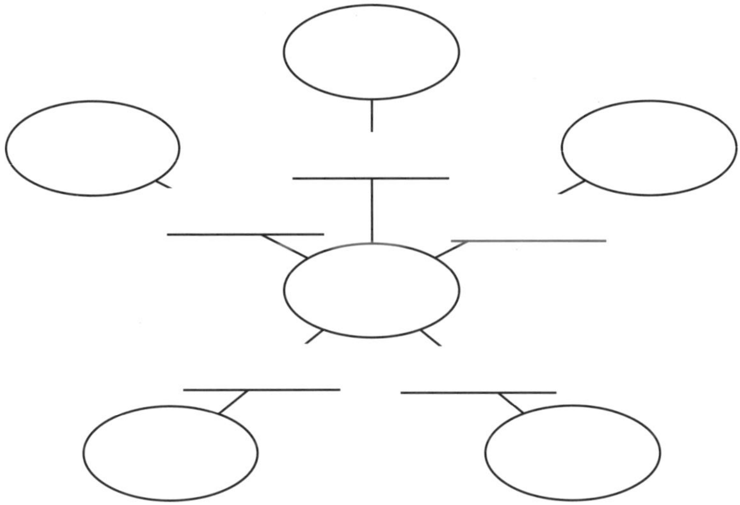

図7-6　コンセプトマップ

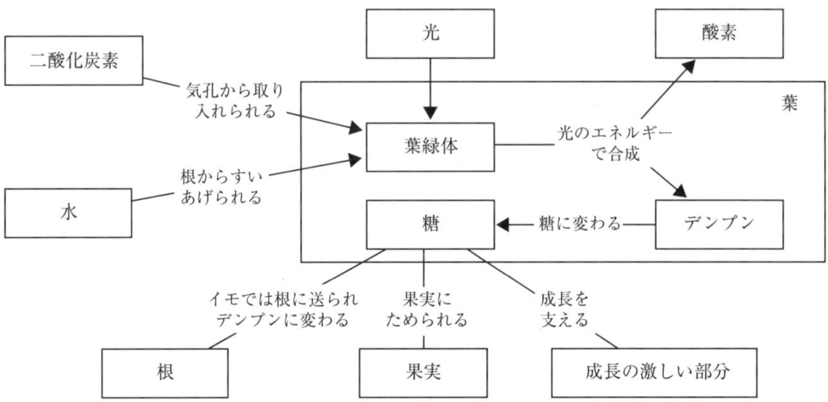

図7-7　コンセプトマップ使用例（中学校理科）（黒上・小島・泰山『シンキングツール～考えることを教えたい～』2012　p.29）

たかが線ではあるが，発達段階によって，多様なつながり方を表現することが可能になる。単なる線はつながり（関係）を示す。片方の矢印は原因や結果を示す。両方の矢印は互いに因果関係があることを示す。さらには対立を示す線を引く場合もある。もちろん，関連するキーワードを線で囲んだりしても構わない。

キーワードとキーワードをつなげながら，コンセプトマップ全体を見渡したときに見えたことを欄外へメモしておくと，後で主張を作るときに役立つ。全体を俯瞰したり，部分ごとの詳細に目を向けたりすることを通して，キーワードを書いたときには見えなかったことが見えてくる。

4 集めた情報を多面的にみる（いろいろな方向からみる）

「多面的にみる」ことは，小学校低学年の生活科で学ぶ。五感を通して，生活科では自然と触れ合うからだ。その時，多くの児童は目で見たことを発言する。そこで，多面的にみることを教えると，耳で聞いたり，鼻でにおいをかいだり，手でさわったりするなど，多面的に自然をとらえるようになる。「多面的にみる」ことを可視化するときに便利なのが，くま手図である（図7-8）。

小学校低学年では，多面的というイメージはとらえにくい。「いくつかの方向からみる」「いろいろな方向からみる」などの言い方がわかりやすいだろう。

多面的ということばをイメージさせたいときには，サイコロの6つの面を使うのもひとつの方法である。

サイコロスピーチの事例を紹介しよう。

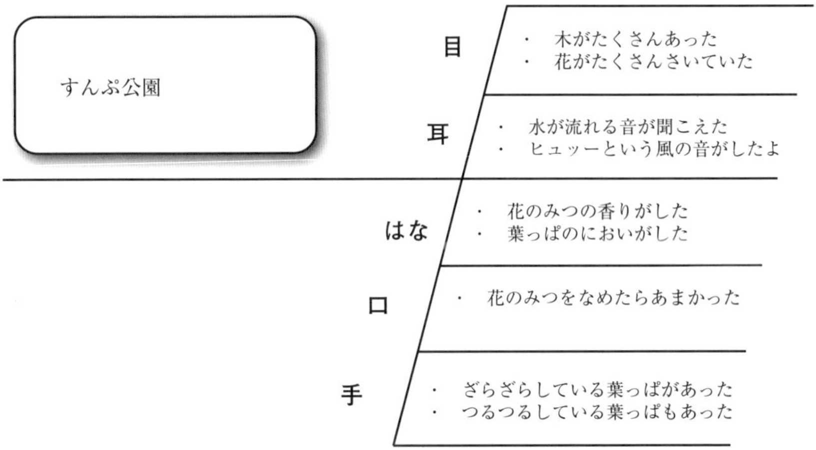

図7-8　くま手図の使用例

時期：長期の休みの後，学期をふりかえったときなどが，適切である。

準備：サイコロの面に，悲しかったこと，うれしかったこと，こわかったこと，笑ったこと，おこったこと，びっくりしたこと，などと書いておく。このサイコロをグループ分用意しておく。4人グループを作っておく。

手順：①1人（Aさん）がサイコロをふる。「私のうれしかったことは～です」と1文話す。

②まわりの友達が質問をする。

③Aさんは質問に答える。質問が終わったところでスピーチを行う。

メモ：質問に答えているうちに，Aさんは話すことが見つかってくる。

スピーチの内容を多面的にみることができるようにな

る。日記の題材探しなどにも応用できる。

多面的にみるときのシンキングツールとして，ボーン図やバタフライチャートなどが使われる。

ボーン図を使うと，多面的な方向から原因や要因，根拠などを見出すことができる。

委員会活動で「読書月間中に学校のみんなに本に注目してもらいたい。そのためのアピール方法を考えたい（大骨になる）」が議題のときに，ボーン図を使う（図7-9）。はじめに，アピールする対象（中骨）をいくつか決める。例）①生徒（１年生），②生徒（全校），③学校司書，④先生方　次に，それぞれの対象にどういうことができるのかをさらに細かく考える。すべてが記入できたところで，どれを行うのがより効果的

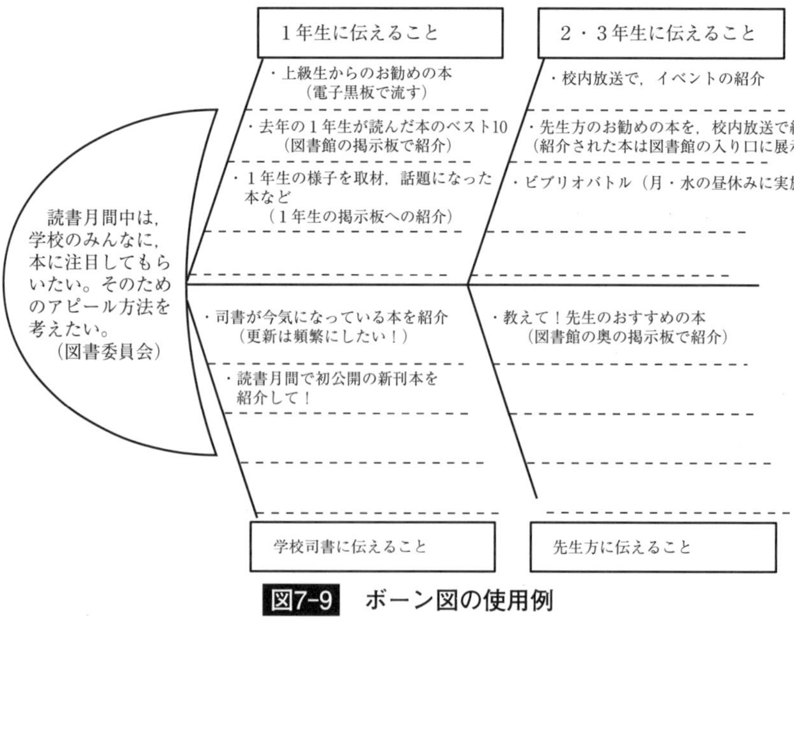

図7-9　ボーン図の使用例

なのかを選ぶ。このように，大骨，中骨，小骨と徐々に細かくしていくと，要因や原因が見つけやすい。

ディベートを行うときには，バタフライチャートが便利である（図7-10）。例えば「宿題は必要である」というトピックに対して，肯定と否定の意見を作る。その際，羽の広い面により強い肯定，より強い否定を記入する。肯定の程度を意識することにより，それぞれの意見をディベートのどの場面で使うのが有効なのかが見えてくる。また，肯定側の場合，否定側の意見を想像することもできる。

強い肯定：なければさぼってしまうので，宿題を行うことで学力がつく。

肯定：何を学習したらいいのかがわからないので宿題は力をつける便利な方法。

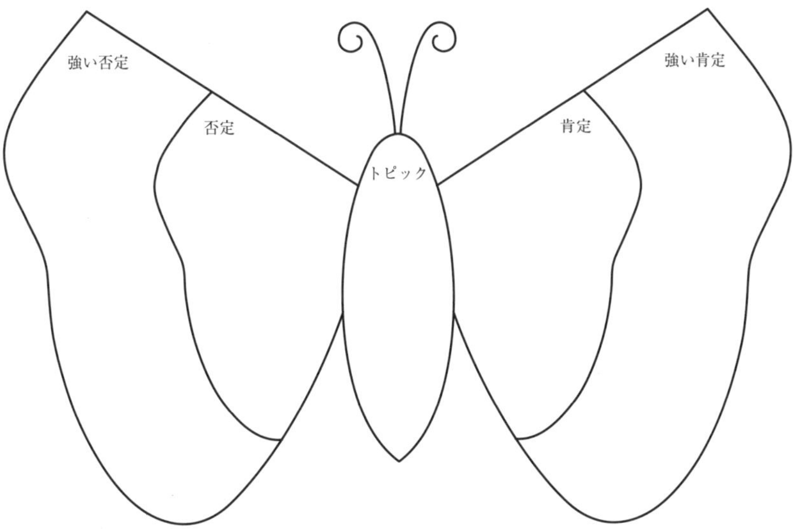

図7-10　バタフライチャートの使用例（黒上・小島・泰山『シンキングツール～考えることから教えたい～』2012　p.40）

強い否定：与えられたことをやっていたら力はつかない。自分からやるからこそ力がつく。

否定：もう自分で何をやったらいいのかがわかる。だから，自分で選びたい。

このようにひとつのテーマに対し，肯定と否定の両方に立つことは，ものの見方を多面的にしていくよい機会である。小論文を書くときには，肯定と否定の両面を調べる必要があるので，ディベートは，そのための布石にもなる。

■ 理解を確実にするために

1 次の用語を説明しましょう。

①シンキングツールとワークシートの違いは何か。

②「比較する」ことで，何が見えるのか。

2 次の問いに答えましょう。

①考えるためのスキルには，「比較する」以外にどういうものがあるのか。

②それぞれどのようなシンキングツールを使うと可視化できるのか。

■ 理解を深めるために

① 関西大学初等部著『関大初等部式思考力育成法』さくら社2012

② 黒上晴夫・小島亜華里・泰山裕著『シンキングツール～考えることを教えたい～』NPO 法人　学習創造フォーラム　2012

③ 桑田てるみ・野村愛子・眞田章子著『６ステップで学ぶ中学生・高校生のための探究学習スキルワーク』チヨダクレス株式会社　2010
④ ジェニ・ウィルソン＆レスリー・ウィング・ジャン著，吉田新一郎訳『「考える力」はこうしてつける』新評論　2004
⑤ 田村学・黒上晴夫著『考えるってこういうことか！思考ツールの授業』小学館　2013
⑥ 田村学・黒上晴夫著『こうすれば考える力がつく！中学校　思考ツール』小学館　2014
⑦ 黒上晴夫・小島亜華里訳・R.リチャート・M.チャーチ著『子どもの思考が見える21のルーチン・アクティブな学びをつくる』北大路書房　2015

8　情報リテラシーの育成（4）まとめと表現，学習の評価

塩谷京子

《目標＆ポイント》 整理・分析後は，事実や意見をもとに自分の主張を見出し，それを表現する段階に入る。主張を伝えるには，いくつかの根拠から主張を導き出す筋道が必要になる。本章では，筋道を一本にまとめる方法や，相手に伝える方法について，実際に指導すべき事項，および指導方法を説明する。また，学び方を振り返ったり，自己のテーマに対する進捗状況を振り返ったりするなど，振り返る（評価する）時間は，探究的な学習を進める態度を育む上で欠かせない。情報リテラシーの育成の終章である本章において，評価の視点についても説明する。

《キーワード》 情報のまとめ方，ピラミッドチャート，レポート，発表会，振り返り，評価

1　はじめに

テーマが決まり，資料を収集しそこから情報を取り出し，整理・分析を行い自分の意見や主張が見えてきたならば，まとめ・表現の段階に入る。整理・分析ができたら，文章を書いたり，プレゼンテーションを行ったりできそうに感じるがそうではない。突然意見を述べられても，何を根拠にしているのかが見えないと聴き手や読み手は納得しない。根拠が少なくても多すぎても，腑に落ちない。また，自分の主張を相手に伝えるときには一定の様式がある。それに則っていないと受け取る側は混

乱する。まとめ・表現の段階には，自分の主張を聴き手や読み手に受け入れてもらえるようにするための情報リテラシーがいくつもある。

2 まとめる

（１）まとめるとは

まとめるとは，自分の考えを相手に伝えるための組み立てを作ることである。そこで，だれに伝えるのかという対象をはっきりさせる必要がある。その相手を描きながら，自分の考えを根拠づける理由や事例を筋道の通ったものにする作業が「まとめ」である。

（２）仮の主張を作る

まとめの段階でまず行いたいのは，仮の主張を作ることである。整理・分析段階で見えてきた意見をもとに，どの方向に自分の主張をもっていくのかというゴールを描く必要がある。それが仮の主張である。仮のため，今後，何回変えても構わない。キーワードで書いても文章にしてもどちらでもよい。形式にとらわれず自分の言いたいことを描くことを大切にしたい。なお，仮の主張のことを仮の要旨という場合もある。

仮の主張は，テーマ設定時に描ける場合もある。情報を収集しながら見えてくる場合もある。整理・分析時のディスカッション中に，浮き彫りになるときもある。

（３）組み立てる

文章には，文学的な文章と説明的な文章があり，それぞれの読み方を小学校の国語科で学習する。

説明的な文章が「はじめ」「なか」「おわり」の３つで構成されていることは，小学３年生で学ぶ。文が時系列で順序よく並んでいるという２年生までのイメージを一新する捉え方だ。「はじめ」「なか」「おわり」は，読むだけでなく，自分の言いたいことを話すときも書くときにも使う。小学校中学年の間に，読んだり話したり書いたりする活動を通しながら，３つのかたまりを体得していくのである。

「はじめ」には「問い」があり，「おわり」には「答え」があるということも学ぶ。４年生になると，「なか」に注目する。「なか」がいくつに分かれているのかをみていくときに，「まず」「次に」「そして」などという接続詞を追うことを知る。５年生になると要旨，６年生になると要約を学ぶ。

中学１年生になると，小学３年生で学んだ「はじめ」「なか」「おわり」は「序論」「本論」「結論」に，「問い」と「答え」は「問題提起」と「結論」という言い方に変わる。中学２年生では考察から結論を導くことを学び，中学３年生では文章を要約した上で筆者の主張に対しての自分の考えを述べる。

①指導例（小学生）

このような系列に則って小学３年生の国語科の説明文の学習において，「はじめ」「なか」「おわり」を学習したからといって，すぐには身に付かない。国語科の教科書には，２年生や３年生で，３つの構成を意識して話す単元もある。朝の会でのスピーチなどで，「はじめ」「なか」「おわり」を組み立てて話すこともよく行われている。

スピーチでは，突然詳しいことを話しても，聴き手は困惑する。そこで，「はじめ」にあらかた（概要）を話してから，「なか」で詳細を伝え，「おわり」に感想を述べる。スピーチでの「おわり」は，

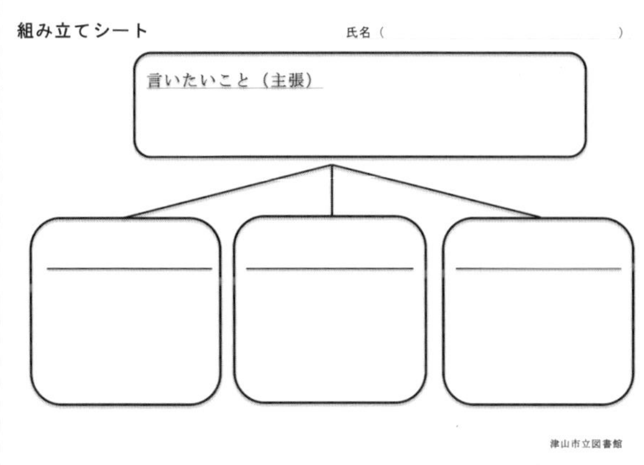

図8-1　組み立てシート

感想に留まっていることが多い。説明文を読むときも「問い」に対する「答え」として「おわり」を捉えている。これが，小学校２－３年生段階である。「はじめ」「なか」「おわり」を意識して文章を組み立てるときに便利なのが「組み立てシート」である（図8-1）。上のしかくには感想を，下のしかくには理由や事例を記入する。感想に対していくつかの理由や事例をイメージさせたいときに便利である。

３年生から社会科の学習が始まると，「おわり」に述べることが，感想から言いたいことへと変化していく。例えば，４年生になると浄水場，清掃工場，消防署，警察署などへ見学に行く。見学を通して，単なる感想から一歩踏み込んだ言いたいことが生まれてくる。

② 指導事例（中学生）

中学生の国語科の説明文の学習では，主張（言いたいこと）の根拠として，「本論」には事実と考察の両方の文章があることを知る。

自分の主張を述べるときにも，その根拠として，事実だけでなく意見も入れようとする。そうすると，２段階では足りなくなる。そこで使うのがピラミッドチャートである。下の段には事実，中段には意見，上の段には主張が入る。事実と意見の区別がついてきたら，２段の組み立てシートよりも，事実・意見・主張が入る３段のピラミッドチャートの方が使いやすくなる。さらに，意見に目が向き始めると，事実と意見の区別や意見と主張のつながりを意識するようになる。各段のつながりを可視化できるピラミッドチャートは筋道を立てる上で必要なツールになってくる（図8-2）。

文章を組み立てる活動を重ねることにより，児童生徒は今まで見えなかったことが徐々に見えてくる。

まず，児童生徒の成長に伴い，「はじめ」「なか」「おわり」の中身が多様になってくる。「はじめ」には「問い」「あらかた」以外にも，「結論を述べる」「問いを想像させる」などいくつもの書き方が

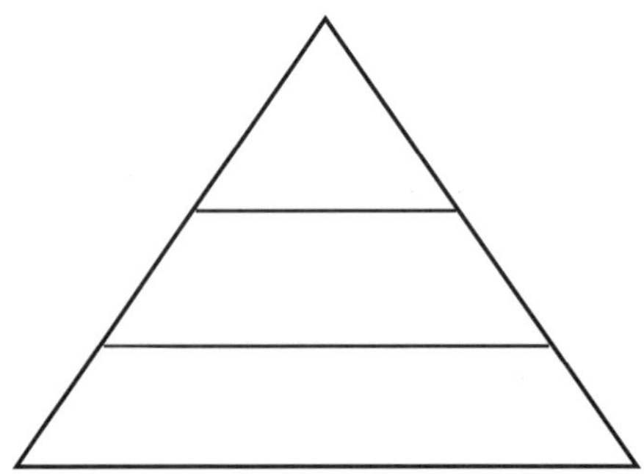

図8-2　ピラミッドチャート

あることを知る。「おわり」には「主張」の前に，「なか」をひとまとめにしたまとめの文があり，この文があるからこそ，主張へとつながることが理解できるようになる。そのまとめをもとに，筆者が主張を述べていることも理解できるようになる。

次に，意見をどのように作るのかについては，常に難しいという声があがる。「わかったという言葉があるからといって意見とは限らない」「意見を導くには比べたりつなげたりが必要」など，意見を導くための整理・分析が必要であることが徐々に見えてくる。

さらに，下の段の事実と中段の意見を合わせたものが根拠であり，根拠がどのようにつながって終わりへと行き着くのかを探そうとする。つまり「なか」の構成にも目が向いてくるのである。

3　表現する

組み立てができたら，次は伝える段階である。

伝えるときには，まず伝える対象を考える。クラスの友だち，家の人，地域の人など，具体的にイメージさせる。次に，伝える方法を考える。伝える方法は，書いて伝える方法や話して伝える方法以外にも，実物を見せて伝えたり，台本を使い劇などの動作で伝えたり，絵や図を使って話しながら伝えたり，パソコンやビデオなどの道具を使って伝えたりするなどさまざまである。伝える方法が決まったら作成にとりかかる。書いたものは展示したり掲示したりして，読んでもらう場を設定する。見せたり話したりするものは発表会を設定する。

伝える（表現する）方法は，以下のようにたくさんある。学年が低いときほどさまざまな発表方法を経験し，徐々に目的に応じて選択できるようにしたい。

○絵，図，紙芝居
○ペープサート
○模型
○人形劇，劇
○新聞，壁新聞
○年表
○ガイドブック
○絵本，アルバム
○図鑑，事典
○ポスター
○表・グラフ
○パンフレット
○レポート
○プレゼンテーションソフトを使用
○ホームページ

本章では，レポートを書くこととプレゼンテーションをすることを中心に説明する。

（1）レポートを書く

書いて伝える方法には，新聞やレポートなどがある。新聞の書き方は小学校中学年，レポートの書き方は小学校高学年の国語科の教科書に記載されている。また，レポートの書き方は中学校１年生の国語科の教科書にも載っている。新聞やレポートの書き方は，小学・中学校段階で繰り返し学ぶしくみになっている。

新聞はレポートよりも気軽に書けるので，小学校では伝える方法としてよく使われる。新聞を書く指導でははじめに新聞の構成を視覚的に教える。新聞記事には「題字」「リード文」「発行日」「見出し」などの独特のことばがあることを，小学生新聞を使いながら教える。次に，新聞を書くときには「見出し」「図や表」「文章」の３つの関係を児童に考えさせたい。「伝えたいことが読み手に伝わるような見出しになっているか」「図や表は見出しと関係しているか」「見出しを説明する文章になっているか」など，３つの関係を意識して新聞記事を書く力は，レポートを書く力につながっていく。

レポートを書くときにもレポートの構成を教えることが大切である。論理的な文章として，児童生徒は国語科で「説明文」を中心に学習をしている。そこで，学習した説明文の構成とつなげてレポートの構成を図式化するとイメージがわきやすい。

レポートの構成は「はじめ」「本文」「まとめ」，「序論」「本論」「結論」などの言い方があり，これがレポートの本体である。この本体に加え，「タイトル」「目次」と「参考文献」を加えるとできあがりである。

整理すると，

①タイトル（テーマ，所属，名前）
②目次
③はじめ（動機や目的，方法）
④本文　（結果，考察）
⑤おわり（まとめ，主張）
⑥参考文献

となる。

・「おわり」には，まとめ，主張，展望などを書く。
・「本文」には，まとめにつながる研究の結果と考察を書く。
・「はじめ」には，研究の背景，動機や目的，研究の方法などを書く。

参考文献の書き方は，参考にした資料によって異なる。書き方はいくつかあるが，例えば次のような方法がある。

○図書の場合

著者名　(出版年)『書名』 出版者名　引用したページ

○インターネットの場合

著者名 「タイトル」 URL　アクセス年月日

○新聞の場合

「記事テーマ」『新聞名』 記事分類　発行年月日　朝夕刊別　頁数

○雑誌の場合

著者名　(出版年)「タイトル」『雑誌名』 巻・号・頁

(2) プレゼンテーションをする

最近では，コンピュータの画面からプロジェクタを使って映し出しながら話す「プレゼンテーション」が盛んに行われている。プレゼンテーションはコンピュータを使って行うことだけを意味している訳ではない。実物を見せたり紙芝居のように紙を使ったりして話すこともプレゼンテーションといい，小学校段階では児童になじみやすい方法である。

いずれの方法であってもプレゼンテーションの構成はレポート同様，「はじめ」「なか」「おわり」である。「はじめ」にはテーマを決めた理由や研究の計画や方法，「なか」には研究の結果と考察，「おわり」には自分の主張を書く。

小学校では紙を使ったプレゼンテーションの指導がよく行われている(図8-3 図8-4)。紙を使ったプレゼンテーションができれば，コンピュータで作成するのは児童生徒にとって難しいことではない。プレゼンテーションのスキルは，紙からコンピュータへ転移できるからだ

（図8-5）。

作成に当たり，レポートとプレゼンテーションのそれぞれの特質を知っておくことが必要である。レポートは読み手が何度も繰り返して読むことができるが，プレゼンテーションを聞き手が途中で止めることはできない。そこで，「はじめ」のスライドでは聞き手の心をどうつかむかを考える必要がある。「なか」のスライドには見出しと図や表を使いながらわかりやすく説明し，「おわり」のスライドでは全体が見えるようにまとめ，主張が伝わるようにしたい。

プレゼンテーションは話し手と聴き手の両方があって成立する。終了後，聞き手から直接意見を聞けるのもプレゼンテーションの長所であり，そこでのやりとりから貴重な視点や意見をもらえることが多い。そこで，質問されたことに対して誠心誠意をもって答えることはもとより，質問が終わったときには感謝の気持ちを伝えるようにしたい。

学年が上がるとプレゼンテーションソフトを使ってスライドを作成し，プレゼンテーションを行うようになる。代表的なソフトとして，Microsoft 社の PowerPoint，Apple 社の Keynote などがある。

聴き手はスライドを見ながら話し手の声を聞いている。聞きやすいスライド作りと聞きやすい話し方の両方ができて，上手なプレゼンテーションになる。スライド作成については，話す内容とスライドのことばや

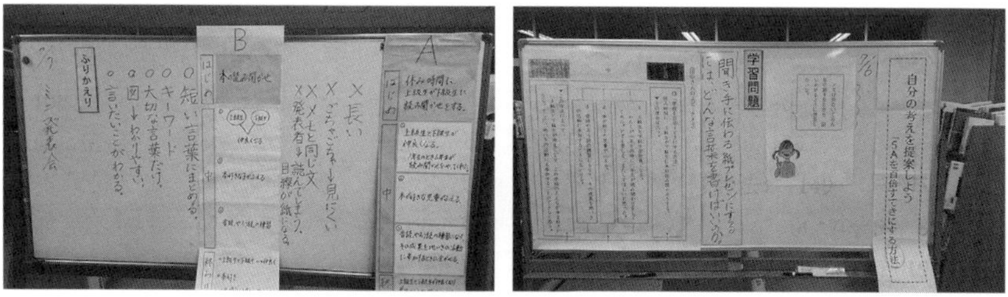

図8-3　授業の板書

図8-4 紙を使ったプレゼンテーション

図表が一致するように作るなど，いくつかの留意点がある。

○１枚のスライドに言いたいことは１つとする。

○会場の後ろからも見えるように文字を大きくしたり，見やすい色を使ったりする。

○色に統一性をもたせ効果的に使う。色の規則性を理解して聴くことができる。

○アニメーションを多用しない。説明のじゃまにならないように気をつける。

○プレゼンテーションでは，「はじめ」が重要である。聴き手の心をつかみ，聴いてみたいなと思わせるひと工夫をしてみよう。

話し方については，聴き手が疲れないような心配りをしたい。聴き手が辛いのは，聴き手を見ず，原稿を読んでいるプレゼンテーションである。聴き手の顔を見ながら話せるように，十分練習をして本番に臨みた

1．今日は，今みんなが総合的な学習の時間で調べている福祉の課題について，パソコンでプレゼンテーションをするために，全体の構成やスライドを作成する時の注意を身につけましょう。
2．まず，全体の流れを知りましょう。プレゼンは，「はじめ」・「なか」・「おわり」の3つで構成します。「はじめ」には調べた理由を，「なか」には調べたことを，「おわり」にはまとめを書きます。画用紙でのプレゼンテーションを作った時と同じですね。
3．次にスライドの構成について考えます。これは，調べたこと①のスライドです。ここには2つのことが書いてあります。これは見出しです。ではこれは何でしょう？
・それに合った写真
そうですね。これは，みなさんが4年生で勉強した新聞と同じです。
4．でも，新聞と比べると一つ足りないものがありますね。それはなんでしょう？
・文章
そうですね。ここには文章がありません。プレゼンテーションでは，文章を言葉で言います。ですから，プレゼンテーションは，新しいことではなく，4年生の時に勉強した新聞と，同じ要素でできているのです。
5．スライドは，「なか」から作ります。「なか」のスライドを作る時に留意点が3つあります。この2枚を比べてください。見やすいのはどちらですか？
・右側
それはなぜでしょう？
・文字と写真が大きい
そうですね。右のスライドをもう少し詳しく見てみましょう。見出しが短い言葉で書かれていて，見出しと写真が合っていますね。気をつけることは
（1）見出しを大きくする
（2）伝えたいことと写真を合わせる
（3）大事な言葉だけ書く
ということです。
紙でもパソコンでも，スライドを作る時は同じことに気をつければいいんですね。
6．次に発表原稿の作り方です。発表原稿は，このように，（画面を指さす）全体の流れに合わせて大事な言葉だけをメモしておきます。これを，キーワードと言います。例えば，右利きと左利きでどう違うのかな？よりよい社会にしていくためにはどうしたらいいのかといったようにしていくと，わかりやすいですね。
7．次は発表の仕方です。発表も「なか」から考えます。
私はユニバーサルデザインについて，学校の図書館の本で調べました。
8．学校の図書館の本で調べたと言いました。もとにしたものがある場合は，このように表示しておきます。これを，出典と言います。他にはどんな方法があるでしょうか？
・Webで調べる　・インタビューをする　・直接行って調べる
そうですね。自分がどの方法を選んだか，きちんと発表しましょう。
また，「です。」「ます。」のように，敬体で話します。
9．次に「なか②」です。

一つ一つの道具のデザインだけでなく，建物やまち全体もユニバーサルデザインにかわってきています。このように，発表原稿も先に「なか」を作ります。
10.「なか」ができたら，「はじめ」と「おわり」を作ります。
11.「はじめ」には調べた理由を書きます。
先生から，「以前のはさみは，左利きの人にとって不便なはさみだった。」と聞きました。しかし，今のはさみは，右利きの人でも左利きの人でも関係なく使えるようになっています。他にもこのように誰も不便な思いをしなくていいものがあるのかを知りたくて調べてみました。
このように，文字だけでいいですよ。
12.「はじめ」ができたので，「おわり」を作ります。
ここには，「なか」でわかったことをまとめて書きます。例えばこんなふうに。（画面を指さす）
いろいろな立場の人のことをもっと考えて，みんなが工夫し合うことで，全ての人が快適に暮らすことのできる，よりよい社会にしていけるのだと思いました。
ちょっと難しいですが，調べたことから共通なことをまとめて書くことができると，自分の主張が伝わるプレゼンになります。5年生以上は，挑戦していきたいですね。
13.「はじめ」・「なか」・「おわり」を作り終わったら，最後に表紙を作ります。まとめの内容を一言で言うと，題名になりますね。ここでは絵を使っていますが，文字だけでもいいですよ。だれが作ったのかはっきりわかるように，自分の名前も入れましょう。
14. このように，最初からすらすら話ができるわけではありません。
発表前には，リハーサルが必要です。リハーサルで気をつけることは何でしょう？
・時間を守る
そうですね。時間を守ることは，とても大切です。ストップウォッチを使って練習すると，自分の発表が決められた時間で終わるかどうかわかります。
15. 他にはどんなことがあるでしょう？
・大きな声で話す
聞き手を意識した話し方も大切です。友だちとお互いに聞きあうと，視線や話すスピードまでアドバイスしあうことができます。
16. 最後に，発表会の時の注意です。
聞く人は，発表した人の伝えたいことは分ったか，決められた時間内で発表は終わったかを振り返りましょう。こんなチェックシートを使うと（画面を指さす），振り返りがしやすいですね。
17. まとめです。パソコンでプレゼンテーションをする時には
（1）全体の構成は「はじめ」「なか」「おわり」
（2）「なか」のスライドは新聞記事と同じ
（3）発表のリハーサルや発表会当日も大切
ということを勉強しました。
18. 次の時間は，総合的な学習の時間に自分が調べていることについて，実際にパソコンでスライドを作ってみましょう。

図8-5 「パソコンを使ったプレゼンテーション」授業原稿（静岡市立中田小学校　早川範子先生の授業より）

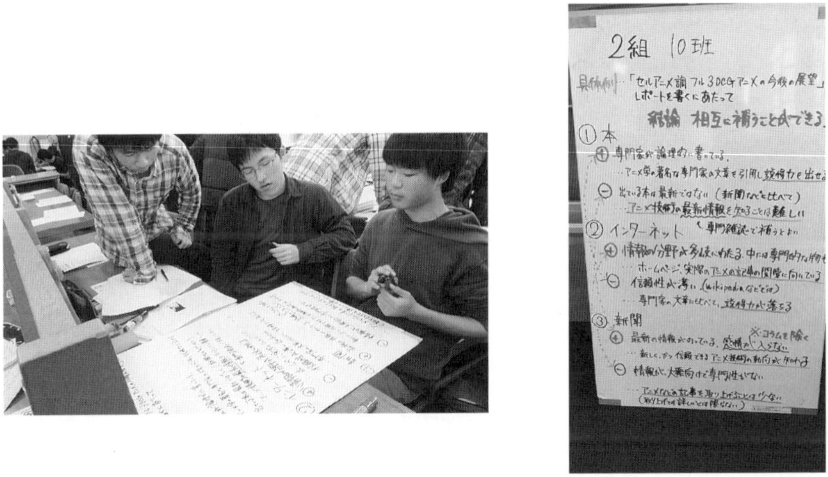

図8-6

い。

このように，プレゼンテーションソフトを作って伝える以外に，各教科の授業の中で作成したパネルをもとにプレゼンテーションをすることも多い（図8-6）。整理・分析のときに作成したパネルをそのまま使うので，スライドを作る手間を省くことができる。プレゼンテーション後には，ディスカッションを組み入れることも可能である。

4 保存の仕方

一単元の学習活動が終わると，図書などで調べて収集した情報，作成したアンケート，整理の段階で不必要になった情報，発表用に作成した資料など，児童生徒の手元にはたくさんの情報が残る。これらをただ単にしまっておいたのでは，必要なときに必要なものを探し出せない。ここで情報の組織化が必要となる。

小学校では総合的な学習の時間用のファイルが用意されていることが多い。時系列にファイルに綴じていくだけでも，児童にとっては大変なことである。まずは，学習の過程や結果を丁寧に綴じる習慣をつける。発達段階に応じて単なる時系列ではない整理の仕方を学ぶ。ファイルに見出しをつけたり，ページをつけたり，インデックスをはったりするなど，一定の法則で引き出せるように工夫する。新聞の切り抜きのように形が一定でないものには台紙をつけるとよい。小学校段階で収集した情報の整理や保存ができると，情報の収集量が増える中学生や高校生になったときに役立つ。

また，個人レベルでの保存だけでなく，学校図書館で児童生徒の作品を整理・保存するとよい。先輩の作品を展示したり掲示したりすることは，下級生のお手本になる。

5 学習活動の評価

情報活用プロセスの最後は，評価である。ここでの評価は二つある。

ひとつは情報活用プロセスが効果的に行われたのか，その成果の評価である。レポートを書いたのならレポートの評価であり，プレゼンテーションを行ったらプレゼンテーションの評価となる。テーマに対して満足のいくまとめができたのか，満足のいくものを作成できたのかを検討することは，次の学びへのステップとなる。

学習の評価の例として，

○目次と索引の違いがわかったのか

○レポートの構成がわかったのか

○アンケートの書き方に沿って書くことができたのか

　◯参考にした文献の書き方に沿って書くことができたのか
　◯目当て通りに，レポートが書けたのか
　◯目当て通りに，プレゼンテーションができたのか
など，表現の仕方は様々だが，授業のねらいが学習活動を通して達成できたのかを尋ねることが多い。学習の成果の評価はもちろん教師が行うが，次の学びのステップとするためにも児童生徒の自己評価や相互評価も大切にしたい。

相互評価は，レポートやプレゼンテーションなど，表現されたものに対して行うことが多い。評価用紙を用意したり付箋紙に書いたりすると，後で，本人に手渡すことができる。

自己評価をするときは，ワークシートやチェックリストがあると役立つ。ワークシートを使って，自己評価をするときは，「態度はどうだったのか」「方法はどうだったのか」「できるようになったのかどうか」の三つの観点で項目を作っておく。そうすると，何について振り返ればいいのかがわかるので，児童生徒はワークシートに記入しやすくなる。

「態度はどうだったのか」の記述例としては，
　◯うなずきながらプレゼンテーションをきくことができたのか
　◯プレゼンテーションのあと，質問ができたのか
　◯友達の上手なところを見つけることができたのか
というような尋ね方をすると，児童生徒は振り返りやすい。

「できるようになったかどうか」の記述例としては，
　◯目次と索引の違いがわかったのか
　◯レポートの構成がわかったのか
　◯アンケートの書き方が理解できたのか
　◯参考にした文献の書き方がわかったのか
というような尋ね方をすると，児童生徒は振り返りやすい。

表8-1 「情報リテラシー」チェックリスト

情報リテラシー質問用紙　　　年　組　番　名前（　　　　　　　）
＊調べるときに必要なことがらについて，おたずねします。知らないことはこれから学習します。

	質　　問	説明できる（自分で，行うことができる）	大体わかる（大体できる）	聞いたことはある（少しはできる）	まったくわからない
1	調べるためのテーマを見つけるには，どうしたらいいのかがわかる	4	3	2	1
2	テーマ作りに困ったときに，どうしたらいいのかがわかる	4	3	2	1
3	本で調べる，インターネットで調べる以外の調べる方法を知っている	4	3	2	1
4	自分が聞きたいことを相手にインタビューすることができる	4	3	2	1
5	インタビューで質問する項目を，自分で作ることができる	4	3	2	1
6	インタビューの時，相手に対し，聞きたいことをその場で見つけて，聞き返すことができる	4	3	2	1
7	デジタルカメラなどで，写真をとることができる	4	3	2	1
8	アップやワイドにしたり，アングルを変えたりするなど，写真のとり方を知っている	4	3	2	1
9	自分の伝えたいことにあわせて，写真のとり方を工夫することができる	4	3	2	1
10	目次と索引（さくいん）の使い方がわかる	4	3	2	1
11	著作権（ちょさくけん）とは，どのようなものかを知っている	4	3	2	1
12	調べたことを，自分でまとめること（要約すること）ができる	4	3	2	1
13	百科事典を引くことができる	4	3	2	1
14	総索引（索引巻など索引が1冊になっている）を使って百科事典を引くことができる	4	3	2	1
15	PCを使ってオンライン百科事典や新聞記事を調べることができる	4	3	2	1
16	調べた本の題名や作者などを記録しておくと，文章にまとめたり発表したりするときに役立つことを知っている	4	3	2	1
17	題名や作者，発行年を記録するときに，本のどこを見たらいいのかがわかる	4	3	2	1
18	複数の情報源（資料）を利用することが，どうして大切なのかがわかる	4	3	2	1
19	キーボード入力ができる（スピードは問いません）	4	3	2	1
20	PCで検索（けんさく）する時，キーワードを使ってしぼりこむ方法を知っている	4	3	2	1
21	インターネットを利用して情報を集める時には，どんなことに注意したらいいのかがわかる	4	3	2	1
22	図書館の本は，テーマによって分類され，並べられているのを知っている	4	3	2	1
23	自分が調べているテーマに合った情報を，図書館の資料（本など）からさがし出すことができる	4	3	2	1
24	集めた情報がたくさんある時，どのようにして整理をしたらいいのかがわかる	4	3	2	1
25	調べたことを，〇〇新聞のようなものにまとめたことがある	4	3	2	1
26	〇〇新聞にまとめるときには，どのような構成（書き方）で書けばよいかがわかる	4	3	2	1
27	レポートや報告文（調べたことを文章にしたもの）にまとめるときには，どのような構成（書き方）で書けばよいのかがわかる	4	3	2	1
28	おとなりやグループの友だちに，絵や写真を使って，自分が伝えたいことを話すことができる	4	3	2	1
29	クラスのみんなに，絵や写真を使って，聞き手を見ながら自分が伝えたいことを話すことができる	4	3	2	1
30	クラスのみんなに，パワーポイントなどのPCソフトを使って，聞き手を意識しながら自分が伝えたいことを話すことができる	4	3	2	1

＊筆者作成　2015/05/14修正

チェックリストを使う場合は，年度始めと終わり，１学期，２学期，３学期のはじめ，というように，定期的に繰り返し使用すると，できている項目とできていない項目，また，できるようになった項目とできるようになっていない項目が，教師も児童生徒も把握することが可能になる（表8-1）。

もうひとつの評価は全体を振り返った評価であり，課題の設定，情報の収集，整理・分析，まとめ・表現の段階を通した評価を指す。

○どこの段階が，難しかったのか
○どこの段階が，おもしろかったのか
○どこの段階で，新しいことができるようになったのか
○どこの段階では，もっとどうしたかったのか，どうすればもっとよくなるのか

というように，それぞれの段階を客観的に振り返るようにする。こうした評価は今後一人で学んでいく時に，生きていくため意図的に取り入れていきたい。全体を振り返った評価は，探究の過程を自分で進めているという認識がある段階で行うことが大切である。学年が低いときは，教える方は探究の過程を意識しているが，児童にその認識はない。見通しをもって進めた学びにとりかかるようになった年齢の児童生徒には，この評価を取り入れたい。ここでの評価は自己評価が基本である。この評価は，プロセス全体を見たときに，どの段階をどうしたらさらによくなるのかを考え，次の学びを設計するときの手がかりとなる。情報探索の計画を作成することと，ここでの評価が対応していることから，評価は丁寧に行いたい。

学習の成果の評価，全体を振り返った評価以外に，毎日の授業のおわりに本時の学びを振り返る時間を設けることも大切である。本日の学び

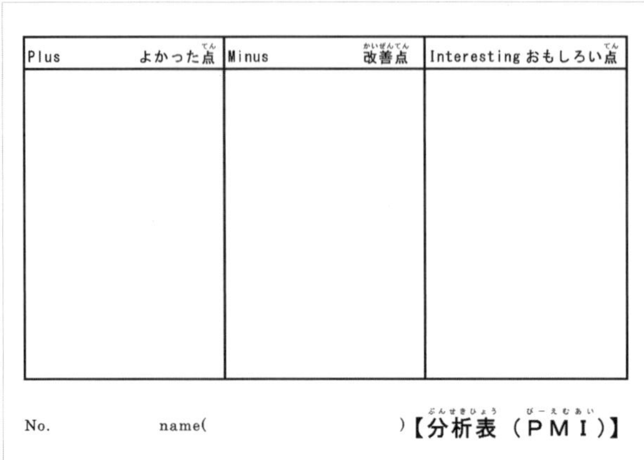

Plus　よかった点	Minus　改善点	Interesting おもしろい点

No.　name(　　　)【分析表（PMI）】

図8-7　PMI シート

を振り返るときに，PMI シートが役立つ（図8-7）。学びをプラスとマイナスで捉えるだけでなく，プラスやマイナスでは表現できないことをインタレスティングの欄に書くことができる。できた・できないではなく，別の視点からの振り返りが可能になる。

このような評価を行うことにより，次への学びがスタートしていく。評価の時間を，大切な時間として児童生徒に捉えさせていきたい。

理解を確実にするために

1 次の用語を説明しましょう。

①説明的な文章はどのような構成か。

②レポートはどのような構成か。

2 次の問いに答えましょう。

①評価はなぜ必要か。

理解を深めるために

① 阿部圭一著『明文術』NTT 出版，2006

② 河野哲也著『レポート・論文の書き方入門』第３版　慶應義塾大学出版会　2002

③ 福嶋健伸・橋本修・阿部朋世編著『大学生のための日本語表現トレーニング実践編』三省堂　2009

④ 堀田龍也編『わたしたちとじょうほう３年４年』学研　2006

⑤ 堀田龍也編『私たちと情報５年６年』学研　2006

9　教科における学校図書館活用（1）

鎌田和宏

《目標＆ポイント》 教科学習において学校図書館を利用する理由は，知識基盤社会を「生きる力」を育てるためであり，ICT 機器を活用する前提となる情報を操作する経験をさせ，思考力・判断力・表現力をつけるためである。また，教科学習で学校図書館を活用する前提は，教育課程への位置づけ，教科学習に対応した学校図書館コレクションの構築，調べ学習に対応した学校図書館の整備，利用指導である。これらを前提として展開する学校図書館を活用した授業は，子どもに情報リテラシーを育むが，そのためには子どもの実態を共有し協働する学校司書・司書教諭・教師の連携が重要なのである。

《キーワード》 知識基盤社会，情報リテラシー，教科学習に対応した学校図書館コレクション，目録の整備，資料を探しやすい図書館，利用指導，座席表

1　教科学習における学校図書館活用の意義

本章を始めるにあたって，教科学習でなぜ学校図書館を活用するのか確認しておきたい。このことに言及するのは学校現場で「教科それぞれの目標や課題があるので，学校図書館を使う時間がないし，教科書教材があるから学校図書館を使う必要はないのでは」という声をよく聞くからである。

結論から言うとこの様な声は現代の教育課題や学校図書館機能に対する認識不足からくるものであり，学校図書館を利用した授業実践が求め

られているのである。

学校図書館法の第２条には，学校図書館の目的の一つに「教育課程の展開に寄与する」ことが示されている。わが国の学校教育の教育課程編成の基準である学習指導要領では学校図書館はどのように位置づけられているだろうか。平成23年度から小中学校で，平成25年度から高等学校で使われている学習指導要領（以下指導要領とする）では「21世紀は，新しい知識・情報・技術が政治・経済・文化をはじめ社会のあらゆる領域での活動の基盤として飛躍的に重要性を増す，いわゆる『知識基盤社会』の時代である」（下線引用者以下同様）と現状認識を示している注１。そのような知識・情報が重要な意味をもつ社会において「変化の激しい社会を担う子どもたちに必要な力は，基礎・基本を確実に身に付け，いかに社会が変化しようと，自ら課題を見つけ，自ら学び，自ら考え，主体的に判断し，行動し，よりよく問題を解決する資質や能力，自らを律しつつ，他人とともに協調し，他人を思いやる心や感動する心などの豊かな人間性，たくましく生きるための健康や体力などの『生きる力』」であるとしている注２。変化の激しい社会では学び方を習得することが大きな意味を持つことも見逃せない。これらに基づく実際の教育活動では，各教科・科目等の指導において，児童・生徒の「思考力，判断力，表現力等をはぐくむ観点から，基礎的・基本的な知識及び技能の活用を図る学習活動を重視するとともに，言語に対する関心や理解を深め，言語に関する能力の育成を図る上で必要な言語環境を整え，生徒の言語活動を充実する」ことを示している注３。ここで示されている言語に関する能力育成の中核となり，基礎的・基本的な知識・技能を活用して探究的な学びを展開する拠点は学校図書館である。指導要領では学校図書館について，読書は児童・生徒の「知的活動を増進し，人間形成や情操を養う上で重要」注４であるから，「各教科等において学校図書館を計画的に活用した教育活動の展開に一層努めることが大切である」とし注5，児童・生徒の「主体的，意欲的な学習活動や読書活動を充実すること。」としている注6。

ここまで，教育政策や学習指導要領の記述から見てきたが，高度情報社会である現代を生きるためには，情報を扱う情報リテラシーを身につけることは必須である。ICT をも活用する情報リテラシーの基礎は図書館にある注7。

2 教科学習における学校図書館の活用の方法

(1) 前提となる学校図書館整備

多くの学校の実態として，教科学習の場で十分に活用されている学校図書館は，残念ながらそれほど多くない。

活用されない原因はいくつか考えられるが，その大きなものとして，学校図書館に所蔵されている資料が，教科学習を展開するに相応しいものとなっていないということがあげられる。学校図書館を利用しないことについて，教師にその理由を問うと「学校図書館に行っても資料がない」という答えが返ってくる場合があるが，それである。

例えば，小学校において社会科の授業を学校図書館において展開することを例にとって考えてみよう。小学校５年生の社会科では日本の産業について扱われ，工業については，多くの教科書で自動車工業の事例を取り上げている。教科書の学習で生じた疑問を解決するために学校図書館を活用したいと考えるのであれば，辞典，事典，年鑑等の参考図書はもとより，自動車工業に関する資料が備えられていなければならない。

できれば，学習の中で子どもが持つであろう疑問に答え得る資料―教科書や資料集では触れられていない問題にも答え得るもの―が備えられていることが望ましいのである。この時求められる資料は図書資料だけではない。自動車製造各社が工場見学に訪れた人に配布しているパンフレットや，販売会社で製作しているパンフレットなどをファイル資料として備えることも必要である。加えて授業形態にもよるが，１学級の児童で一斉指導を行う場合であれば，児童の一人ひとりの手に一点以上の資料がある状態が望まれるであろうから，一定数の数量の資料が必要である 注8 。資料を整備して教科学習の学習内容に対応した学校図書館コレクションを構築しておくことが必要である。

また，資料を探しやすい学校図書館となっていることも重要である。児童生徒が資料を探しやすいようにNDCによって分類された資料をその順に配架し，それらがわかりやすいように掲示物等にも工夫する必要がある（図9-1・図9-2）。時折，コレクションの量的な都合や施設形状の都合等によって不規則な書架配列をしている学校図書館がある。例えば２類の棚の横に４類の棚が来ていたりするといった場合があるが，これは問題である。利用する児童生徒のことを考えると順番にならんでいる方が資料を探しやすいし，また実際に資料を探す過程でNDCへの理解が強化されていく。利用者である児童生徒が探しやすい

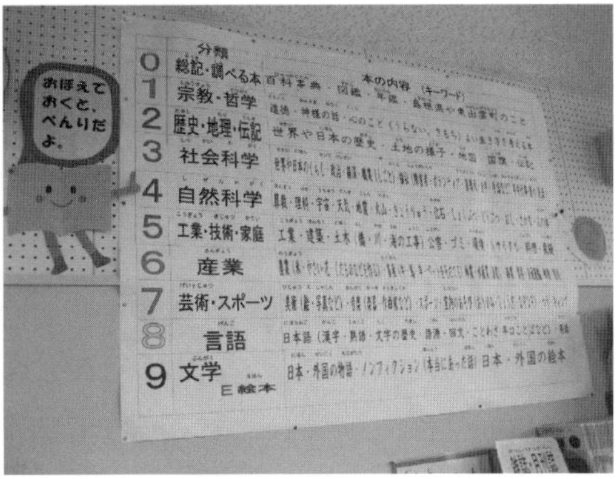

図9-1　NDCの表示

ように，わかりやすい配列に直す必要があるだろう注9。

図9-2　わかりやすい書架の表示

資料を探すための目録の整備も欠かせない。学校図書館を教科学習で活用するためには，著者名目録，書名目録だけでなく，件名目録も必要である。学校図書館に専任の担当者がいないところでは，目録の整備を進めることには困難が伴うかもしれない。しかし，教科学習等での利用を考えたときには，資料を探すスキルを身につけるということも重要なのである。書架の間を歩きながら資料を探す体験も重要だがそれのみでは不十分である。目録を利用して資料を探す体験を持たせるためにも，目録の整備は必須である。目録の電子化が進んでいる昨今では，検索用のコンピュータを設置し，それを利用して検索させる学校図書館も多くなってきている。しかしコンピュータの検索では利用者が入力したキーワードを含むデータしか表示されない。カードによる分類目録で調べた経験を持たせると，探し当てた資料が記載されているカードの前後に，関連する情報の資料があることが体感される。情報を検索する感覚を体感させるために，カード目録の有効性も見逃せない（図9-3）。また，学習テーマに応じた目録も大変有効である。山形県鶴岡市立朝暘第一小学校では各教科の単元や総合的な学習の時間のテーマに応じた参考図書目録を作成して，学校図書館に備え，各教室に掲示したりしている。児童生徒は授業の中で自ら興味を持ったことについて，独自に探究することも多い。授業で学校図書館を使わない場合でも，こういった目録があれば，学習に関係する資料を児童生徒は手にするものである。これら目録の整備は，手数はかかるが極めて重要である。方法を工夫して取り組みたい。

図9-3　慶応普通部　カード目録

（２）前提となる学校図書館の利用方法に関する指導

学習内容に対応したコレクションが構築され，資料を探しやすいように整備された学校図書館も，利用者の利用スキルがなければ十分に活用できない。また，多くの児童生徒が共同で利用する施設であるから，利用上のルールやマナーの指導も重要である。

学校図書館の意義を理解している学校では年度当初に学校図書館利用方法等を指導するオリエンテーションが設定されているだろう。その際にNDCに関する学習や，資料の探し方について指導することによって利用のスキルが身につき，児童生徒が学校図書館を調べるための場として活用できるようになる。前出の朝陽第一小学校ではオリエンテーションに加えて図書館クイズという，クイズ形式をとった利用指導を行っている（資料１を参照。ただしこの図書館クイズは朝陽第一小学校で使われているものを参考に筆者が作成したもの）。しかしながら，年度初めのわずかな時間の指導で，自由自在に学校図書館を使いこなせるようにはならないのも周知のことである。教科学習で利用する時に改めて指導を行うことも重要である。その際には学習内容に対応した利用指導を行うことができる。

学校図書館の利用指導は，情報リテラシーの重要な一部を成している。これらの利用指導を，学年に応じて系統的・継続的に指導していくことが必要である。

図書館クイズ　No. 1

4年　組　名前

学校図書館で本や資料をさがすためのクイズです。
学校図書館の図書・資料などを使って答えましょう。

1．ことばの意味がわからないときに使う本はなんでしょうか。さがして席までもってきましょう。本の名前と背表紙のシールの数字をうつしましょう。

	本の名前

2．次のことばを、1でさがした本で調べましょう。

	ことば	のっていたページ	ことばの意味
①	アイス		
②	リサイクル		
③	廃棄		
④	合図		
⑤	神楽		

3．2で調べた①～⑤のことばは、調べた本にはどのような順番でのっていたでしょう。順番を下の（　）の中に書きましょう。

（　　）→（　　）→（　　）→（　　）→（　　）

資料1　図書館クイズ

（3）情報リテラシー育成を位置づけた指導計画の作成

教科学習に対応した学校図書館の整備，利用指導の上に，学校図書館を利用して育てる力とはどのようなものか明確に，共通理解していくことが必要である。2014年より改訂作業が始まった学習指導要領では，能力を中心とした記述を行おうとの声も聞こえるが，現在，どの学校種の指導要領に於いても情報リテラシーの育成について統一的に整理し，示しているものはない。情報リテラシーは，指導要領上では各教科・領域等にちりばめられ，学習技能とか資料活用の力などと表記されて—又は暗示的に—記述されている。そこでそれぞれの学校段階で各学年・

各教科でどのような情報リテラシーの技能・能力を育てていこうとしているのかを整理し，体系づけておくことが必要になる。代表的な例として全国学校図書館協議会が2004年に公表した「情報・メディアを利用した学び方体系表」がある注10。

例えばこの様な体系表を元に，各校の実情に応じて各地域・学校版の「学び方の体系表」を作成し，それを元に各教科・領域等の指導計画に情報リテラシーの育成を位置づけていくとよい。

後掲資料２に示したのは，京都市総合教育センターが作成した「学校図書館の活用を通して付けたい力系統表」である注11。この表では，①１・２年，②３・４年，③５・６年，④中学校に分けて，育てたいと考えている情報リテラシーを整理している。大きく「知る」，「つかむ」，「集める」，「選ぶ」，「まとめる」，「伝える」，「振り返る」と領域を設定し，それぞれの領域で育てたい事柄を具体的に示している。これに基づき学校図書館活用計画が作成され，それが各学年の年間計画に反映されていくのである（後掲資料３－①，②）。情報リテラシーは単年度で育てることは難しい。長い年月かけ，多くの教師の支援によって育てられていくものである。それ故，このような系統表に基づき，体系的・継続的な指導が必要である。

以上述べてきたような，体系表による実践は精緻なものとなっていくが，実践する側にとってはふまえなければならないことが多くなり，実践する上取り組む難しさが生じてくるかもしれない。そこで神奈川県相模原市立藤野小学校ではこの点を克服するために「本が好き」と「本が使える」の２大実践テーマにもとづいて，２つの学習活動の系統を元にして情報リテラシーを系統的に育てる実践に取り組んでいる注12。図9-4をごらんいただきたい。特に下段の「本が使える」の１年から６年までの作品づくりは，それぞれの学年の実態に応じ情報ツールを活用

相模原市立藤野小学校情報リテラシーを育てる学習活動の系統表

		1年	2年	3年	4年	5年	6年
本が好き	作品	読書カード 「このお話のここがおもしろい」というところを書き写します。好きな場面の絵も描きます。	読書郵便 「このお話のここがおもしろいんだよ。」ということを、1年生やおうちの人に、読書郵便で紹介します。	ポスター ポスターをつくって、おすすめの本を紹介します。そのポスターを見て、たくさんの人が読みたくなるにはどうしたらいいかな？	キャラクタープロフィール 主人公と主な登場人物の正確や関係を使ってお話の魅力を紹介します。各キャラクターの魅力を見つけてお話のよさを発見できるかな。	帯 どの本を飾おうか迷ったら本についているこびのコメントを読むといいかもしれません5年生は、その帯をつくって気に入った本を紹介します。	ブックナビ ブックナビをつくっておすすめの本の紹介をします。1年生から6年生まで学習したことを活かしてまとめます。
本が使える	作品	図鑑 動物の赤ちゃんの様子を本から書き写したり、絵を描いたりして紹介します。	動物のひみつカード 本を選んだりファイル資料で調べたりして「えっ！？そうなんだ！」と思った動物のひみつを書きます。	生き物図鑑カード おにぎりカードを使って調べたりまとめたりする方法を学習し、生き物図鑑カードを作ります。百科事典の使い方も学習し調べ物の達人を目指します。	リーフレット 生き物のひみつについてリーフレットをつくります。いろいろと調べた中から「これはすごい!」と思った生き物の特徴を「ひみつ」としてミニカードにまとめていきます。読んだ人が「へー!」と驚くことを紹介できるかな!?	リーフレット・パンフレット 調べ学習の強い味方「情報カード」「考えカード」を使って新聞やパンフレットをつくります。あなたは集めた情報からどんなことを考えどんな人に紹介していきますか?	ナビ・新聞 調べ学習の強い味方「情報カード」「考えカード」を使って新聞やパンフレットをつくります。5年生で学習したことを活かして、自分の考えを分かりやすく紹介できるようにします。
	情報ツール	メモカード	びっくりカード	おにぎりカード	ミニカード	情報カード	情報カード

図9-4

して取り組まれている。

図9-5の「藤野小『本が使える』情報カードの系統」に整理してみたが，5年から活用する情報カードが使用できるように，1年時からプレ情報カードとも言える各種カードを使用する経験をさせていく。このように学習活動を連続させることによって情報リテラシーを系統的に育てていく方法は，教科書教材が変更になっても取り組みやすく，様々な教科の学習場面に適応しやすい。また教師が授業の見通しを持つ際にも，このような作品が作成できるようにと指導の見通しも持ちやすい。

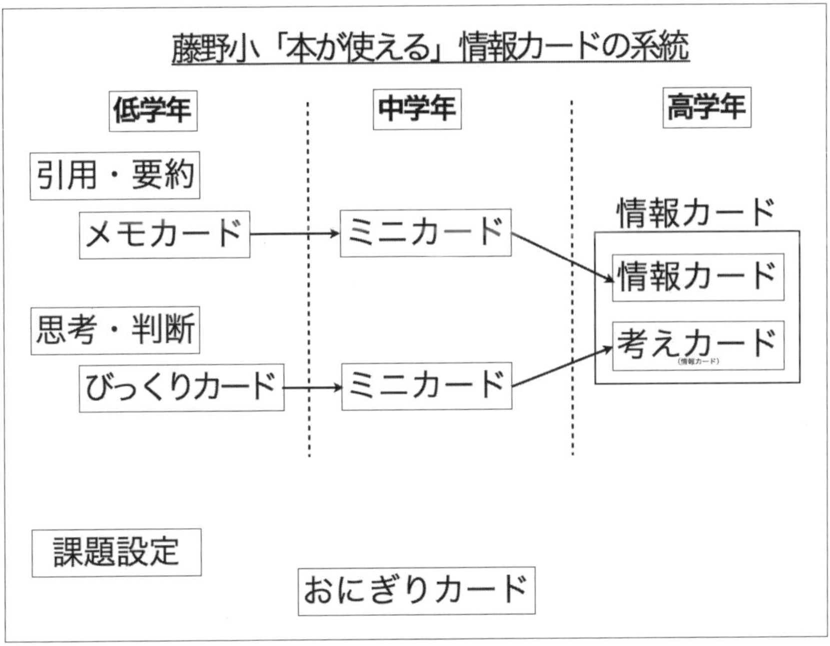

図9-5

3 授業づくりと学校図書館の活用

（1）単元の設計と学校図書館の活用

以上，見てきたように，育てるべき情報リテラシーの目標を整理し，各教科固有の目標も達成できるように，各単元はどのように構成されるであろうか。単元の構成の基本に立ち返って考えたい。

様々な表現があろうが，通常単元は導入・展開・終末から成る。図9-6に示したように，それぞれの特性に応じた役割がある。導入は学習者に学習内容について興味を起こさせ，既有の経験等と結びつけながら単元の学習について動機を高めることが求められる。そして，展開では，その単元の目標に応ずる学習活動が組織され，終末ではその単元で学ばれたことが整理される。このような特性から考えると，それぞれの過程で図9-7のような事柄が求められる。

授業づくりの基本（単元・本時）	
導入	学習内容に関して、学習者の**興味を惹起し**・既有経験との接点を想起させ、**内発的動機**を高める。
展開	学習の**目標を達成する学習活動**に取り組ませる。
終末	学習活動を**ふりかえる**ことによって、学習したことを整理し、次への接続・発展を展望する。

図9-6

さて，教科学習において，学校図書館機能を活用する場面は単元の学習のどのような場面であろうか。ここで，学校図書館「機能」とするのは，学習の場として学校図書館を使用する以外のことも考えてのことである。

授業づくり　点検ポイント	
導入	興味関心を持たせ意欲を引き出しているか
	学習問題・学習活動・手順を分かりやすく示せているか
展開	学習活動・問題解決を行いやすくしているか
	学習活動の成果・自力解決の成果を検討しやすくしているか
	学習活動の成果・自力解決の成果を共有しやすくしているか
終末	学習を想起し、整理しやすくしているか。
	学習を省察しやすくしているか。

図9-7

まず，単元の導入場面で学校図書館資料を用いる場合が考えられる。問題把握や学習者の学習意欲を高めるために導入は重要である。学校図書館の資料を活用することによって，教科書教材以外の教材選択が可能となる。

次に，単元の展開部分で用いる場合が考えられる。単元で追究する問題を解決する場合に調べる学習等を位置づけて学校図書館機能が利用できる。この際，学習の場として学校図書館が使われる場合が多い。学校図書館から選択された資料をブック・トラック等に載せて教室に持ち込み使用する場合も考えられる。学校図書館で提供される豊富な資料を用いて単元で追究する問題を解決するために利用するのである。

そして，単元の終末で利用する場合が考えられる。展開部分での利用同様，単元で追究する問題を解決する場合や，単元の学習を通じて学んだ学び方を利用して，発展的に問題追究を行う場合に利用する場合が考えられる。

（2）単元展開における図書館活用に実際

①導入での利用

児童・生徒の学習意欲を引き出すために，導入に気を配る教師は多い。教育課程は必ずしも，児童・生徒個々の興味関心に寄り添い，興味を持った時期に興味を持った事柄を学習内容として提供するわけではない。それ故，教師は単元の導入には工夫を凝らすのである。

教科書は主たる教材として指導要領に準拠し，よく練られた手堅い教材を用いているが，それが必ずしも実際に学習する児童・生徒の実態に細やかに寄り添えるかといえば，そうでない場合もあるだろう。また，教科書はすでに配付された教材であり，児童・生徒は手にした時に中身を読んでしまっていることも多い。そこで教師は児童・生徒が新鮮な驚きを持って単元の学習に入っていけるようにするために，教科書とは別の教材を用意して導入を構想する事が多いのだが，その際に有力な支援を行い得るのが学校図書館である。

神奈川県横浜市立北方小学校の近藤真先生は，小学校３年生の社会科，学校のまわりの地域の人々の仕事の単元で，『しごとば』の読み聞かせから授業を始めた（鈴木のりたけ　ブロンズ新社　2009年)。『しごとば』は様々な仕事場を精細に記述した絵が特徴である。この絵を見ながら，「これはどこの仕事場なのだろう？」と問いかけながら，対話していく。子どもたちは，仕事場に置かれた様々なものに気付き，どんな仕事場なのか自分の考えを述べていく。そういった対話をすすめていくうちに，近藤先生は絵本を閉じて１枚の写真を提示した。学校のそばにある和菓子屋さんの仕事場である。子どもたちは，その写真の細部に注目し，自分の予想を述べあう。こうやって，写真の仕事場への興味を高め，子どもたちが個の仕事場に行ってみたいと言い出したところで，学校のそばの和菓子屋さんであることを示し，和菓子屋さんに見学に行ってみようかともちかける。資料の読み取り方をクイズのようにしながら教え，子どもたちの興味を引き出す見事な導入であった（2013年11月)。

東京学芸大学附属小金井小学校の齊藤和貴先生は，小学校２年生３学期の生活科の単元で，絵本を用いた導入をされている注13。学習内容は子ども達が過ごしてきた学校生活や，自分の成長をふり返るものだが，その単元の導入で中川ひろたか『おおきくなるっていうことは』（童心社　1999年）の読み聞かせをされていた。この本は，タイトルにもなっている「おおきくなるっていうことは」をキーワードに，学齢期に達した頃の子どもが実際の生活場面で実感できる変化を取り上げてストーリーが展開していく。一度目の読み聞かせのあとに，もう一度一頁一頁を読み直していく。その際に子ども達が素直なつぶやきをもらしていく。そこから子どもが「おおきくなるっていうことは」を実感する自分の事実に向き合い，その発見を原動力に自分の成長について追究していくという授業であった。

「おおきくなるっていうことは」に触発されたつぶやきから，子ども同士のしなやかなコミュニケーションが生まれ，自分やなかまの「おおきくなるっていうことは」どういうことなのかを語り合っていたすばらしい授業だった（2006年２月）。齊藤先生はそれまでも同単元で同様の取り組みをされているとのことだった。この単元では，子どもが小さい頃に着ていた服やアルバムなどを用いた導入もあるのだが，昨今の子どもをめぐる家庭環境の変化から，それが難しいケースもあり，実践しづらいとの声もある。また，実際に小さな頃に使った衣服などの物を提示した導入をした場合，具体的でわかりやすい反面，物ばかりに目がいってしまい，できるようになったことなどのもので表せない変化に目がいきにくくなる等の問題もある。その点，『おおきくなるっていうことは』では，「シャンプーだっていやがらないってこと」や，「たかいところから　とびおりられるっていうこと」であるとか「それもそうだけど　とびおりてもだいじょうぶかどうか　かんがえられるってこと」等，多様な成長への気づきを促す場面が用意されている。そういった点ですぐれた導入教材となることを実際の授業場面から拝見させていただいた。これは，学校図書館を施設として利用した授業ではなく，学校図書館機能を利用して，導入教材の資料支援を受けて構成された授業の事例ということになろう。

②展開での利用

展開での利用は，単元の学習で解決すべき問題を，学校図書館機能や場としての学校図書館を用いて解決していく利用となる。また，単元全体で調べ学習を展開する場合では，課題が探究活動の進展に応じてスパイラルに焦点化する中で，探した資料を評価し，実際に読み込み，カードやノートに咀嚼された情報として再表現され，それらが新たな表現として編集されていく過程での利用となる。

島根県松江市東出雲町の揖屋小学校の５年生の社会科の島崎健志先生の授業（2009年10月，当時は八束郡東出雲町）では，日本の工業を学習する単元の中で，教科書を中心にして自動車の作り方を学習したあとに，新しい自動車の開発を調べようという課題を先生が提示された。その課題に基づいて，学習の場を学校図書館にして調べる学習活動が展開された。事前に島崎先生，司書教諭の品川輝子先生，学校司書の門脇久美子先生で打ち合わせが行われ，門脇先生は図書資料やファイル資料の準備，そして参考図書目録の作成，品川先生は情報リテラシーのスキル指導として情報カードの書き方の指導の準備をされた。実際の授業では島崎先生が課題を確認されたあと，品川先生が情報カードの書き方のポイントを指導されて，子ども達は各自で設定した具体的な課題にもとづいて，雑誌や単行本などの図書資料を読み解きながらカードに記録していった。その後は３人の先生方は机間指導を行われたが，あらかじめ指導の必要があると共通理解されていた子どもに対して指導を行ったり，子どもの求めに応じたりと，３人の学級担任がいるような授業展開であった。新しい自動車の開発は，教科書でもハイブリッドカーの事例を中心に扱われているが，安全性の問題や，福祉車両の開発等々子どもがそれぞれの興味に応じて，もっと知りたい意欲を持つところである。それを生かした展開として調べる活動は自主的・自律的に学ぶ姿勢を育てるといった点でも大変有効である。また新たな話題だけに，通常の単行本だけでは探究することが難しい課題ではあったが，「環境にやさしい」「人にやさしい」「安全」をキーワードに，自動車ディーラーから入手されたパンフレット等も加えて整備されたファイル資料や雑誌が有効に利用されていた。

③終末での利用

同じく揖屋小学校の正岡喜美先生は2009年10月に，２年生の国語の「サンゴの海の生きものたち」（本川達雄『こくご　２上』光村図書，平成17年度版）の単元の学習を実践された。教材文の学習を終え，発展として海の生き物について調べる学習を行った。子ども達はそれぞれが興味を持った海の生き物について，学校図書館を学習の場として調べる学習活動を展開した。

この単元では，学習をどう進めていくか担任の正岡先生が基本デザインを考え，学校司書の門脇先生が資料を整え，司書教諭の品川先生が調べる活動の指導支援に加わっている。

実際行われた学校図書館での授業では，担任，司書教諭，学校司書の３人が指導しているが，事前に子どもの実態把握のために作成された一覧表を作成し，その情報を共有しているので，学校司書・司書教諭はどの子どもに対しても，担任と同じように指導にあたることができている。調べ学習は，子ども達個々の課題が異なる場合も多く，本時もそうであった。それ故，支援の「手」が多いほどよいわけであるが，どんな「手」でもよいというわけではない。子どもの前時までの様子を把握し，本時にどのような支援をするべきなのかを把握している「手」が必要なのである。この点，先も触れたが揖屋小学校では座席表を利用した子どもの実態把握が共有されているため有効な支援がなされていた。

また，子ども達が調べている海の生き物たちだが，小学校２年生が独力で読める資料は限られており，資料の準備が難しいところである。それに対して小学生新聞の切り抜きをファイル資料として整備する等して―それもラミネート加工が施してあり子ども達の使用に耐えられるようにしている―十分な資料環境で調べる学習に取り組めるようにしていた。

④単元全体を通しての利用

島根県松江市立東出雲中学校（2009年11月，当時は八束郡東出雲町）では，１年生の国語の授業で，教科書教材「江戸からのメッセージ―今に生かしたい江戸の知恵」（杉浦日向子，『中学校国語１』光村図書）の主題を利用し「暮らしに生かそう　江戸の知恵」という単元を構成している（注14）。杉浦の文章で紹介される江戸の知恵をヒントに，自分たちの生活に生かせそうな江戸の知恵をグループで調べ，プレゼンテーションを行っていくという単元展開である。生徒達は，野津明美先生と実重和美先生の二人によるプレゼンテーションにゴールイメージを見て，実重先生によって用意されたパスファインダー（後掲 資料４ 参照）を手がかりにして，資料を探し，調べたものを情報カードに書き取り，プレゼンテーションを作っていく。時間毎の導入時に，その時間に取り組むべき探ことが野津・実重先生によって示され，その後はグループ毎に生徒による自主的な活動になる。２人の先生は授業前に行った打ち合わせを元に，チェックするグループをまわって学習の支援を行っていた。授業中の指導は，学校司書の実重先生が主として資料に関する支援，野津先生が主として学習に関する支援を担当していたが，生徒の求めに応じた臨機応変の対応がなされていた。この様な協働が実施できるのは，揖屋小学校と同様に座席表等を利用した生徒の実態把握共有がなされていたからである。

生徒達は，「どのような江戸の知恵を紹介したらよいだろうか」とテーマにもとづき資料を探し，それを読みつつ自分たちの取り上げたテーマに吟味をかけ，テーマを変更したり，テーマの絞り込みを図ったりしながら再び資料を探し，読みながら学習を進めていった。

この様な単元全体を調べ学習にあてることは，中学校のみならず，当然高等学校でも，そして小学校でも可能である。但し，前提となる学校図書館の整備や利用指導，読み取った情報を加工する情報リテラシーのスキル指導が不可欠である。

知識基盤社会では，自ら考え，課題を設定し，探究し問題解決することが求められている。そういった過程を経験することが教科学習の中でも求められているのである。指導する事柄が多く，実践には工夫も必要であるが，子どもが主体的に学習し，活動するうちに情報リテラシーが身につく。是非とも学校図書館利用を位置づけた教科等の学習を実践したいものである。

■ 理解を確実にするために

1 次の用語を説明しましょう

①ファイル資料

②情報・メディアを利用した学び方体系表

2 次の問いに答えましょう

①教科等の授業で学校図書館を活用する前提として取り組んでおかねばならないことにはどのようなことがありますか。

■ 理解を深めるために

① 鎌田和宏『小学生の情報リテラシー―教室・学校図書館で育てる』（少年写真新聞社　2007年）

資料2

京都市総合教育センター研究課・カリキュラム開発支援センター『各教科等における，系統的，計画的な学校図書館の活用』

①学校図書館の活用を通して付けたい力系統表（小学校第1・2学年）

	付けたい力	
知る	情報モラル	図書資料には，題名，作者・訳者名などが書かれていることを理解し，情報を使うときにはきまりやマナーがあることを知る。
知る	きまり・マナー	本の借り方，返し方，取り出し方などの学校図書館のきまりやマナー，本の扱い方を知る。
知る	分類	学校図書館にはいろいろな種類の図書資料があることや，図書の分類の仕方があることを知る。（日本十進分類法第1次区分0類～9類程度，絵本の配架）
知る	図書館	公立図書館や地域の図書館などのきまりやマナーを守り，利用する。
つかむ	課題設定	身近なことや経験したことなどから，興味・関心に応じて学習課題を作る。
つかむ	学習計画	どのように学習を進めるかの見通しをもち，学習計画を立てる。
集める	選書	題名や作者・筆者名，表紙に着目して図書資料を選ぶ。
集める	資料リストの利用	資料リストを利用し，図書資料を選ぶ。
集める	図書資料の利用	楽しんだり知識を得たりするために，図書資料を選んで読む。
集める	図書資料の利用	図鑑 いろいろな種類の図鑑があることを知り，図鑑を利用する。
集める	図書資料以外の利用	インタビューや見学，観察など，体験したことから情報を集める。
集める	図書資料以外の利用	デジタルカメラで撮影し，情報を集める。
集める	目次・索引の利用	目次を使い，必要な情報を見つける。
集める	情報の読み取り	文章，絵，写真などからわかることを読み取る。
集める	要約	大事なところをカードやワークシートなどに書き抜く。
集める	出典	日付や資料の題名，著者名を記す。
選ぶ	情報の整理	集めた情報を，目的に合わせて順に並べる。
まとめる	情報の加工	情報からわかったことについて，簡単な構成を考え，絵や文章でまとめる。
伝える	情報の表現・伝達	相手や目的に応じた様々な表現や伝達方法について知り，経験する。（文章，スピーチ，ポスター，リーフレット，紙芝居，ペープサート，劇など）
振り返る	学習活動の評価	学習の過程と結果（内容）について評価する。 （課題の作り方，情報の集め方，情報のまとめ方，情報の伝え方） （自己評価，相互評価）

②学校図書館の活用を通して付けたい力系統表（小学校第3・4学年）

		付けたい力　※前学年との違いをゴシックで表しています。
知る	情報モラル	資料などを利用したときには，**出典**を明らかにする必要があることを知る。
		一つの情報だけではなく，**複数の情報を比較し判断**する必要性について理解する。
		インターネットを利用する上でのきまりやマナーについて理解する。
	きまり・マナー	学校図書館のきまりやマナーを守り，**目的をもって**学校図書館を活用する。
	分類	図書の分類の仕方を知り，必要な資料を探す。 （日本十進分類法第2次区分01類～99類程度）
	図書館	公立図書館や地域の図書館の**分類**，**配架**，**レファレンスサービス**について知り，きまりやマナーを守って利用する。
つかむ	課題設定	興味・関心に応じて**具体的な**学習課題を作る。
	学習計画	課題解決のために，**どのように情報を集めたりまとめたりするのか**の見通しをもち，学習計画を立てる。
集める	選書	題名，作者・筆者名，表紙，**目次**，**冒頭部分**などに着目して図書資料を選ぶ。
	資料リストの利用	資料リストを利用し，**目的に応じて**図書資料を選ぶ。
	コンピュータでの蔵書検索	**検索用コンピュータ**を使って，必要な資料を見つける。
	図書資料の利用	**目的に応じて**，**いろいろな**図書資料を選んで読む。
		図鑑 **図鑑の特徴や構成**を知り，図鑑を利用して課題を解決する。
		辞典 **国語辞典**，**漢字辞典の構成や使い方**を理解し，利用する。
		事典 **百科事典の構成や使い方**を理解し，利用する。
	図書資料以外の利用	要点をメモしながら**聞き方を工夫**してインタビューしたり，**手紙**でたずねたり，**アンケート**をとったりして情報を集める。
		必要に応じて，**新聞**，**パンフレット**，**リーフレット**，**ファイル資料**，**音声や映像資料**などを利用する。
		デジタルカメラなどの**ICTを活用**し，情報を集める。
	目次・索引の利用	目次や**索引**を使い，必要な情報を見つける。
	情報の読み取り	文章，絵，写真，**図表**，**グラフ**などからわかる事実を読み取る。
	要約	必要なところをカードやワークシートなどに**箇条書きで要約**する。
	出典	日付や資料の題名，著者名，**出版社名**，**出版年**，**該当ページ**などを記す。
選ぶ	情報の整理	**二つ以上の情報**から，**共通点や相違点**を見つけ，情報を**分ける**。
	情報の選択	**二つ以上の情報**から，目的に合ったものを**選ぶ**。
まとめる	引用	引用する部分をかぎ（「　」）でくくることや引用部分が適切な量になるようにすることなど，**引用の仕方**を知り，必要に応じて文章，絵，写真，図表，グラフなどを引用する。
	情報の加工	情報からわかったことや**解決したこと**，**考えたこと**などについて，構成を**工夫**して，文章，絵，**写真**，**図表**，**グラフ**，**地図**などを使ってまとめる。
伝える	情報の表現・伝達	相手や目的に応じて，**適切な方法**を選んで表現・伝達する。 （文章，スピーチ，ポスター，リーフレット，**パンフレット**，**新聞**，紙芝居，ペープサート，劇など）
振り返る	学習活動の評価	学習の過程と結果（内容）について評価する。 （課題の作り方，情報の集め方，情報のまとめ方，情報の伝え方） （自己評価，相互評価）

③学校図書館の活用を通して付けたい力系統表（小学校第5・6学年）

		付けたい力 ※前学年との違いをゴシックで表しています。
知る	情報モラル	情報には**著作権**があることを知り，著作権を尊重し，情報の取り扱いに気を付ける。
		伝える側の意図によって，情報が制限されたり操作されたりする場合があることを知り，**情報を見極め判断**する。
		インターネットを利用する上でのきまりやマナーについて理解し，**適切**に利用する。
	きまり・マナー	学校図書館の**仕組みやいろいろな活動**について知り，**目的に応じて**学校図書館を活用する。
	分類	図書の分類と**配架の仕方**，**請求記号の見方**について知り，必要な資料を探す。 （日本十進分類法第2次区分01類～99類，4類と9類については必要に応じて日本十進分類法第3次区分程度）
	図書館	公立図書館や地域の図書館の利用の仕方や**いろいろなサービス**について知り，**日常において**利用する。
つかむ	課題設定	**目的や意図に応じて**具体的な学習課題を作る。
	学習計画	課題解決のためや**自分の考えを確かにするために**，どのように情報を集め，**どのような結果や結論に導くのか**見通しをもち，学習計画を立てる。
集める	選書	題名や目次などから**課題解決に役立つ情報があるかを判断**し，図書資料を選ぶ。
	資料リストの利用	資料リストや**パスファインダー**を利用し，**目的や意図に応じて**図書資料を選ぶ。 ※パスファインダーとは，ある課題やテーマについて参考になる資料や情報の探し方を簡単にまとめたリーフレットのこと。役立つ図書資料，雑誌，新聞の検索方法やインターネット検索をするときのキーワードなどを情報源ごとに紹介する。
	コンピュータでの蔵書検索	検索用コンピュータを使って，必要な資料を見つける。
	図書資料の利用	目的に応じて，**複数の図書資料**を選んで**比べて**読む。
		図鑑 **目的に応じて各種図鑑**を利用し，課題を解決する。
		辞典 国語辞典，漢字辞典，**人物辞典**，**ことわざ辞典**，**慣用句辞典など各種辞典**の特徴を知り，利用する。
		事典 **目的に応じて**，百科事典や**学習事典など各種事典**を利用する。
		年鑑・統計資料 **年鑑など統計資料の読み取り方**を理解し，目的に応じて利用する。
	図書資料以外の利用	**自分の考えと比較しながら**インタビューしたり，アンケートをとったりして情報を集める。
		必要に応じて，新聞，雑誌，パンフレット，リーフレット，ファイル資料，**地図**，**地球儀**，**広告**，音声や映像資料などを利用する。
		情報を集める上で適切なICTを選択し，**特性を活かして**情報を集める。 （デジタルカメラ，**電子メール**，**タブレット端末**，インターネットなど）
	目次・索引の利用	目次や索引，**前書き**，**後書き**などを利用し，必要な情報を見つける。
	情報の読み取り	文章，写真，図表，グラフ，**実験観察結果**などからわかる**事実と自分の意見や考察とを区別**して情報を読み取る。
	要約	目的に応じてカードやワークシートなどに要約する。
	出典	日付や資料の題名，著者名，出版社名，出版年，該当ページなどを記す。
		インターネット利用における出典の記し方を知る。（**Webページのアドレス**）
選ぶ	情報の整理	二つ以上の情報を目的に応じて**比較・対照したり分類したり**する。
	情報の選択	二つ以上の情報を**検証**し，目的に合うものや**課題解決に必要なもの**を選ぶ。
まとめる	引用	目的や意図に応じた引用の仕方を**工夫**し，**引用部分と自分の考えとを区別**して記録する。
	情報の加工	情報からわかったことや解決したことと自分の考えとを**関連付け**，**目的や意図に応じた**構成を工夫して，文章，絵，写真，図表，グラフ，地図などを使ってまとめる。
伝える	情報の表現・伝達	相手や目的，**意図に応じて**，**効果的な**表現・伝達について工夫する。 （文章，スピーチ，ポスター，リーフレット，パンフレット，新聞，紙芝居，ペープサート，劇，**フリップ**，**プレゼンテーションソフト**などを利用した発表）
振り返る	学習活動の評価	学習の過程と結果（内容）について評価する。 （課題の作り方，情報の集め方，情報のまとめ方，情報の伝え方） （自己評価，相互評価）

④学校図書館の活用を通して付けたい力系統表（中学校）

		付けたい力　※前学年との違いをゴシックで表しています。
知る	情報モラル	著作権や，**人格権**，**肖像権**などについて理解し，**情報に関する権利**を尊重する。
		情報について，情報源を確認したり複数の情報を比較したりして，その**真偽や信頼性**，**適否**を見極め判断する。
		情報社会の一員として，**ネットワークの公共性**を意識し，**正しい知識と責任**をもって情報を利用・**提供**する。
	きまり・マナー	学校図書館の**機能や役割**について知り，目的に応じて学校図書館を活用する。
	分類	図書の分類と配架の仕方，請求記号の見方について知り，必要な資料を探す。 （日本十進分類法第3次区分001類～999類程度）
	図書館	公立図書館や地域の図書館の**役割**やいろいろなサービスについて知り，日常において利用する。
つかむ	課題設定	目的や意図に応じて学習課題を作り，課題を解決するためにどのようなことを調べる必要があるのかについて考え，**具体的な問い**を立てる。
	学習計画	課題解決のためや自分の考えを確かにするために，どのように情報を集めどのような結果や結論に導くのか，**どのようにまとめどのように伝えるのか**などの見通しをもち，学習計画を立てる。
集める	選書	題名や目次，索引，**見出し**，**奥付**などから課題解決に役立つ情報があるかを判断し，**各種資料**を選ぶ。
	資料リストの利用	資料リストやパスファインダーを利用し，目的や意図に応じて**各種資料**を選ぶ。 ※パスファインダーとは，ある課題やテーマについて参考になる資料や情報の探し方を簡単にまとめたリーフレットのこと。役立つ図書資料，雑誌，新聞の検索方法やインターネット検索をするときのキーワードなどを情報源ごとに紹介する。
	コンピュータでの蔵書検索	検索用コンピュータを使って，必要な資料を見つける。
	図書資料の利用	目的に応じて，**各種の図書資料**を選んで読む。
		図鑑 目的に応じて各種図鑑を利用し，課題を解決する。
		辞典 国語辞典，漢和辞典，**英和辞典**，**古語辞典**など各種辞典の特徴を知り，利用する。
		事典 目的に応じて，百科事典や学習事典など各種事典を利用する。
		年鑑・統計資料 目的に応じて，年鑑など統計資料を利用する。
	図書資料以外の利用	**どのようなことを知るために**，**誰を対象に**インタビューやアンケートを行うのかを明確にして，情報を集める。
		目的に応じて，新聞，雑誌，パンフレット，リーフレット，ファイル資料，地図，地球儀，広告，音声や映像資料などを利用し，**広く**情報を集める。
		情報を集める上で適切なICTを選択し，特性を活かして情報を集める。 （デジタルカメラ，電子メール，タブレット端末，インターネットなど）
	目次・索引の利用	目次や索引，前書き，後書きなどを利用し，必要な情報を**検索する**。
	情報の読み取り	目的に応じて文章，写真，図表，グラフ，実験観察結果などから，**適切に**情報を読み取る。
	要約	目的に応じてカードやワークシートなどに要約する。
	出典	日付や資料の題名，著者名，出版社名，出版年，該当ページ，**参考文献**，Webページのアドレスなどを記す。
選ぶ	情報の整理	**複数の情報**を目的に応じて比較，分類，**関連付け**，**多面的・多角的**に分析する。
	情報の選択	**複数の情報**を検証し，目的に合うものや課題解決に必要なものを選んだり，**情報を追加**したりする。
まとめる	引用	目的や意図に応じた引用の仕方を工夫し，引用部分と自分の考えとの**関係を考えて適切に**記録する。
	情報の加工	情報からわかったことや解決したことと自分の考えとを関連付け，目的や意図に応じた構成を工夫して，文章，絵，写真，図表，グラフ，地図などを使ってまとめる。
伝える	情報の表現・伝達	相手や目的，意図に応じて，効果的な表現・伝達について工夫する。 （文章，スピーチ，ポスター，リーフレット，パンフレット，新聞，紙芝居，ペープサート，劇，フリップ，プレゼンテーションソフトなどを利用した発表など）
振り返る	学習活動の評価	学習の過程（**調査・研究の方法**，**調査・研究の過程**，**活用した情報の適否**）と結果（内容や**調査・研究の成果**）について自己評価や相互評価を行う。

学校図書館活用計画例（小学校第5学年）

単元名の前の数字は実施月を，○は適切な時期に指導することを表しています。単元名は『平成23年度　京都市立小学校教育課程指導計画』に基づいています。

	付けたい力 ※前学年との違いをゴシックで表しています。		関連する主な学習単元 国語	社会	算数	理科	※各教科及び道徳，特別活動，総合的な学習の時間等の学習内容を踏まえ，適切な学習に位置付けて計画的に指導する。 音楽	図画工作	家庭	体育
知る	情報モラル	情報には**著作権**があることを知り，著作権を尊重し，情報の取り扱いに気を付ける。	9) 自分の考えをまとめて討論しよう	12) 情報化した社会とわたしたちの生活					10) おいしいね毎日の食事	
		伝える側の意図によって，情報が制限されたり操作されたりする場合があることを知り，**情報を見極め判断する**。	4) 新聞の編集のしかたや記事の書き方に目を向けよう 9) 自分の考えをまとめて討論しよう 11) 理由づけを明確にして説明しよう	12) 情報化した社会とわたしたちの生活						
		インターネットを利用する上でのきまりやマナーについて理解し，**適切に**利用する。	9) 自分の考えをまとめて討論しよう 1) 自分の考えを明確にしながら読もう	12) 情報化した社会とわたしたちの生活		4) 天気と情報(1)，7)生命のつながり(4) 10) 天気と情報(2) 11) 流れる水のはたらき	10) 日本の音楽の旋律の特徴を感じ取り，日本の音楽に親しもう　11)世界の音楽に親しみ，音色や音の重なりのよさや面白さを味わおう			
	きまり・マナー	学校図書館の**仕組みやいろいろな活動**について知り，**目的に応じて**学校図書館を活用する。	※各教科等における学習との関連を踏まえ，年間を通して繰り返し指導する。							
	分類	図書の分類と**配架の仕方**，**請求記号の見方**について知り，必要な資料を探す。	6) 伝記を読んで，自分の生き方について考えよう　11)理由づけを明確にして説明しよう　12)本は友達	5) わたしたちの国土 7) わたしたちの生活と食料生産（米づくり）		6) 生命のつながり(3)	10) 日本の音楽の旋律の特徴を感じ取り，日本の音楽に親しもう	3) アート・レポーターになって	10) おいしいね毎日の食事	○ けがの防止
	図書館	公立図書館や地域の図書館の利用の仕方や**いろいろなサービス**について知り，**日常において**利用する。	12) 本は友達			7) 自由研究				
つかむ	課題設定	**目的や意図に応じて**具体的な学習課題を作る。	11) 理由づけを明確にして説明しよう 12) 本は友達	4) 学習の進め方 7) わたしたちの生活と食料生産（米づくり） 9) わたしたちの生活と食料生産（水産業） 10) わたしたちの生活と工業製品 12) 情報化した社会とわたしたちの生活	7) 算数の自由研究	7) 自由研究				
	学習計画	課題解決のためや**自分の考えを確かにするために**，どのように情報を集め，**どのような結果や結論に導くのか**見通しをもち，学習計画を立てる。	11) 理由づけを明確にして説明しよう 12) 本は友達	4) 学習の進め方 7) わたしたちの生活と食料生産（米づくり） 9) わたしたちの生活と食料生産（水産業） 10) わたしたちの生活と工業製品 12) 情報化した社会とわたしたちの生活	7) 算数の自由研究	7) 自由研究				
集める	選書	題名や目次などから**課題解決に役立つ情報があるかを判断**し，図書資料を選ぶ。		5) わたしたちの国土 7) わたしたちの生活と食料生産（米づくり）					10) おいしいね毎日の食事	
	資料リストの利用	資料リストや**パスファインダー**を利用し，**目的や意図に応じて**図書資料を選ぶ。		5) わたしたちの国土 7) わたしたちの生活と食料生産（米づくり）			10) 日本の音楽の旋律の特徴を感じ取り，日本の音楽に親しもう　11)世界の音楽に親しみ，音色や音の重なりのよさや面白さを味わおう			
	コンピュータでの蔵書検索	検索用コンピュータを使って，必要な資料を見つける。		9) わたしたちの生活と食料生産（水産業）						
	図書資料の利用	目的に応じて，**複数の図書資料**を選んで**比べて**読む。	6) 伝記を読んで，自分の生き方について考えよう 11) 理由づけを明確にして説明しよう 12) 本は友達 2) 物語を読んで，自分の考えをまとめよう	5) わたしたちの国土		6) 生命のつながり(3) 7) 生命のつながり(4) 11) 流れる水のはたらき	10) 日本の音楽の旋律の特徴を感じ取り，日本の音楽に親しもう 11) 世界の音楽に親しみ，音色や音の重なりのよさや面白さを味わおう	9) 想ぞうのつばさを広げて 3) アート・レポーターになって	10) おいしいね毎日の食事	○ けがの防止
	図鑑	**目的に応じて各種図鑑**を利用し，課題を解決する。				6) 生命のつながり(3) 7) 生命のつながり(4)				
	辞典	国語辞典，漢字辞典，**人物辞典**，**ことわざ辞典**，**慣用句辞典など各種辞典**の特徴を知り，利用する。	4) 漢字の成り立ち 6) 伝記を読んで，自分の生き方について考えよう 9) カンジー博士の暗号解読 10) 和語・漢語・外来語　11)漢字の読み方と使い方 12) 同じ読み方の漢字　2)複合語							
	事典	**目的に応じて**，百科事典や**学習事典など各種事典**を利用する。		3) わたしたちの生活と環境						
	年鑑・統計資料	**年鑑など統計資料の読み取り方**を理解し，目的に応じて利用する。	11) 理由づけを明確にして説明しよう							
	図書資料以外の利用	**自分の考えと比較しながら**インタビューしたり，アンケートをとったりして情報を集める。	5)「きくこと」について考えよう 12) 本は友達			7) 生命のつながり(4)			10) おいしいね毎日の食事	○ けがの防止
		必要に応じて，新聞，雑誌，パンフレット，リーフレット，ファイル資料，**地図**，**地球儀**，**広告**，音声や映像資料などを利用する。	4) 新聞の編集のしかたや記事の書き方に目を向けよう 11) 説明のしかたについて考えよう	4) わたしたちの国土 7) わたしたちの生活と食料生産（米づくり） 12) 情報化した社会とわたしたちの生活		11) 流れる水のはたらき				○ けがの防止
		情報を集める上で適切なICTを選択し，**特性を活かして**情報を集める。（デジタルカメラ，**電子メール**，**タブレット端末**，インターネットなど）	9) 自分の考えをまとめて討論しよう 12) 本は友達	9) わたしたちの生活と食料生産（水産業） 12) 情報化した社会とわたしたちの生活		4) 天気と情報(1) 7) 生命のつながり(4) 10)天気と情報(2) 11) 流れる水のはたらき	10) 日本の音楽の旋律の特徴を感じ取り，日本の音楽に親しもう　11)世界の音楽に親しみ，音色や音の重なりのよさや面白さを味わおう	6) アニメーションをつくろう 12) アレッ？コレ，ナニ？		○ けがの防止
	目次・索引の利用	目次や索引，**前書き**，**後書き**などを利用し，必要な情報を見つける。		4) わたしたちの国土 9) わたしたちの生活と食料生産（水産業）						
	情報の読み取り	文章，写真，図表，グラフ，**実験観察結果**などからわかる**事実と自分の意見や考察とを区別**して情報を読み取る。	11) 説明のしかたについて考えよう 11) 理由づけを明確にして説明しよう	4) わたしたちの国土 7) わたしたちの生活と食料生産（米づくり） 9) わたしたちの生活と食料生産（水産業） 10) わたしたちの生活と工業製品 12) 情報化した社会とわたしたちの生活		4) 天気と情報(1) 7) 生命のつながり(4) 10) 天気と情報(2)				
	要約	目的に応じてカードやワークシートなどに要約する。		7) わたしたちの生活と食料生産（米づくり） 9) わたしたちの生活と食料生産（水産業）					10) おいしいね毎日の食事	
	出典	日付や資料の題名，著者名，出版社名，出版年，該当ページなどを記す。	6) 伝記を読んで，自分の生き方について考えよう 11) 理由づけを明確にして説明しよう	7) わたしたちの生活と食料生産（米づくり） 9) わたしたちの生活と食料生産（水産業）		7) 自由研究	10) 日本の音楽の旋律の特徴を感じ取り，日本の音楽に親しもう　11)世界の音楽に親しみ，音色や音の重なりのよさや面白さを味わおう		10) おいしいね毎日の食事	
		インターネット利用における出典の記し方を知る。（**Webページのアドレス**）	9) 自分の考えをまとめて討論しよう			4) 天気と情報(1) 7) 生命のつながり(4) 10) 天気と情報(2)	10) 日本の音楽の旋律の特徴を感じ取り，日本の音楽に親しもう 11) 世界の音楽に親しみ，音色や音の重なりのよさや面白さを味わおう		10) おいしいね毎日の食事	
選ぶ	情報の整理	二つ以上の情報を目的に応じて**比較・対照したり分類したりする**。	6) 活動を報告する文章を書こう 9) 自分の考えをまとめて討論しよう 12) 本は友達	7) わたしたちの生活と食料生産（米づくり） 9) わたしたちの生活と食料生産（水産業）						
	情報の選択	二つ以上の情報を**検証**し，目的に合うものや**課題解決に必要なもの**を選ぶ。	6) 活動を報告する文章を書こう 9) 自分の考えをまとめて討論しよう 12) 本は友達	7) わたしたちの生活と食料生産（米づくり） 9) わたしたちの生活と食料生産（水産業）						
まとめる	引用	目的や意図に応じた引用の仕方を**工夫**し，**引用部分と自分の考えとを区別**して記録する。	6) 活動を報告する文章を書こう 9) 自分の考えをまとめて討論しよう 11) 理由づけを明確にして説明しよう							
	情報の加工	情報からわかったことや解決したことと自分の考えとを**関連付け**，**目的や意図に応じた**構成を工夫して文章，絵，写真，図表，グラフ，地図などを使ってまとめる。	6) 活動を報告する文章を書こう 11) 理由づけを明確にして説明しよう 12) 本は友達	6) わたしたちの国土　7)わたしたちの生活と食料生産（米づくり）　9)わたしたちの生活と食料生産（水産業） 10)わたしたちの生活と工業製品		7) 生命のつながり(4) 7) 自由研究				○ けがの防止
伝える	情報の表現・伝達	相手や目的，**意図に応じて**，**効果的な**表現・伝達について工夫する。（文章，スピーチ，ポスター，リーフレット，パンフレット，新聞，紙芝居，ペープサート，劇，**フリップ**，**プレゼンテーションソフト**などを利用した発表）	6) 活動を報告する文章を書こう 11) 理由づけを明確にして説明しよう 12) 本は友達	7) わたしたちの生活と食料生産（米づくり） 9) わたしたちの生活と食料生産（水産業） 10) わたしたちの生活と工業製品	7) 算数の自由研究	7) 生命のつながり(4) 7) 自由研究				○ けがの防止
振り返る	学習活動の評価	学習の過程と結果（内容）について評価する。（課題の作り方，情報の集め方，情報のまとめ方，情報の伝え方）（自己評価，相互評価）	※各教科等における学習や学校行事等との関連を踏まえ，適切な学習に位置付けて計画的に指導する。							

②年間計画の例（中学校第1学年）

学校図書館活用計画例（中学校第１学年）

◎…単元目標，学習のねらい　◇学校図書館での学習活動例　（　）…関連して付けたい主な力

学習指導要領などにおける学校図書館の活用に関する記述

【総則】中学校学習指導要領解説
第３章　教育課程の編成及び実施
第５節　教育課程実施上の配慮事項
１１　学校図書館の利活用
各教科等において学校図書館を計画的に活用した教育活動の展開に一層努めることが大切である。

【国語科】中学校学習指導要領解説
第４章　指導計画の作成と内容の取扱い
１(2)領域等の相互関連と学習活動の組織，**学校図書館の機能の活用**，情報機器の活用
（前略）国語科の学習指導においては，目標を実現するために学習に関係する資料を調べる際などに，**学習・情報センター，読書センターとしての機能を備えた学校図書館などを計画的に利用し，その機能の活用を図る**ようにすることが大切である。

【社会科】中学校学習指導要領解説
第３章　指導計画の作成と内容の取扱い
２　**資料等の活用**と作業的，体験的な学習
指導の全般にわたって，**資料を選択し活用する**学習活動を重視するとともに作業的，体験的な学習の充実を図るようにする。その際，**地図や年表を読みかつ作成すること，新聞，読み物，統計その他の資料に平素から親しみ適切に活用すること**，観察や調査などの過程と結果を整理し報告書にまとめ，発表することなどの活動を取り入れるようにする。

【数学科】中学校学習指導要領解説
第３章　指導計画の作成と内容の取扱い
３(2)見通しをもって数学的活動に取り組み，振り返ること
数学的活動は，基本的に問題解決の形で行われる。その解決の過程では，（中略）試行錯誤をしたり，**資料を収集したり**，観察したり，操作したり，実験したりするなどの活動を必要に応じ適切に選択し行いながら，結果を導くことができるようにすることも重要である。

【理科】京都市立中学校教育課程 京都市スタンダード指導計画
第２　指導計画作成にあたって
２(5)ウ　**図書室の活用**について
理科の学習は，自然の事物・現象を生徒が自ら調べ事実を確認することから始まる。その際，観察や実験の結果を整理し，考察をすすめていくにあたって，**図鑑を参照することや，書物や資料を参考にすること**は大変重要なことである。そのためには日頃から**学習に有効活用できる図鑑や資料，科学雑誌などを図書室に整備し，各単元の様々な学習場面で活用できる状態にしておくこと**がポイントとなる。

【美術科】中学校学習指導要領解説
第４章　指導計画の作成と内容の取扱い
４　平素の学校生活における鑑賞の環境づくり
生徒が随時鑑賞に親しむことができるよう，校内の適切な場所に鑑賞作品などを展示するとともに，生徒や学校の実態に応じて，**学校図書館等における鑑賞用図書，映像資料などの活用を図る**ものとする。

国語

言葉に出会うために（本と出会う【図書館・読書】）（調べる【辞書・インターネット】）（4月）
◎学習に主体的に取り組むための基本的な姿勢や技能を身に付けることができるようにする。
◇学校図書館利用のためのオリエンテーションに参加する。
◇知識を得る手段として，辞書・事典の使い方を身に付ける。
◇インターネットを使った検索の方法を学ぶ。
（情報モラル）（きまりマナー）（分類）（図書資料の利用）（辞典）（事典）

読書と情報（おいしい読書）（情報コラム１）（7月）
◎読んだ本に表れているものの見方や考え方をとらえ，引用するなどの工夫をして読書紹介の文章を書くことができるようにする。
◇紹介したい本を選ぶ。
◇伝えたい内容に合わせた引用を工夫する。
◇署名や筆者名，発行所名など紹介に必要な情報を整理する。
（選書）（目次・索引の利用）（出典）（引用）

いにしえの心にふれる（今に生きる言葉）（故事成語を使って体験文を書こう）（11月）
◎故事成語の由来を読みとり，身近な生活の場面をもとに用例を作ったり，体験文にまとめたりすることができるようにする。
◇辞書や図書資料を使って「推敲」「蛇足」「四面楚歌」などの故事成語を集め，言葉の意味や故事について調べる。
（図書資料の利用）（辞典）

論点をとらえる（調べたことを報告しよう）（12月）
◎テーマに関して調査し発見した内容とそれに対する自分の考えを，ふさわしい情報を根拠として，構成を工夫しながらレポートにまとめることができるようにする。
◇事典などの図書資料，新聞，インターネットなど複数の方法を使って情報を集め，出典を明らかにして記録する。
（情報モラル）（出典）

表現を見つめる（感じたことを文章にしよう）（2月）
◎観点を決めて作品を鑑賞し，その魅力を伝える文章を書くことができるようにする。
◇美術の教科書や学校図書館の資料の中から好きな作品を選ぶ。
（図書資料の利用）

表現を見つめる（言葉を探検する）（3月）
◎言葉について調べたことをポスターに表現し，その資料を活用しながら発表し，質問し合うことで内容を理解できるようにする。
◇図書資料や新聞，インターネットなどを活用し，テーマに関する情報を集める。
（図書資料の利用）（図書資料以外の利用）（情報の整理）

社会

第１部　世界のさまざまな地域
第１章　世界の姿（世界のおもな国）（4月）
◎国の名称や位置，面積，人口，国境などに注目して調べ，国境の定められ方に違いがあることに気付くことができるようにする。
◇地図帳で興味をもった国旗の国名や位置，国名の意味などを調べる。
（図書資料の利用）（年鑑統計資料）（図書資料以外の利用）

第４章　世界のさまざまな地域の調査～韓国を例に～（資料を収集し，分析しよう）（10月）
◎調査する国や地域に関する資料を収集し，情報を分析してまとめ，発表することができるようにする。
◇複数の資料を比べ，情報の信頼度を確認する。
◇情報の入手先がわかるよう出典を記す。
（情報モラル）（情報の整理）

第２部　日本のさまざまな地域
第１章　日本の姿（都道府県と地域区分）（3月）
◎47 都道府県と都道府県庁所在地の名称，位置及び７地方区分を理解することができるようにする。
◇都道府県の面積や人口を調べる。
◇都道府県名や都道府県庁所在地名の由来について調べる。
（図書資料の利用）（年鑑統計資料）（図書資料以外の利用）

数学

正の数・負の数（1.0より小さい数）（4月）
◎身の回りの数を調べることから数の範囲を拡張し，正の数・負の数の意味を理解することができるようにする。
◇統計資料や新聞，雑誌，パンフレットなどから負の符号のついた数を見つける。
（図書資料の利用）（年鑑統計資料）（図書資料以外の利用）

平面図形（2.図形の移動）（11月）
◎平行移動，回転移動，対称移動の意味を理解し，操作などを通して，それらの基本的な性質を見いだすことができるようにする。
◇折り紙を折り，切り取ってできる図形について，その作り方を調べて操作活動をする。
◇県や市のマークや道路標識，記号などを調べ，その軌跡について考える。
（図書資料の利用）（図書資料以外の利用）

空間図形（1.いろいろな立体）（1月）
◎身近にある立体を観察することを通して，角柱，円柱，角錐，円錐などに分類整理し，理解を深めることができるようにする。
◇基本的な立体としてみることのできる道具や建造物などを図書資料から見つける。
（図書資料の利用）

資料の活用（4.調べたことをまとめ，発表しよう）（2月）
◎課題解決のために必要な資料を収集・整理し，その傾向を読み取り，説明することができるようにする。
◇調査や実験をしたり，すでに調べられている資料を収集したりする。
◇複数の情報を比較して信頼性を確かめたり，情報源を確認したりする。
（情報モラル）（図書資料の利用）（年鑑統計資料）

理科

単元１　植物の生活と種類
導入章　身近な生物の観察（4月）
◎校庭や学校周辺の生物の観察を行い，生物の調べ方の基礎を習得することができるようにする。
◇観察し，記録した生物について，その名前や特徴などを図鑑やインターネットで調べる。
（図書資料の利用）（図鑑）（図書資料以外の利用）

単元１　植物の生活と種類（6月）
終章　植物の検索カードをつくる
◎植物の写真やスケッチを整理しカードにまとめることを通して，多様な植物に関心をもち，植物のなかま分けの方法を探究することができるようにする。
◇植物の特徴を調べ，カードにまとめる。
（図書資料の利用）（図鑑）（図書資料以外の利用）

音楽

日本の伝統音楽のよさや特徴を味わおう（2月）
◎日本の様々な音楽を，背景となる時代や文化・歴史を関連付けて解釈したり価値を考えたりし，総合的に鑑賞する。
◇伝統音楽成立までの歴史や時代的背景などについて調べる。
（図書資料の利用）（図書資料以外の利用）

美術

文様，飾りの小宇宙（12月）
◎自然物や幾何学的な絵柄から生まれた文様に興味をもち，形や色を生かした美しい構成を発見し，デザインする。
◇図鑑や写真集などを参考にして，自然界にあるもの（花，木，水，大地，風など）をモチーフに，単位形から生まれる連続模様をデザインする。
（図書資料の利用）（図鑑）

絵文字がしゃべりだす（2月）
◎レタリングの基礎を身に付け，漢字の意味を理解し，それにふさわしい絵文字や表現技法を工夫して創作文字を表現する。
◇本の題名や新聞の見出し，雑誌などから，身の回りで使われている様々な文字のデザインとその表現を見つける。
◇漢和辞典や図書資料を使って漢字の意味を調べる。
（図書資料の利用）（辞典）（図書資料以外の利用）

保健体育

心身の機能の発達と心の健康（4.異性の尊重と性情報への対処）
◎生殖にかかわる機能の成熟について，資料等で調べたことを基に，課題や解決の方法を見つけたり，説明したりできるようにする。
◇図書資料や新聞，雑誌，インターネットなどの様々な情報源の信頼性を確かめる方法について知る。
（情報モラル）

技術・家庭

技術とは！（技術の発達）（4月）
◎技術が生活の向上や産業の継承と発展に果たしている役割，技術の進展と環境との関係について関心をもつことができるようにする。
◇技術の発達によって，生活や産業がどのように変化してきたのかを調べる。
（図書資料の利用）

住生活の自立を目指そう（住まいの役割と住まい方）（12月）
◎自分の家族の住空間に関心をもち，安全で快適な住まい方を考え，具体的に工夫することができるようにする。
◇京都の住まいの特徴や，自分の身近な人が住んでいる他の地域の住まいの特徴について調べる。
（図書資料の利用）

生活に役立つオリジナルラックを作ろう（持続可能な社会のための技術）（1月）
◎材料と加工に関する技術が社会や環境に果たしている役割と影響について理解を深め，適切に評価し活用することができるようにする。
◇エコプロダクツや 3R について調べて具体例を示し，持続可能な社会を構築していくための技術について考える。
（図書資料の利用）

外国語

Writing Plus 3（絵はがき）（3月）
◎旅先から近況を報告するという設定で簡単な絵はがきを書く。
◇行ってみたい場所についての簡単な情報を調べ，絵はがきで伝える内容を考える。
（図書資料の利用）

※単元名及び単元目標，学習のねらいは『平成24年度　京都市立中学校教育課程 京都市スタンダード 指導計画』に基づいている。
※保健体育については，適切な時期に指導する。

作成：京都市総合教育センター　研究課

資料4

パスファインダー

『江戸からのメッセージ』

～今に生かしたい江戸の知恵～

パスファインダーとは、あるテーマを調べるために役立つ資料を、
「わかりやすく紹介する」チラシです。『本』だけでなく、『情報ファイル』や
『インターネット』など調べるために参考になるものをまとめてあります。
（ヒント！なので全ての本のリストではありません。）
じょうずに利用して、欲しい情報を探してください。

パスファインダーとは・・・情報を探す道しるべです

1．関連キーワード

長屋　屋台　湯屋　二階座敷　髪結床　土間　振り売り　八百八町　修理　修繕　直し屋　もったいない　ゴミ　リサイクル　鋳掛屋　古金屋　下駄　鼻緒　浴衣　灰買い　肥料　灰干し　天然素材　エネルギー

2．図書

分類番号	書　名	著者名	出版社
031	総合百科事典ポプラディア	――――	ポプラ社

210	ずかん百科 ビジュアル 日本の歴史	―――	学習研究社
210	衣食住にみる日本の歴史4 江戸市民の暮らしと文明開化	―――	あすなろ書房
210	図解むかしのくらし① 着る物とはきもの	―――	学習研究社
210	「日本人」を知る本 ――・心・衣・食・住 3 日本人の衣服	―――	岩崎書店
382	大江戸リサイクル事情	石川英輔	講談社
385	暮らしうるおう 江戸しぐさ	越川禮子	朝日新聞出版
518	[新版・環境とリサイクル] 12 暮らしとごみ－理想のリサイクル社会をもとめて	―――	小峰書店
518	資源・環境・リサイクル 5 食べものとゴミ	小林光子	小峰書店
519	身近な自然に学ぶくらしの知恵 4 木とわたしたちのくらし	横山正	くもん出版
519	わたしたちの生きている地球 4 エネルギーをどうする－新しいエネルギーがわかる本	桐生広人	童心社
721	太陽浮世絵シリーズ 広重	―――	平凡社

※テーマやキーワードがはっきりしている場合は、まず百科事典で調べてみましょう。

2．インターネット　→今回は、使いません。

くらしと環境学習 Web (東京都教育委員会)	http://www.kyoiku.metro.tokyo.jp/buka/shidou/kankyo/index.html
ヤスモト・古紙回収	http://www.saisei-yasumoto.com/edo/edo1.html
ALE-NET 江戸時代エコ探検	http://www.ale-net.com/tokoton/eco/edo/

3．情報 BOX（ファイル）

000	道具『むかししまね資料館』
380	民族学資料

【注】

注1 文部科学省『小学校学習指導要領解説　総則編』p.1
http://www.mext.go.jp/a_menu/shotou/new-cs/youryou/index.htm（2010年1月24日確認。以下同様）。なお，中高等学校についても同じ記述がある。

注2 中央教育審議会「21世紀を展望した我が国の教育の在り方について」（1996年7月）
http://www.mext.go.jp/b_menu/shingi/12/chuuou/toushin/960701.htm

注3 文部科学省「小学校学習指導要領」2008年4月。中高等学校版にも同様記述がある。
http://www.mext.go.jp/a_menu/shotou/new-cs/youryou/syo/sou.htm

注4 前掲『小学校学習指導要領解説　総則編』p.85

注5 前掲『小学校学習指導要領解説　総則編』p.85。同様記述は中・高等学校版にもある。

注6 前掲『小学校学習指導要領』，5教育課程の実施等に当たって配慮すべき事項の注11に学校図書館に関する記述がある。

注7 堀田龍也「学校図書館と情報教育の接点」（財団法人学習ソフトウエア情報研究センター『学習情報研究』2009年11月号）では「情報活用スキルの基礎体験としての図書館活用スキルがあってこそ，他のメディア，他の情報の価値が理解できる」としている。

注8 全てを購入することは難しいであろうから，公共図書館から団体貸し出しを受けて資料をそろえるということも考えたい。公共図書館と学校図書館の連携については，千葉県市川市が参考となるモデルを示してくれる。市川市の公共図書館と学校図書館とを結ぶネットワークについては以下を参照のこと。小林路子「公共図書館と学校，学校図書館と学校図書館が手をつなぐ―市川市『公共図書館と学校とを結ぶネットワーク事業』」（小林路子・笠原良郎編著『多メディアを活用する力を育もう―教育の情報化と学校図書館』ポプラ社　2005年），http://www.ichikawa-school.ed.jp/network/index.html

注9 資料の探しやすい学校図書館への改良に関しては次が参考になる。五十嵐絹子『学校図書館ビフォー・アフター物語―図書館活用教育の全国展開を願って』国土社　2009年。

注10 全国学校図書館協議会「情報・メディアを利用した学び方体系表」本書４章 表4-3 http://www.j-sla.or.jp/pdfs/material/taikeihyou.pdf　同表には全国学校図書館協議会編『情報を学習につなぐ―情報・メディアを利用した学び方体系表解説』（全国学校図書館協議会　2008年）がある。

注11 京都市総合教育センター研究課・カリキュラム開発支援センター『各教科等における，系統的，計画的な学校図書館の活用』（2014年）
http://www.edu.city.kyoto.jp/sogokyoiku/curri_c/fromkyoto/23_library/index.html

注12 神奈川県相模原市立藤野小学校「子どもが主体的に取り組む活動を通して本が『好き』で『使える』児童を育てる」（『総合教育技術』小学館，2014年11月）。

注13 齊藤和貴「成長単元における絵本の教材としての可能性―『おおきくなるっていうことは』（中川ひろたか文・村上康成絵）を中心に―」（『日本教材学会設立20周年祈念論文集「教材学」現状と展望』（下巻）協同出版，2008年11月）

注14 野津明美・実重和美「第１学年４組学習指導案」島根県八束郡東出雲町立東出雲中学校，2009年11月10日より。

10 教科における学校図書館活用（2）

鎌田和宏

《目標＆ポイント》 本章では各教科・時間・領域等での学校図書館活用について学校図書館データベースから学校図書館を活用した授業事例を紹介する。

《キーワード》 教科等での学校図書館活用，言語活動，並行読書，ブックトーク，レポート作成，新聞活用

本章では，学校図書館を活用した授業事例を紹介していく。東京学芸

大学では「先生のための授業に役立つ　学校図書館活用データベース」を構築し，学校図書館を活用した授業事例を多く紹介している。

（http://www.u-gakugei.ac.jp/~schoolib/htdocs/）

収録事例によっては，授業の指導案，ワークシート，提供された資料のリストなどが掲載されているものもあり，教科等の授業で学校図書館を活用する為には是非とも参照したいデータベースである。以下データベースに収録された事例を，主として授業実践紹介していくことにする。なお，事例を検索する場合，サイト内検索から管理番号を入力して検索すると便利である。各事例に付しておく。

1 国語・外国語における図書館活用

国語科の授業における学校図書館活用事例は豊富である。

①「レオ＝レオニびっくりばこを作ろう」（小２）

（管理番号　A0184）

小学校２年生の授業で，レオ・レオニ『スイミー』を扱う際に単元をつらぬく言語活動としてレオ＝レオニびっくりばこづくりを位置づけた。学校図書館の協力でレオ＝レオニの絵本をできるだけたくさん集めてもらい，レオ＝レオニのコーナーをつくり，スイミーの学習を進めながら，子どもたちはレオ＝レオニ作品をできるだけ多く読んでいく。読んだ作品から気に入った一文を探し，びっくりばこのふたに書く。はこをあけると，その一文に関わるものが入っている作品をつくるのである。教科書で扱っている教材文を書いた作家の作品を多く読み，読みを広げ・深めていく並行読書（単元で扱う主教材以外の本を読書すること）をびっくりばこづくりで促していく巧みな実践である。

（東京学芸大学附属小金井小学校，2013年実践） http://www.u-gakugei.ac.jp/~schoolib/htdocs/index.php?key=muqa4m5ix-26#_26

②「いにしえの心と語らう　夏草 ―『おくの細道』から―」（中３）（A0176）

中学３年の古典「おくの細道」を扱う授業で，生徒の意欲を高めるために司書教諭に奥の細道に関する10分間のブックトークを行ってもらった。ブックトークでは江戸時代の旅の様子と芭蕉のたどった道のりについて紹介しながら関連する本を紹介していった。生徒たちは江戸時代の旅に興味を持ち，芭蕉の苦労を知り，これから学習に入る「おくの細道」に期待を寄せる姿が見られたという。

（長崎県佐世保市立大野中学校，2013年実践）http://www.u-gakugei.ac.jp/~schoolib/htdocs/index.php?key=mu5t631a6-26#_26

③「小説と新書の違いを知ろう」（高１）（A0109）

生徒になじみのない新書を点検読書（本の品定めをする読書）の手法で触れてみた授業。高校入学後，折りに触れて読むことを求められる新書を，小説と比較しながら理解を深めることをねらい，外見，題名の付け方，目次，索引，奥付，その他の違いを生徒に観察させて気づかせる授業を行った。様々な興味を持つ生徒がいるので，対象となる新書の選書には苦労したそうだが，生徒が新書に興味を持つことができて効果的な授業であった。

（新潟江南高等学校，2013年）http://www.u-gakugei.ac.jp/~schoolib/htdocs/index.php?key=muwme75ee-26#_26

④「英語のテキストを多読させたい」（中２）（A0127）

週に１回，図書館で英語テキストを多読させたいとの依頼があり，レベルの違うテキストを200冊用意した。

（東京学芸大学附属小金井中学校，2012年）http://www.u-gakugei.ac.jp/~schoolib/htdocs/index.php?key=muwme75ee-26#_26

2 社会科における図書館活用

①「水産業のさかんな地域～三陸の水産業の復興～」（小５）(A0083)

2011年の東日本大震災直後の実践。５年生の水産業の単元で事例地として取り上げられている岩手県・宮城県の震災後の状況について，地元新聞や最新の出版物をそろえ，資料提供した。

（東京学芸大学附属小金井小学校，2011年）http://www.u-gakugei.ac.jp/~schoolib/htdocs/index.php?key=mu8fg7pfz-26#_26

②「これからの日本経済の課題」（中３）(A0220)

中学校３年公民的分野の授業。公害の防止や環境保全，グローバル化する国際社会における日本，地域経済の活性化など，今後の日本経済が直面する課題を，水俣病事件から3.11フクシマの原発事故をつないで考える授業を行うために，図書館に水俣病関係の資料をそろえ，授業で刺激を受けた生徒が手に取れるようにした。

（東京学芸大学附属国際中等教育学校，2015年）http://www.u-gakugei.ac.jp/~schoolib/htdocs/index.php?key=muuztjurv-26#_26

③「生命倫理を考える」（高２）(A0209)

現代社会と生物の合同授業で救世主兄弟（デザイナーベイビー）を事例に生命倫理について取り上げた。この問題については様々な意見があることを，用意されたブックリストから選んだ本のブックトークを行うことによって共有し，生命倫理に関するルール作りを行うために，指定された図書資料を読み，考え，コンセンサス会議を行った。このトピックに関する資料が十分自校の学校図書館になかったので，公共図書館や専門図書館から団体貸し出しを受けて資料をそろえた。この問題は難しい問題であり，様々な立場があり，まだ合意形成がされていない問題である。このような問題こそ，図書資料を活用して様々な考えに触れ，それを元に自分の意見を吟味していくことが有効である。

（東京学芸大学附属高等学校，2014年）http://www.u-gakugei.ac.jp/~schoolib/htdocs/index.php?key=mu21qca5w-26#_26

3 算数・数学における図書館活用

算数はデータベースに収録事例が少なかったので，実際に参観した授業についても紹介する。

①「折れ線グラフ」（小４）

折れ線グラフの学習を終えたところで，図書館資料の中から，折れ線グラフをさがし，どのようなことを表現したグラフなのかをクイズ形式でたずね合った。

（東京都武蔵野市立第四小学校，2014年）

②「割合」（小５）

割合の学習を行った後，図書館から年鑑や統計などを資料提供してもらい，自分の興味のあるものについて円グラフや帯グラフを作成した。

（京都府京都市立宇多野小学校，2015年）

③「好きになる数学」（高１）　（A0032）

問題を解く，正解を得ることにとらわれず，数学を楽しむことに目を向けさせるために，生徒が数学に興味を持つような図書の紹介をしてほしいとの依頼に応え，様々な角度から数学が楽しめるようにブックトークを行った。

（東京学芸大学附属高等学校，2010年）http://www.u-gakugei.ac.jp/~schoolib/htdocs/index.php?key=muzcp91bq-26&search=1#_26

4 理科における図書館活用

①「天気の変化―台風の動きと影響」（小５）　（A0169）

天気の変化に関する授業で，学校司書に台風に関するブックトークを行ってもらい，紹介された資料を手がかりに，台風に関して知りたい問題について調べる学習を行った。図書資料を基本に，それだけでは足りないときにインターネットの情報検索も取り入れて調べる活動を行った。調べたことを，発表する際に，司書の行ったブックトークのスタイルを参考にしながら発表する姿も見られた。

（東京学芸大学附属世田谷小学校，2013年）http://www.u-gakugei.ac.jp/~schoolib/htdocs/index.php?key=mukabjdw5-26#_26

②「秩父長瀞地方（埼玉県）の地形と地質の学習」（中１）　（A0086）

２年生で行われる理科の修学旅行で訪れる埼玉県秩父・長瀞地方について地形や地質の基本的な内容について調べ学習を行った。１学年160人が調べられる大量の関連資料を用意する事が大変であったが，事後学習でレポート等を作成する際に事前学習で調べた資料を見直すなど，事前の調べ学習が活かされていると感じられるところがあった。

（東京学芸大学附属小金井中学校，2011年）http://www.u-gakugei.ac.jp

/~schoolib/htdocs/index.php?key=mu6wxaiu8-26#_26

③「遺伝」（高３） （A0019）

猫の毛色や模様の遺伝様式を元に遺伝理論を学ばせたいと計画された授業。猫の毛色や模様の遺伝様式はかなりよくわかっており，表現系である毛色の観察を元に，固体の遺伝子を推定できる。図書資料を元に猫から遺伝学を学ぶ。それをもとに，フィールドワークを行って遺伝について考察しレポートを書いた。それまでかわいいだけであった猫が新たに研究の対象となり，その視点の変化がレポートに反映し内容の濃いレポートが作成された。

（東京学芸大学附属高等学校，2012年）http://www.u-gakugei.ac.jp/~schoolib/htdocs/index.php?key=mun740zub-26#_26

5 芸術・スポーツ保健系教科における図書館活用

①「演じてうたってつたえよう～音楽劇「じごくのそうべえ～」（小３音楽） （A0011）

音楽劇「じごくのそうべえ」をつくるために，子どもたちが「地獄」のイメージをもてるようにブックトークをおこなった。音楽は豊かな感受性が求められるが，絵本もまた子どもたちの豊かな感受性を引き出すものとして音楽には欠かせないものだと授業者は感じたそうである。

（東京学芸大学附属小金井小学校，2009年）http://www.u-gakugei.ac.jp/~schoolib/htdocs/index.php?key=mujbwr3sc-26#_26

②「ベートーヴェン・レポート」（中２音楽） （A0064）

ロマン派までの西洋音楽史の流れを理解した上，交響曲第５番

「運命」の鑑賞文とベートーヴェンに関するレポートを作成した。学校図書館では司書教諭が資料提供し，レポートの書き方の指導を行った。生徒は調べたことを元に独自のトピックを作ってレポートをまとめていくことが難しいと感じているとのことだったが，ここがレポートのオリジナリティを作る最も大切な指導で，生徒はこの課題を通じて本当の意味での調べるということはどういうことなのかをつかんでいるようだとのことだ。

（東京純心女子中学校，2011年）http://www.u-gakugei.ac.jp/~schoolib/htdocs/index.php?key=mumf2jfap-26#_26

③「鑑賞（焼き物）」（中１美術）　(A0100)

焼き物の制作に入る前に動機付けとなるような活動をさせたいということで，焼き物について調べてレポートにまとめる活動を構成した。授業では図書資料だけでなく，焼き物も準備した。美術の授業のレポートなので，視覚的に見て魅力あるまとめになっているかについても重視して指導した。レポートを作成することで焼き物作成への意欲が高まった。

（千葉県袖ケ浦市立昭和中学校，2012年）http://www.u-gakugei.ac.jp/~schoolib/htdocs/index.php?key=mu8ar5jrm-26&search=1#_26

④「創作展を開く」（高３書道）　(A0033)

授業で取り組んできた集大成として創作展を行うに当たり，よい作品を書くための資料提供を行った。図書館で用意された資料を調べながら，一語一語言葉を選んでいる真剣な姿が見られた。

（東京学芸大学附属高等学校，2001年）http://www.u-gakugei.ac.jp/~schoolib/htdocs/index.php?key=mugzqudly-26&search=1#_26

⑤「トップ・アスリートについて調べる」（高２保健体育）　(A0043)

興味あるアスリートを一人選び，調べた内容を新聞形式でまとめさせるために資料提供を行った。あらかじめ生徒から調べたいアスリートを聞き取り，必要な資料を準備した。この年以前にも２回同じテーマで授業を行っていたのである程度資料はあったが，近隣の公共図書館から資料を借用して提供した。

（埼玉県立飯能南高等学校，2010年）http://www.u-gakugei.ac.jp/~schoolib/htdocs/index.php?key=mumg81ouq-26&search=1#_26

6 技術家庭における図書館活用

①「技術とものづくり」（中２技術）　(A0140)

手作りのスピーカーを製作するにあたって参考となる資料を提供してほしいとの依頼であったので，関連資料を提供した。

（東京学芸大学附属国際中等教育学校，2013年）http://www.u-gakugei.ac.jp/~schoolib/htdocs/index.php?key=muens6lot-26&search=1#_26

②「生まれ育つことについて考えよう」（高３家庭）　(A0054)

現代の子育てを取り巻く課題について調べ新聞にまとめるために資料提供を求められた。出生前診断の是非，国内での代理出産の是非，赤ちゃんポスト設置の是非等のテーマについて，様々な立場意見の資料を用意して提供した。図書資料だけでなく，雑誌記事，新聞の過去記事（データベースで）も準備した。豊富な資料に支えられて生徒は集中して調査とまとめに取り組めた。

（埼玉県立新座高等学校，2008年）http://www.u-gakugei.ac.jp/~schoolib/htdocs/index.php?key=mualy0qwn-26&search=1#_26

この他にも，「学校図書館活用データベース」には218件（2015年２月末現在）の事例が収録されている。今後も事例を多く掲載とのことである。必要な条件で検索をかけ，参考にするとよいだろう。

理解を確実にするために

1 次の用語を説明しましょう

①ブックトーク

②並行読書

2 次の問いに答えましょう

①大量の資料を準備する必要があるときに，自校の学校図書館に資料がない場合はどのようにして資料をそろえますか。

理解を深めるために

① 『先生と司書が選んだ調べるための本―小学校社会科で活用できる学校図書館コレクション―』少年写真新聞社　2008年

② 『りかぼん　授業で使える理科の本』少年写真新聞社　2012年

11 総合的な学習の時間における学校図書館活用

鎌田和宏

《目標＆ポイント》 小中高等学校の総合的な学習において，学校図書館および資料・情報がどのように活用されて授業が展開していくかについて，事例を紹介しながら考察する。その中で，司書教諭が果たす役割を考える。
《キーワード》 総合的な学習，調べ学習，探究的学習，情報リテラシー，課題の設定，情報の収集，整理・分析，まとめ・表現

1 総合的な学習の時間における学校図書館の活用の意義

（1）総合的な学習の時間とはどのような時間か

小中学校では平成14年度から，高等学校では平成15年度から総合的な学習の時間は本格実施されている。まずこの総合的な学習の時間は，何を目標とし，何を内容とする時間なのかを確認しておきたい。

小中学校の平成10年度版学習指導要領に登場した総合的な学習の時間については，他の教科・特活・道徳のように章で示されるのではなく，総則で示されていた。そこでは，総合的な学習の時間の定義として「総合的な学習の時間においては，各学校は，地域や学校，生徒の実態等に応じて，横断的・総合的な学習や生徒の興味・関心等に基づく学習など創意工夫を生かした教育活動を行うものとする」注1とされており，従来教科では扱い難かった横断的・総合的な主題や児童生徒の興味・関心

に基づく学習などを行うものとしていた。

このような時間が新設された背景には，次のような問題意識があった。日本がそれまで欧米先進諸国を目指して取り組んできた追いつき型の成長が達成され，これからは先進諸国の開発した技術等を活用することから，自ら創造し，新しいフロンティアを開拓していくことが必要であり，それによって現代社会がかかえる課題―地球環境問題，エネルギー問題，国際化・情報化への対応，福祉・健康・心の問題，等々―に立ち向かっていかねばならない注2。

そのような問題意識にもとづき，「生きる力」を育てる中核として創設された総合的な学習の時間であるが，平成20年度版学習指導要領では，総則から章を設けて詳細な記述がされるようになった注3。指導時数は減少しているが，その重要性は変わっていない。

総合的な学習の時間の目標を見ると小中高と共通して以下の５点が重点となっている。

①横断的・総合的な学習や探究的な学習を行うこと
②自ら課題を見つけ，自ら考え，主体的に判断し，問題解決の資質・能力を育成すること
③学び方やものの考え方を身につけること
④問題解決や探究活動に主体的・創造的・協同的に取り組む態度を育成すること
⑤自己の生き方を考える事ができるようにすること

この目標に基づいて，学校毎に総合的な学習の時間の具体的な目標と内容が設定される。内容については指導計画と内容の取り扱いに例示がある。

①国際理解，情報，環境，福祉・健康などの横断的・総合的な課題
②児童・生徒の興味・関心に基づく課題（高校ではそれらについて「知

識や技能の深化，総合化を図る）

③地域や学校の特色に応じた課題（小中高），職業や自己の将来に関する学習活動（中），自己の在り方や生き方や進路について考察する学習活動（高）

これらを参考にして各学校の総合的な学習の時間の目標と内容が設定され，年間指導計画が作成されているのである。

（2）総合的な学習の時間と学校図書館

この総合的な学習の時間について学校図書館との関わりで注目したいのは次の2点である。

①横断的・総合的な課題，児童生徒の興味・関心に基づいた課題が扱われ，教科書が無く，学校毎に年間指導計画が作成されること

②学習過程を探究的に構成すること

①は，学習内容が学校毎に個性的であることが想定され―主たる教材である教科書が作成されない―，各校で教材となる資料を準備しなければならないということである。扱われる課題は横断的・総合的課題，児童・生徒の興味関心に基づいた課題，地域や学校の特色に応じた課題であり，各校の実態に応じたきめ細やかな資料の準備が求められる。そのよ

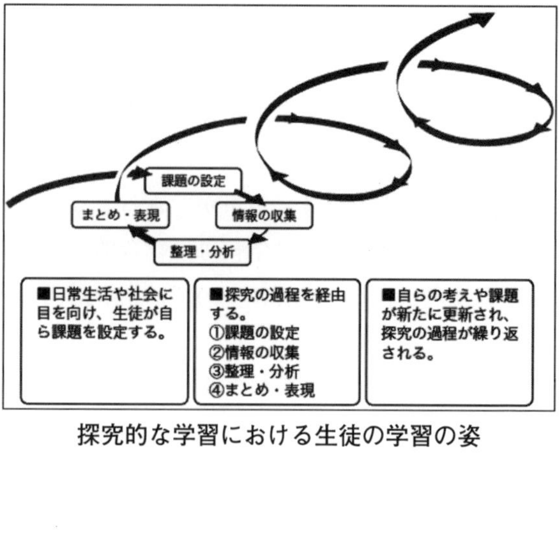

探究的な学習における生徒の学習の姿

うな資料の準備は学習・情報センターとしての学校図書館の得意とするところである。指導要領でも学校図書館の整備と活用，そのために図書館担当者との連携が示されており，総合的な学習の時間の展開に学校図書館は重要な役割を果たすことが期待されている。

②は『小学校学習指導要領解説　総合的な学習の時間編』注4でも数頁を費やして解説されていることであるが，学習者としての主体性を重視することから，学習の過程を探究的にすることが求められているということである。いわば平成20年度版の改訂の重点は「国際標準の学力を育成するために探究的な学習を行う」ことなのである注5。解説では図のように課題の設定，情報の収集，整理・分析，まとめ・表現という過程をスパイラルに展開して高まっていくことを想定している（図は高等学校の総合的な学習の時間解説より。小学校版にも同様の図がある。ただし，主題の「生徒」が「児童」になっている）。こういった一連の過程は学校図書館を活用して行われる調べ学習においてよく行われていることである。学習情報センターとしての学校図書館は，資料を提供するだけでなく，学び方を児童生徒に学ばせる機能も期待されている。探究的に学習を展開するためには，学校図書館に用意される資料，情報活用能力を育成する学び方の指導の２側面からの支援が欠かせないものとなる。

2　総合的な学習の時間における学校図書館活用の実際

(1) 小学校の事例

学校図書館を活用して展開する総合的な学習の時間の典型的授業事例

として，山形県鶴岡市立朝暘第一小学校の総合的な学習の時間の授業を紹介する（後掲資料として2009年10月７日に行われた研究授業の指導案を掲載）。朝暘第一小学校は学校図書館の活用を学校経営の中核にして実践を行っている学校である注６。

６年生の学年で取り組む総合的な学習の時間「未来につなごう　致道の伝統」は，小学校の最終・最高学年として，６年間学んできた学校の伝統について関心を持ち，それらを調べ（資料・インタビュー等），表現（作品づくり，発表会）し，最高学年を受け継ぐ5年生へと伝えていく活動である。

総合的な学習の時間では課題づくりが重要である。子どもの主体的な学習を期待するときに，課題が教師から一方的に課せられたものでなく，自分から学びたい課題になっていなければ追究の意欲は喚起され難い。そこで，学年で取り組む総合的な学習の時間ではありながら，大テーマ「未来へつなごう　致道の伝統」のもとに学級単位で中テーマを決めて取り組んでいた。このような学習では，大テーマの下に中テーマをつくって，テーマ毎にグループを作り，そのグループを教師がいくつか担当して展開する方法も考えられるだろう。しかしながら，個々の子どもをきめ細やかに捉え支援するには，他学級の子どもを担当するにはそれなりの負担が求められる。そこで，学級単位で複数の中テーマをつくり取り組む方法がとられていた。

学校図書館との連携については以下の３点が計画されていた。

①参考になる図書資料の選定とアドバイス

　テーマ毎の図書資料準備と，図書資料を使用する際の方法の指導

②調べる際の支援

　図書館関連のテーマを調べる際に情報収集の方法，支援

③引き継ぎ会に向けての準備の補助

図書館関連のテーマを選択したグループの指導

これらについては司書教諭の宮島昭子先生のコーディネートによって，学年の教師集団と学校司書で共有されて実践されていた。

2009年10月７日に行われた授業研究会の際には，６年１組工藤雅子先生，６年２組石井志麻先生，６年３組長谷川翔志先生，６年４組後藤修先生による授業が公開された。各クラスで選ばれた中テーマを見てみると，１組は校歌・校章・児童会の歌，２組は致道館の精神・姉妹校交流・致道しぐさ・あいさつ運動・ピカいち，３組は校舎（ジオラマ製作）・図書館・修学旅行，４組はお話と音楽の集い・土田さんとの交流・新聞・いきいきパビリオン・大きな声・人とのつながり（タイムカプセル）であった。

授業では，致道館の歴史を調べているグループの子ども達の姿が目を引いた。子ども達の学校の前身である江戸時代の藩校，致道館から，現在までの学校の沿革を調べていたのだが，読んでいた資料が一般向けに書かれた市の歴史の本であった。普段からの読書生活が充実していなければ難しい本であろう。今回の総合的な学習の時間の授業では学校が対象となっているので，前身となる致道館に関する資料や，学校の周年行事の資料，PTA 会報などがそろえられていた。子ども達は本を読みながら学校の沿革を図解していくのだが，そういった情報活用能力も確実に身についていた。

別のグループでは，学校行事のことを調べるために，卒業生に質問の手紙を書き，その返信から情報を読み取る姿が見られた。また，同様の問題を解決するために旧職員にインタビューをして（インタビュー自体は教師が行った），そのインタビューの映像資料から情報を読み取っていく姿も見られた。

グループ毎のテーマと，それに基づく問題に応じて探し出された—

または用意された―資料を読みこなし，考えていく姿が見られたが，司書教諭，学校司書も適宜授業の支援者として授業に参画し，図書館に関わるグループの指導や，資料的な支援を行っていた。

この充実した探究的な学習の過程を展開させるために見逃せないのが，子ども達が各自持っていたノートであった。ノートには調べてわかったことや考えたことを書く他に，探究の過程を示す日誌的な記述もあり，それに対して担任の教師が丁寧に朱書でコメントを記述していた。担任のコメントによって，その日の学習に関する共感や賞賛，問題点などの評価が返され，必要に応じて次の学習に向けての指針や助言が書き込まれていく。授業の中ではグループ毎に活動を行っているわけだから，教師の子ども個々に対するコミュニケーションは限定されたものとなる。それでは個々やグループで調べ，考え，表現していくような活動への指導は不十分である。きめ細やかな指導を行うために，ノート指導がこの活動を支えているのである。情報活用能力を育てることを意図する授業では，教師が準備したワークシートが活用される場面をよく目にする。用意されたフォーマットを活用することによって，学習が焦点化されていくのだが，常にワークシートが用意されていては学習者の自立はどのようにして図られていくのだろうか。朝暘第一小の実践でノートが使われていたことは象徴的である。子ども達は，教師の示した視点以外にも，自ら考えたことをノートに記しながら学習を進めているのである。

以上見てきたような授業の展開には，学校図書館機能の活用が基盤となっている。授業で見られた学校通信やPTA会報，鶴岡市の歴史に関する資料といった子ども達が調べたいと考えた事に応じた資料が学校図書館の支援によって準備されている。資料準備にあたっては，授業の進行状況と，探究する子どもの状況を把握する学年の教師集団と学校図書館・学校司書を結びつけるコーディネーターとしての司書教諭の働きが扇の要の役割を果たしている。また，本時の授業場面での指導支援についても同様である。司書教諭は子どもが資料を読み取る事ができるか見守りながら，必要とあらば支援できるように見守っていたし，学校司書は新たな資料を求める子どもを支援していた。朝陽第一小の総合的な学習の時間の探究の質の高さは，同校が長期にわたって実践してきている読書の指導を基盤に，学校図書館機能を充分に活用して展開する，教師・司書教諭・学校司書が一体となった協働によって具現化されているのである。

（2）中学校の事例

中・高等学校の総合的な学習の時間で特徴的に扱われる主題は進路に関するものであろう。阪神大震災以降，職場体験等がキャリア教育の必要性の認識ともあいまって，広く取り組まれるようになってきた。体験活動の前後に，体験する仕事についての探究的な学習に取り組む学校が存在する。実際の職場体験を充実したものにするための取り組みである。この学習は学校図書館機能の活用によって充実し，学びの質を高めることができる。そのために，学習内容に対応した資料の整備と学校図書館活用を総合的な学習の時間の指導計画に位置づけることが重要である。

清教学園中・高等学校（大阪府）の総合的な学習の時間では「リブラリア・カリキュラム」と名づけられた学校図書館を活用した探究的な学習が行われている注7。

同カリキュラムは図11-1のように中学校３年生で取り組まれる卒業研究をゴールに，１年時には図書館入門・読書入門をもとに「スタディ・ポケット」という自分で好きな教科の資料をつくって発表する調べ学習に取り組む。２年時には小さな本づくりを通じた個人研究であるブックレットづくりに取り組み，3年時には中学校の締めくくりとして卒業研究に取り組む。全員が個別のテーマを設定し，フィールドワーク

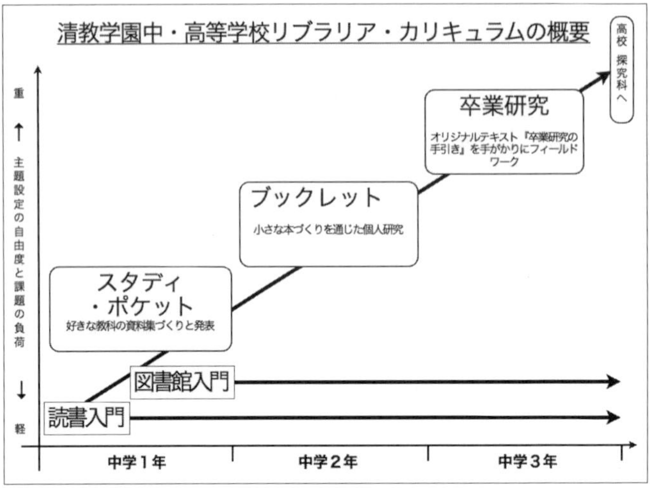

図11-1

等にも取り組んで1年をかけて作品を完成させるのである。完成された作品は1冊の本にまとめられ完成度の高いものは同校図書館リブラリアに所蔵される。生徒はこれらの活動を通して，読書の習慣を強化し，自ら探究したいテーマの見つけ方，それに応ずるための資料の探し方や資料の読み方を学んでいく。リブラリア・カリキュラムを指導する片岡則夫先生は「情報リテラシーを身につけさせるために調べ学習をおこなわせるのではなく，自分が興味を持って学ぶためにいろいろと調べているうちに情報リテラシーが後から自然とついてくる」としている。このリブラリア・カリキュラムは中高一貫教育にも取り組んでいる同校の高等学校の探究科に受け継がれ，卒業論文「タラントン」へと発展していく。このような学習を可能にしている基盤として何でも学べる学校図書館の存在が見逃せない。実践の中で蓄積されてきた生徒の問いや疑問に基づいて資料が収集されている。

(3) 高等学校の事例

茨城県立水戸第二高等学校では総合的な学習の時間に道徳・白百合セミナーの2科目を設定しているが，そのうち，道徳では1年生全員を対象にして図11-2のようなSTART（Students Talk about Reading Themes）プログラムを実施している注8。平成24年度の実践では生徒は3つのコースのいずれかを選択して探究的な活動に取り組んだ。3つのコースとそれぞれの目標は，A：進路コース（将来の職業，仕事の意味などについて調べ発表する），B：ブックトークコース（一人一人が関心のあるテーマを選び，関連する本を数冊紹介することによって自分の考えを発表する），C：人物コース（一人の人物を取り上げ，図書館の資料を活用してその人の在り方・生き方を調べ自分の人生に生かしていく）である。これによって1年生全員が各自のテーマをもち，資料を探し，読み，考え，表現するという総合的な学びの経験を持つことができる。この学習を経験した生徒は，図書館に利用について次のように感想を

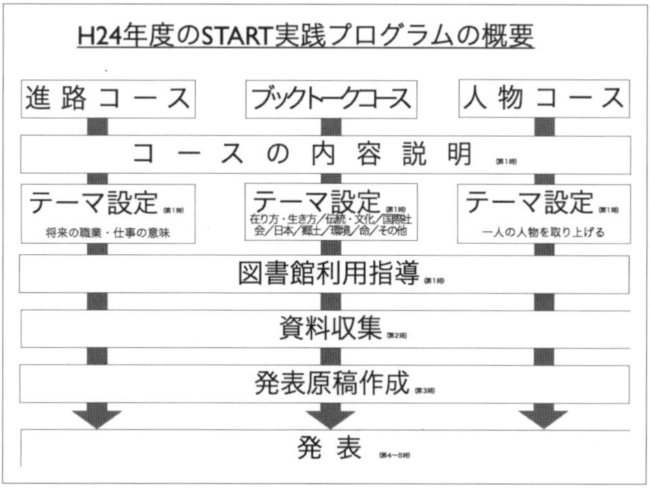

図11-2

述べている。「高校生になって初めて図書館の仕組みについて詳しく知る事ができた（中略）十進分類法によって本が細かく種類毎に分かれている。たくさんの本の中から探している本を見つけやすいと思った。これからは本の分類を見分け，たくさんの本を借りていきたい」。この生徒はSTARTプログラムで自分の進路について本格的に詳しく調べることができることに期待を持ち「夢に踏み出せる大きな一歩」になればよいと考えていたそうだ。そのような生徒に，自ら知りたいことを調べられるようにするこのプログラムは，内容はもちろんのこと，自立的な探究の方法を身につけるという意味でも有効なものとなっている。

■ 理解を確実にするために

1 次の用語を説明しましょう

①総合的な学習の時間

②探究的な学習

2 次の問いに答えましょう

①学習指導要領で総合的な学習の時間における学校図書館の利用はどう位置づけられていますか。

■ 理解を深めるために

① 押上武文・小川哲男『「総合的な学習」のための学校図書館活用術―楽しくいきいき調べる学習』（学事出版　2002年）

② 根本彰『探究学習と図書館―調べる学習コンクールがもたらす効果』（学文社　2012年）

③ 片岡則夫『情報大航海術―テーマのつかみ方・情報の調べ方・情報のまとめ方』（リブリオ出版　1997年）

④ 片岡則夫『「なんでも学べる学校図書館」をつくる　ブックカタロ

グ＆データ集～「中学生1,300人の探究学習から」』（少年写真新聞社　2013年）

【資料】

第６学年　総合的な学習活動プラン

未来へつなごう 致道の伝統

平成21年10月7日（水）
指導者　6年1組　工藤　雅子
6年2組　石井　志麻
6年3組　長谷川翔志
6年4組　後藤　修
支援者　司書教諭　宮島　昭子
学校司書　奥泉　佳織

1、めざす子どもの姿

みつける・・・・自分たちが6年間学んできた朝暘第一小学校（致道）の伝統について関心を持ち、未来へつなげたい（下級生に伝えたい）という思いを持つことができる子ども。

つかむ・・・・・致道の伝統について調べ、未来へつなげたい伝統について考え、まとめることができる子ども。

つたえあう・・・未来へつなげたい伝統について、表現の仕方を工夫して伝えることができる子ども。

> 致道の伝統を下級生に伝えたいという思いを持って、致道の伝統を調べたり引き継ぎ会を開いたりする活動を通して、母校である朝暘一小に誇りを持ち、そこで学んできた自分にも誇りを持つことができる。ひいては、そのことを心の支えにして、自信を持ってこれからの生活を送ることができる。

2、単元の構想

【子どもの願い】

◇藩校『致道館』の流れを汲む朝暘第一小学校の児童として、３〜5年生まで、致道館の歴史やそこで学習した論語の素読を体験してきた。

◇校舎が新しくなることに対して大きな期待感を持っている反面、これまで慣れ親しんできた校舎が取り壊されることに対して寂しさを感じている。

◇現在の校舎を忘れないでほしい。

◇朝暘一小の最高学年として、１学期間を過ごしたことで、致道の伝統の重さを感じ、その伝統を受け継いでいこうとする自覚が出てきている。

◇自分たちが頑張ってきたことを、下級生にもわかってもらい、受け継いでいって欲しい。

◇朝暘一小はこれからも、誇れる学校であってほしい。

【教師の願い】

◇これまで児童は、職人の技を学んだり、ハンディを抱えた人の生き方を学んだり、修学旅行で山形県のことを調べたりする活動を通して、伝統の重みや前向きに生きるすばらしさ、ふるさとを誇りに思う心を学ぶことができた。

◇さらに自分たちが学んできたことを生かして、致道（朝暘一小）の伝統についてより深く学んでほしい。

◇２年前に創立１００周年を終え、１００年＋２という意識で今年度スタートしたこと、新校舎の建築が進み３学期からは新校舎での生活が始まることなどから、今、一小は新しく生まれ変わろうとしている。そういう時だからこそ、これまでの先輩達が培ってきた致道の伝統を見直し、下級生にしっかり伝えていく活動が大切だと思う。

◇自分たちの学校を学ぶことで、学校に対する誇りを持ち、そこで学んできた自分にも誇りを持つようになってほしい。

「未来へつなげたい致道の伝統」について、自分たちの考えを出し合ったり、家族や地域の方々の思いを聞いたりして、致道の伝統について考え、より深く調べる。それをもとに、つなげていくための方法を考え、5年生に伝えていくための引継ぎ会を開き、お互いの考えを深め合う単元構成とする。

【みつける】

◇「未来へつなげたい致道の伝統」について考える。
- 朝暘一小の誇りとは？　・自分達や先輩方ががんばってきたことは？　・家族や地域の方々の思いは？

◇自分たちが調べた致道の伝統を、下級生に伝えたいという意欲を持つ。
- 調べ方や伝え方を考え、見通しを持つ。

【つかむ】

◇「未来へつなげたい致道の伝統」についてより深く調べる。
- 卒業生に聞く。　・地域の方に聞く。・詳しい方から聞く。・記念誌、まとめの冊子などで調べる。

【つたえあう】

◇引継ぎ会の準備をする。
- 作品を残す（校歌の歌詞の表示、ジオラマ、冊子、壁新聞、まんが）
- DVD（ニュース風、レポート風）にして残す。

◇5年生に伝えるための引き継ぎ会（発表会）を開く。

未来へつなごう　致道の伝統

3、本単元で育てたい情報リテラシー

テーマを設定する力	・学習に対し進んで課題を見つけ、解決しようとする意欲を持っている。 ・話し合いによってクラスで担当する中テーマ（例…致道館、校歌、図書館など）を設定する。その中で、自分の課題を具体的に立てている。 ・課題に対する予想をもとに、解決の方法の計画を立てている。	・個々に考える。 ・家族や地域の方の意見を聞く。 ・話し合い
情報を収集し、整理し、まとめる力。	・情報を収集するための細かな質問をリスト化している。 ・多様な情報源となりうるものをリストアップしている。 ・情報源のシステムやアクセスする方法を知っている。 ・課題や質問にふさわしい情報を選んで収集している。 ・情報を自分なりに整理し記録している。 ・出典や引用を明らかにして記録している。 ・収集した情報をもとに、自分自身の考えをまとめている。	・質問リストの作成 ・質問者リストの作成 ・インタビュー ・記念誌、まとめの冊子などの資料 ・マニュアルの活用（全体計画表、インタビューマニュアル） ・総合ノートの活用
情報を再構成し、交流・発表する力。	・自分たちの考えが分かりやすく伝わる方法を考え、情報を再構成している。 ・互いの考えを交流し合い、考えを深めている。	・伝え方の工夫 ・グループの中で、クラスの中で ・引継ぎ会（発表会）
振り返り	・自分の学習の仕方を振り返り、課題設定や情報収集の過程、伝達の方法や内容を評価している。 ・課題について考えの深まりがあったか評価している。 ・学習によって変容したことや向上したことについて評価している。	・振り返りノート

4、研究の重点について（つたえあう力）

①伝統に対する思いの集約と話し合い

「未来へつなげたい致道の伝統」について児童それぞれの思いを持って話し合う。その後、家族にもインタビューする。また、地域の方々からもアンケート形式で記入していただく。それぞれの思いを把握し、受け止めた上で、「未来へつなげていきたい致道の伝統」としてどの伝統をクラスで取り上げていくのかを話し合う。この活動を通して、自分の思いだけでなく家族や地域の方々の思いを受けて再構築された意見を活発に話し合うことができると考える。

②クラス単位での活動

学年全体の大テーマは「未来へつなごう　致道の伝統」であり、このテーマをめざすのであれば、そこにたどり着く道は何通りあってもよいという考え方から、今回の総合学習は、クラス単位で中テーマ（例…致道館、校歌、図書館など）を決めて取り組むことにする。そうすることによって、児童は気軽に自分の意見を言い合うことができ、活動が活発に進むことが期待できる。また、教師側としては、児童把握がより的確に行われ、児童へのアドバイスも効果的に行われると考えられる。

③伝え方の話し合いと発表意欲の喚起

「校歌の歌詞の表示（体育館掲示用）を作り学校に卒業記念品として残す。」「図書館での学習が活発になったわけをレポート風のテレビ番組にしてDVDに録画する。」「タイムカプセルを埋める計画を致道会に働きかけ、１２０周年記念の年に開けるよう計画を立てる。」など、型にはまらないダイナミックなアイディアを出し合うことにより、調べ活動や発表に対する意欲を高めることができると考える。

④調べていく過程での交流

中テーマの中でも更に小テーマに分かれて調べる（例…中テーマが「児童会活動」の場合、小テーマとして「朝一新聞」「いきいきパビリオン」「大きな声（マイク無し）での発表」の3つに分かれている）。児童は、小テーマごとの小グループ内で集めた情報について常に情報交換し、意見を交流しあうようにする。中テーマのグループ内でも、クラス内でも交流できるように、定期的に時間を設定する。それぞれの交流を通して、意見を言い合い、お互いの思いを理解しあうようにさせる。

また、クラス間でも情報交換が出来るように、学年掲示板に「とっておき情報」を書き込めるようにしておく。児童は、学年掲示板を見ながら必要な情報を選択し、他のクラスのグループとも情報交換が出来るようにする。

⑤引継ぎ会を開き、致道の伝統を伝える。

例年行われている５・６年生の交流会の規模を少し大きくした「引継ぎ会」を開く。６年生は、「未来へつなげていきたい致道の伝統」について、伝え方を工夫しながら、自分たちの思いが伝わるように発表する。５年生からは、その発表を見ての意見を発表してもらい、互いの考えを交流しながら考えを深め合う場とする。

５．図書館スタッフとの連携

◇参考になる図書資料の選定とアドバイス

事前に図書資料を調査する際のアドバイスをお願いする。

◇調べる際の支援

中テーマの中で「致道館」「図書館」「お話と音楽のつどい」「土田さんとの交流」などについて調べる際、必要な情報の収集の仕方やインタビューする相手などアドバイスや支援をお願いする。

◇引継ぎ会に向けての準備補助

「図書館」「お話と音楽のつどい」「土田さんとの交流」グループの発表準備や練習の補助をお願いする。

6、活動プラン（３６時間扱い）

【みつける】5時間…テーマを話し合う。中テーマを決める。グルーピング。伝え方（残し方）を考える。

◇朝暘一小の過去と現在を考える。「新しくなる時だからこそ、伝統をつなげていかなければならない」という思いを持つ。全体テーマを話し合う。

未来へつなごう　致道の伝統

◇「未来へつなげたい致道（朝暘一小）の伝統」について話し合う。
- 自分の思い　・家族の思い（インタビュー）　・地域の方々の思い（アンケート）

◇クラスで担当する中テーマを決める。

1組…校歌、校章、児童会の歌
2組…致道館の精神、姉妹校交流、致道しぐさ、あいさつ運動、ピカいち
3組…校舎（ジオラマ）、図書館、修学旅行
4組…お話と音楽のつどい、土田さんとの交流、新聞、いきパビ、大きな声、人とのつながり（タイムカプセル）

◇グルーピング（児童のこだわりを大切にして、クラス内で中テーマのグループをつくる。）

◇伝え方（残し方）をグループごとに考える（伝え方・残し方例）。
- 校歌の歌詞の表示（体育館掲示用）を作り、学校に卒業記念品として残す。
- 致道館から朝暘一小までの歴史を壁新聞やまんがでまとめる。
- 現在の校舎のジオラマを作り、学校に卒業記念品として残す。
- タイムカプセルを埋める計画を致道会に働きかけ、120周年記念の年に開けるよう計画を立てる。
- パソコン（プレゼンテーションソフト）を使って引継ぎ会で発表する。

【つかむ】10時間…グループごとに「未来へつなげたい致道の伝統」についてより深く調べる。

◇「未来へつなげたい致道の伝統」についてより深く調べる。

卒業生にインタビューする。	地域の方にインタビューする。	詳しい人にインタビューする。	記念誌やまとめの冊子などで調べる	図書資料で調べる

本時
【つかむ】の7時間目

◇ノートに記録したり、デジカメやビデオで撮影したりする。

◇情報を交流する。

◇調べたことをもとに、考えをまとめる（**思いの共有**）。

【つたえあう】21時間…発表の準備をし、引継ぎ会を開く。考えを交流し深め合う。

◇引継ぎ会の準備をする（伝統の残し方、伝え方の例）。

1組
- 校歌の歴史について、ポスターセッションで発表する。
- 校歌の**歌詞の表示**（体育館掲示用）を作り、学校に**卒業記念品**として残す計画を発表する。（歌詞の表示は３学期に作成）
- 校章の由来について**冊子**にまとめる。
- 児童会の歌について作られたわけやその思いについて、**ニュース形式**の番組にして**DVDに録画**する。

2組
- 致道館から朝暘一小までの歴史を**壁新聞**や**まんが**にしてまとめる。
- 姉妹校交流について**冊子**にして残す。
- 致道しぐさ、あいさつ運動、ピカいちについて**紹介ビデオ**と**紙芝居**で発表する。

3組
- 校舎の歴史をパソコンを使って発表する。
- 現在の校舎の**ジオラマ**を作り、学校に**卒業記念品**として残す。
- 図書館での学習が盛んになったわけを**レポート風の番組**にして**DVDに録画**する。
- 修学旅行の変遷を**冊子**にまとめ、**ポスターセッション**で発表する。

4組
- **タイムカプセルを埋める計画**を致道会に働きかけ、120周年記念の年に開けるよう計画を立てる。
- お話と音楽のつどい、土田さんとの交流について**冊子**にまとめ**パソコン**で発表する。
- 新聞、いきパビ、大きな声について**レポート風**の番組にして**DVDに録画**する。

◇引継ぎ会を開く。
- １時間ずつ、２日間に分けて発表する（１つの発表が６分程度）。
- ６年生は、自分たちの思いが伝わるように発表する。
- ５年生からも発表を見ての意見を発表してもらい、互いの考えを交流しながら深め合う。

7、本時（１２／３６）　　　　　　　　　　　　　　　　　　　　　指導者　工藤　雅子
　1組（校歌グループ、校章グループ、児童会の歌グループ）　　　　場　所　６の１教室

（1）めざす子どもの姿
・調べ方工夫して、テーマに迫る情報を収集することができる。
・集めた情報を交流し、校歌・校章・児童会の歌に込められた思いを理解し、自分の思いをまとめることができる。
・収集した情報を、自分たちの思いを込めて再構成しながらまとめることができる。

（2）展開

1、めあてを確認する。

集めた情報を交流し、校歌・校章・児童会の歌に込められた思いを理解しよう。

2、グループの計画に沿ってめあてを確認する。

校歌についての情報を交流し、校歌に込められた思いを理解しよう。（校歌グループ）	**校章についての情報を交流し、校章に込められた思いを理解しよう。（校章グループ）**	**児童会の歌を作った先輩達の思いを理解しよう。（児童会の歌グループ）**

3、グループの計画に沿って活動する。

校歌グループ 1、校歌についての情報を伝え合い、校歌に込められた思いを理解する。 ・作詞者、作曲者について ・校歌ができた時期 ・歌詞の解釈と込められた思い ・３番が歌われなくなった訳 ・低音部が作られた時期 2、ポスターセッションの仕方について話し合う。 ・仕事の分担を確認する。 ・発表の順番や構成について話し合う。	**校章グループ** 1、校章についての情報を伝え合い、どのように作られ、どんな願いが込められているのかを理解する。 2、冊子グループと発表グループに分かれて作業する。 ・冊子グループは、割り付けをもとに作業をする。 ・発表グループは、発表の準備をする。	**児童会の歌グループ** 1、児童会の歌がどのようにできあがったのかについて情報を伝え合い、歌に込められた思いを理解する。 2、収集した情報をもとにテレビ番組を作る計画を立てる。 ・取り上げる内容を整理する。 ・番組の構成について話し合う。

学習活動	○支援　・留意点
	3、グループの計画に沿って活動する。 ・担任は、児童のノートから進行状況や考えを把握し、的確なアドバイスができるようにしておく。 ・グループで情報だけでなく、自分の思いも伝え合うようにさせる。
4、交流する。 ○クラス全体でとっておき情報を発表し、思いを伝え合う。	4、交流する。 ・単なる経過報告に終わらないように、収集した情報を理解し、自分たちの思いを語らせるようにする。
5、今日の活動を振り返る。	5、今日の活動を振り返る。 ○活動の振り返りをノートにまとめさせる。 ・それぞれの伝統への自分の思いも書くようにさせる。
6、次時の見通しを持つ。	6、次時の見通しを持つ。 ○振り返りの中で、次時の予定も書くようにさせる。 ・次時の見通しと活動意欲が持てるように配慮する。

（3）本時で育てたい情報リテラシー
・収集した情報をもとに思いを交流し、それに対する自分自身の思いをまとめている。
・自分たちの考えが分かりやすく伝わる方法を考え、情報を再構成している。

7、本時（12／36）　　　　　　　　　　　　　　　　　　　　　　　　指導者　石井　志麻
　2組（致道の歴史グループ、絆グループ、一小の取り組みグループ）　　場　所　6の2教室

（1）めざす子どもの姿
- 調べ方を工夫し、テーマにふさわしい情報を選んで収集することができる。
- 集めた情報を交流し、朝陽一小に対する先輩達や保護者の方々の思いを理解し、共感することができる。
- 収集した情報を、自分たちが考えた伝え方（残し方）の方法に合わせて、再構成しながらまとめることができる。

（2）展開

1、めあてを確認する。

集めた情報を交流して先輩達の思いを理解したり、集めた情報を再構成したりしよう。

2、グループの計画表に沿ってめあてを確認する。

致道の歴史に対する先輩たちの思いを理解したり、集めた情報をわかりやすく再構成したりしよう。（致道の歴史グループ）	**姉妹校交流に関わってきた人たちの思いを理解しよう（絆グループ）**	**一小の取り組みに関わってきた人たちの思いを理解したり、集めた情報をわかりやすく再構成したりよう。（一小の取り組みグループ）**

3、グループの計画に沿って活動する。

致道館グループ 【致道館の歴史（古）グループ】 致道館の教育方針や、致道の精神を受け継いでいってほしいという先輩たちの思いを資料から読み取り、理解する。 【致道館の歴史（新）グループ】 朝陽学校から一小に至るまでの歴史について集めた情報を、わかりやすく再構成する。 【論語グループ】 ・調べた論語の中から、自分が伝えていきたい論語を選択したり、選択した論語について自分の思いを交換したりする。 ・伝えたい論語をどのように漫画に表すか構成を考える。	**絆グループ** ・姉妹校交流に関わってきた人たちの思いを受け止め、これから自分たちができることを話し合う。 ・今後の活動の役割分担を決める。（更に姉妹校交流について調べていく係、「絆」のCD作成係） ・更に姉妹校交流について調べたり、「絆」のCD作成の準備をしたりする。	**一小の取り組みグループ** 【致道しぐさ】 収集した情報をもとにDVDにまとめるための計画を立てる。 ・取り上げる内容を整理する。 ・撮影のするための構成を考える。 【あいさつ運動】 ・調べたこと、あいさつ運動を続けてきた人たちの思いをまとめる。 ・収集した情報をもとに紙しばいにまとめるための計画を立てる。 【ピカいち】 ・ピカいちに取り組んできた人たちの思いを理解する。 ・調べたこと、ピカいちに取り組んできた人の思いをまとめる。

4、交流する。 ○グループ毎に集めた情報を交流し、朝陽一小に対する先輩達や保護者の方々の思いを理解し、共感する。 5、今日の活動を振り返る。 6、次時の見通しを持つ。	○支援・留意点 3、グループの計画に沿って活動する。 ・担任は、児童のノートから進行状況を理解し、的確なアドバイスができるようにする。 ・全員が自分のめあてに沿って活動できるようにする。 4、交流する。 ・単なる経過報告に終わらないように、先輩たちや保護者の方々の思いを理解し、それに対する自分たちの思いを語らせるようにする。 5、今日の活動を振り返る。 ○それぞれの伝統に対する自分の思いを、ノートに書くようにさせる。 6、次時の見通しを持つ。 ○振り返りの中で、次時の予定も書くようにさせる。 ・次時の見通しと意欲が持てるように配慮する。

（3）本時で育てたい情報リテラシー
- 収集した情報をもとに、思いを理解し、それに対する自分自身の思いをまとめている。
- 自分たちの考えが分かりやすく伝わる方法を考え、情報を再構成している。

7、本時（１２／３６）
3組（図書館グループ、ジオラマグループ、修学旅行グループ）

指導者　長谷川　翔志
支援者　宮島　昭子
場　所　6の3教室　理科室

（1）めざす子どもの姿
・　調べ方を工夫し、テーマにふさわしい情報を選んで収集することができる。
・　集めた情報を交流し、朝暘一小に対する先輩たちや保護者の方々、先生方の思いを理解し、共感することができる。
・　収集した情報を、自分たちが考えた伝え方（残し方）の方法に合わせて、再構成しながらまとめることができる。

（2）展開

1、めあてを確認する。

集めた情報を交流して先輩達の思いを共有したり、発表の準備を進めたりしよう。

2、グループの計画表に沿ってめあてを確認する。

図書館のよさや特色について調べ、先生方の思いや図書館のよさを共有しよう。（図書館グループ）	**ジオラマづくりの計画を進め、校舎の見取り図と移り変わりをまとめよう。（ジオラマグループ）**	**調べたことを冊子にまとめ、山形の修学旅行についての先輩や先生方の思いを共有しよう。（修学旅行グループ）**

3、グループの計画に沿って活動する。

図書館グループ （致道図書館のよさ） ＜よさ＞ ・　インタビューしてきたことを、ビデオを見ながら分担してまとめる。 ・　図書館のよさやどんな思いがあって図書館が変わってきたのかという思いを理解し、それについて話し合う。	**ジオラマグループ** （ジオラマ、校舎の変遷） ＜ジ＞ ・　インタビューや調べたことを基に、ジオラマづくりの計画を立てる。 ＜校舎＞ ・　校舎の移り変わりを年表にまとめる。 ・　致道館や朝暘学校、現在の一小の見取り図を作る。 ・　アンケートを集計し、思い出の場所を表にまとめる。	**修学旅行グループ** （修学旅行の行き先、修学旅行 in 山形について） ＜行き先＞ ・　お家の人へのアンケートを集計し、行き先と思い出の場所を一覧表にまとめる。 ＜in 山形＞ ・　インタビューを基に、どうして山形の修学旅行に変わっていったのかという思いを理解し、その思いについて話し合う。

4、交流する。 〇　グループ毎に集めた情報を交流し、朝暘一小に対する先輩たちや保護者の方々の思いを理解し、共感する。 〇　クラス全体でとっておき情報を発表する。（各グループ１つ）	〇支援　・留意点 3、グループの計画に沿って活動する。 ・　担任は児童のノートから進行状況を把握し、的確なアドバイスができるようにしておく。 ・　全員が自分のめあてに沿って活動できるように配慮する。 ・　司書教諭からは主に図書館グループのアドバイスをしていただく。 4、交流する。 ・　単なる経過報告に終わらないように、先輩たちや保護者の方々の思いを理解し、自分たちの思いを語らせるようにする。
5、今日の活動を振り返る。	5、今日の活動を振り返る。 〇それぞれの思いについて自分の考えを、ノートに書くようにさせる。 〇リーダーには、進行表も書くようにさせる。
6、次時の見通しを持つ。	6、次時の見通しを持つ。 〇　ふり返りの中で、次時の予定も書くようにさせる。 ・　次時への活動意欲が持てるように配慮する。

（3）本時で育てたい情報リテラシー
・収集した情報をもとに、思いを理解し、それに対する自分自身の思いをまとめている。
・自分たちの考えが分かりやすく伝わる方法を考え、情報を再構成している。

7、本時（12／36）　　指導者　後藤 修

4組（人とのつながりグループ、土田さんグループ、児童会グループ）　　支援者（学校司書）奥泉 佳織

（1）めざす子どもの姿　　場 所　6の4教室

・調べ方を工夫し、テーマにふさわしい情報を選んで収集することができる。
・集めた情報を交流し、朝陽一小に対する先輩達や保護者の方々の思いを理解し、共感することができる。
・収集した情報を、自分たちが考えた伝え方（残し方）の方法に合わせて、再構成しながらまとめることができる。

（2）展開

1、めあてを確認する。

集めた情報を交流し、先輩達の思いを理解しよう。

2、グループの計画表に沿ってめあてを確認する。

学校のために協力して下さっている地域の方々の思いを理解しよう。（人とのつながりグループ）

交流を続けてきた土田さんやお話と音楽のつどいを作り上げてきた人たちの思いを理解しよう。（土田さんグループ）

活発な児童会活動を創り上げてきた先輩達の思いを理解しよう。（児童会グループ）

3、グループの計画に沿って小グループごとに活動する。

人とのつながりグループ
（人とのつながり、タイムカプセル）
1、人とのつながりの強さをまとめる。（本のたからばこ、学校祭の午後の部、お迎え隊、踊りフェスティバル）
・学校のために協力して下さっている方々の思いを理解する。
2、タイムカプセルプロジェクトについて話し合う。
・何を入れるか、どのような形式で手紙を書くかなど。

土田さんグループ
（土田さんとの交流、お話と音楽のつどい）
1、土田さんがどのような思いで交流を続けてきたかを話し合い、理解する。
2、集めた情報を交流し、どのような思いでお話と音楽のつどいを作り上げてきたかを話し合い、理解する。

児童会グループ
（新聞、いきパビ、大きな声）
1、「朝一新聞」「いきいきパビリオン」「マイク無しで大きな声で発表する」などの活発な児童会活動を作り上げてきた人達の思いを話し合い、理解する。
2、収集した情報をもとにテレビ番組を作る計画をたてる。
・足りない部分はないか話し合い、再度取材する計画を立てる。

4、交流する。
○グループ毎に集めた情報を交流し、朝陽一小に対する先輩達や保護者の方々の思いを理解し、共感する。
○クラス全体で交流する。
・各グループで１つずつ、「とっておき情報」を発表し、交流する。

5、今日の活動を振り返る。

6、次時の見通しを持つ。

○支援　・留意点

3、グループの計画に沿って活動する。
・担任は、児童のノートから進行状況を把握し、的確なアドバイスができるようにしておく。
・全員が自分のめあてに沿って活動できるように配慮する。
・学校司書からは、主に土田さんグループのアドバイスをしていただく。

4、交流する。
・単なる経過報告に終わらないように、先輩達や保護者の方々の思いを理解し、それに対する自分たちの思いを語らせるようにする。

5、今日の活動を振り返る。
○自分の思いやわかったこと、残った疑問などを、ノートに書くようにさせる。

6、次時の見通しを持つ。
○振り返りの中で、次時の予定も書くようにさせる。
・次時への活動意欲が持てるように配慮する。

（3）本時で育てたい情報リテラシー
・収集した情報をもとに、思いを理解し、それに対する自分の思いをまとめている。
・自分たちの考えが分かりやすく伝わる方法を考え、情報を再構成している。

【注】

注1 平成10年度版学習指導要領 http://www.mext.go.jp/b_menu/shuppan/sonota/990301c.htm　2010年２月１日確認，以下同様。

注2 第15期中央教育審議会「21世紀を展望した我が国の教育の在り方について」（第一次答申）1996年７月，http://www.mext.go.jp/b_menu/shingi/12/chuuou/toushin/960701.htm

注3 平成20年度版学習指導要領 http://www.mext.go.jp/a_menu/shotou/new-cs/youryou/index.htm

注4 文部科学省『小学校学習指導要領解説　総合的な学習の時間編』東洋館，2008年。同様の記述が中学校，高等学校版にもある。

注5 田村学「総合的な学習の時間における学校図書館の活用」（『学校図書館』702号，全国学校図書館協議会，2009年）

注6 山形県鶴岡市立朝暘第一小学校，高鷲忠美解説『こうすれば子どもが育つ学校が変わる―学校図書館活用教育ハンドブック』国土社，2003年

注7 片岡則夫「『なんでも学べる学校図書館』が探究学習を支える―清教学園中学校の総合的な学習の時間の実践から―（１）・（２）」（『学校図書館』767号・768号，2014年９月・10月），

注8 茨城県立水戸第二高等学校「学校図書館を活用した言語活動〈START プログラム〉の実践」『中等教育資料』No.918（学事出版，2012年11月）

12 特別支援教育と学校図書館

鎌田和宏

《目標＆ポイント》 特別な支援を必要とする児童生徒の学習に関して，学校図書館をどのように整備し，司書教諭や学校司書はどのように関わればよいかについて述べる。
《キーワード》 特別な教育的ニーズ，特別支援教育，DAISY 図書，LL ブック，墨字図書，点字図書，拡大図書，拡大読書機，対面朗読

1 特別支援教育における学校図書館の利用

これまで司書教諭養成や学校図書館の活用において，「特殊教育」との問題は本格的に扱われてこなかった。近年，障害に対する理解が進み学校現場は変化してきている。かつて，盲・聾・養護学校や特殊学級で行われた教育は，ひろく通常の学校でも取り組むべき課題となっている。文部科学省の調査によれば，通常の学級に在籍する児童生徒にも発達障害の可能性のある特別な教育的支援を必要とする児童生徒が一定数存在するとの調査もある注1。また，野口武悟ら注2特別支援教育と学校図書館の問題に取り組む研究者も現れ，特別支援学校の学校図書館や，特別支援教育における図書館活用教育について取り上げる調査・研究・教育実践も増えてきた。そこで本章では特別支援教育における学校図書館の問題をとりあげる。

（1）特殊教育から特別支援教育へ

2007年４月，特別支援教育が学校教育法に位置づけられてスタートした。特別支援教育とは，障害のある児童生徒の自立や社会参加に向けた主体的な取り組みを支援するという視点に立って，それぞれの教育的ニーズを把握し，その持てる力を高め，生活や学習上の困難を改善・克服するために適切な指導・必要な支援をおこなうものである。

それまで，「特殊教育」とよばれ，盲，聾，養護学校，特殊学級等で行われてきた教育は学校教育法において「盲学校，聾学校又は養護学校は，それぞれ盲者（強度の弱視者を含む，以下同じ），聾者（強度の難聴者を含む，以下同じ）又は知的障害者，肢体不自由者若しくは病弱者（身体虚弱者を含む，以下同じ）に対して，幼稚園，小学校，中学校又は高等学校に準ずる教育を施し，あわせてその欠陥を補うために，必要な知識技能を授けることを目的とする」（学校教育法第71条）と規定されていた。しかし，特別支援教育では上記の法で対象としている障害児者の考え方を拡大してとらえ，次のように条文を改正している。「特別支援学校は，視覚障害者，聴覚障害者，知的障害者，肢体不自由者又は病弱者（身体虚弱者を含む。以下同じ。）に対して，幼稚園，小学校，中学校又は高等学校に準ずる教育を施すとともに，障害による学習上又は生活上の困難を克服し自立を図るために必要な知識技能を授けることを目的とする」。すなわち，障害を，欠陥ではなく子ども個々のある特別な在り方ととらえ，その特別な教育的ニーズに対して教育を行っていこうというのである。この様な考え方に基づき実施される特別支援教育は，特別支援学校や特別支援学級で学ぶ子ども達だけでなく，小中学校の通常学級で学ぶ子ども達―すなわち学習障害（LD）・注意欠陥／多動性障害（ADHD）・高機能自閉症等の状態を示す軽度の発達障害の児童生徒―も含み込んでいる。これから，特別支援教育は全ての学校で取り組まねばならない実践課題であることがわかるであろう。

（2）特別支援教育における学校図書館

特別支援教育における学校図書館が果たす役割は，基本的に他の学校と同様である。読書センター機能，学習・情報センター機能である。ただし，これらの機能を展開する際に特別な教育的ニーズに応ずるための施設・設備，学校図書館コレクションの構築（ニーズに応ずるためのメディア），学校図書館活動が必要である。表12-1に整理した注3。表12-1では特別な教育的ニーズを視覚障害，聴覚障害，肢体不自由，病弱，知的障害，学習障害で示したが，特別支援教育の現状を考えると，単一の特別な教育的ニーズに応じればよいケースは少なく，いくつかのニーズが重複する―重複障害―ケースに対応しなければならないことが多いようである。そうなってくると，施設・設備，メディア，学校図書館活動はニーズの幅の広さに応じて幅広く準備し，幅広い対応ができるようにしておかなければならない。この様な対応を考えた場合に，注目しておきたいのが表中のDAISY図書注4とLLブック注5である。

DAISY図書のDAISYは**D**igital **A**ccsesible **I**nforrmation **SY**stemの略で，日本語ではアクセシブルな情報システムと訳されている。元々は視覚障害者の録音図書の代替として作成されたDAISY録音図書からはじまり，その可能性に注目が集まり，音声に文字，画像（静止画・動画）をシンクロさせることができるようになり，マルチメディア化している。メディアはCD-ROMで供給され専用の読書機やコンピュータで再生することができる。このDAISY図書は視覚障害のある人に対して録音図書の代替となるだけでなく，現在では視覚障害以外にも肢体不自由，知的障害，学習障害等の様々な障害のある児童生徒に対して利用されてい

表12-1 特別な教育的支援ニーズに応じるための学校図書館の施設・設備，メディア，学校図書館活動について

特別な教育的支援ニーズ	ニーズに応じるための施設・設備	ニーズに応じるためのメディア	ニーズに応じるための学校図書館活動
(1)視覚障害	・視覚障害のある利用者に対応した施設。 ・拡大読書機，視覚障害のある利用者が利用できるコンピュータ（点字ディスプレイ，OS，アプリケーション等のユーザーインターフェースの工夫） ・対面読書室	・通常の図書等の資料 ・点字図書 ・拡大図書（拡大写本・大活字本） ・録音図書（カセットテープ，DAISY 図書） ・さわる絵本	・対面朗読
(2)聴覚障害	・通常の施設・設備	・通常の図書等の資料 ・映像メディア（字幕・手話入り）	・手話による読み聞かせ
(3)肢体不自由	・車いす等の移動や利用が可能な施設（書架の間を広めにとる等） ・機能障害等に対応した補助具，機器やコンピュータ機器はユーザーインターフェース等の工夫が必要	・通常の図書等の資料 ・拡大図書（拡大写本・大活字本） ・DAISY 図書	・学級文庫の整備・充実 （学校図書館の分館として）
(4)病弱	・通常の施設・設備	・通常の図書等の資料	・ベッドサイドまで図書を届ける活動
(5)知的障害	・コンピュータ等の機器については操作が容易となるような機器（タッチパネル式ディスプレイ），ユーザーインターフェースの工夫	・多種多様なニーズに対応できる幅を持たせたメディア ・絵本，紙芝居 ・布絵本 ・視聴覚メディア（CD，ビデオテープ，DVD） ・DAISY 図書（マルチメディア DAISY） ・LL ブック	・視覚・聴覚等様々な感覚に訴える活動（パネルシアター，絵本を拡大投影した読み聞かせ，歌や手遊びをとり入れた活動等）
(6)学習障害	・通常の施設・設備	・DAISY 図書（マルチメディア DAISY） ・LL ブック	・対面朗読

る。またDAISY図書で一部の教科書を供給できるようにもなってきている。これらのことを行うための法の整備も進みつつある。2010年から施行されている改正著作権法では，図書資料等を特別なニーズに応じた形で利用に供するためのメディア変換が学校図書館にも認められるようになった。

今ひとつ注目したいものがLLブックである。LLブックはスウェーデンで普及しているやさしく読める本である。障害のある人の権利を保障するために，スウェーデンではやさしく読める図書センターが設立され年間30冊程度のやさしく読める本を刊行し（2009年までに800冊程度の本が刊行された），『8ページ』というわかりやすく書かれた新聞を刊行している。やさしく読める図書センターでは，読み安くわかりやすい本を作るためのガイドラインを作成している。ガイドラインは①内容と言葉に関するもの②レイアウトに関するもの③絵に関するもの④難しさのレベルに関するもの⑤読みやすさを必要とする読者に関するものがあるが，このガイドラインを柔軟に利用しながら，言葉をやさしくし，イラストや写真，図を効果的に利用し，時にはシンボルなども用いて，やさしく読むニーズを持つ人のために興味深い本を作っている。近年このLLブックの考え方が日本にも導入され，スウェーデンで刊行された本の翻訳をはじめ，日本で独自に作られたLLブックが刊行されている。

特別な教育的ニーズに応ずるためには，施設・設備，特別なニーズに応ずるメディア，学校図書館活動の工夫が重要である。なかでもDAISY図書やLLブックのように，特別なニーズに応じたメディアに関する情報を収集し，実際のメディアを収集・整理して利用に供することが重要である。実は，これらの取り組みは特別な教育的ニーズを持つ児童生徒のためのみでなく，その他の児童生徒にとっても意味ある取り組みとなっている。例えば特別な教育的ニーズに応じたメディアは，その他の児童生徒にとってもやさしく読め，手に取りやすい資料となっている。特別な教育的ニーズを想定して行う学校図書館の整備は，学校図書館のユニバーサルデザイン化に取り組むことにもなり，全ての児童生徒が利用しやすい学校図書館を生み出すのである。

（3）特別支援学校における学校図書館

改正された学校教育法では，特別支援教育の中で特別支援学校は，小中学校に在籍し特別な教育ニーズを持つ児童生徒がその教育的ニーズに応じた教育を受けられるように，必要な助言・援助を行うように定められている。特別支援学校がもつ教育上の高い専門性を活かしながら，地域の小中学校を積極的に支援するセンター機能が期待されているのである。この考え方からすれば，特別支援学校の学校図書館は，地域で特別な教育的ニーズをもつ児童生徒のための支援を行うセンター的機能を有さねばならないことになる。では特別支援学校の学校図書館はどのような状況なのだろうか。2013年に全国SLA特別支援学校図書館調査委員会が全国の特別支援学校に対して行った調査から概況を見る事にする注6。

特別支援学校の中で学校図書館を設置している学校は87.6％で，設置率が100％となっているのは聴覚のみであり，設置率が最も低かったのは知的の79.9％で，知的の学校図書館は他の施設との兼用率も約34.2％となっている。学校図書館法第3条ですべての学校に学校図書館の設置を義務づけている。本来設置率は100％でなければならないことからすると法令違反の状態であり，問題である。

また，学校図書館の平均蔵書数を見てみると4342冊で，視覚校が10905冊（点字図書，録音図書—DAISY図書を含む—，拡大文字図書を含む），聴覚が7333冊，肢体が約5030冊，病弱が約4671冊，知的が2302冊，併置・総合（以下総合）3841冊と，校種間での差が大きく，知的校は視覚校の４分の１以下の蔵書数しかない。知的校の蔵書数は，文部科学省の学校図書館図書標準に照らすと，１学級から成る特別支援学校小学部の標準冊数（2400冊）に相当する。蔵書の少なさがここからもわかるであろう。特別支援学校は幼稚部，小学部，中学部，高等部等の複数の学部から構成されることが多く，幅広い年齢層の子どものニーズに応える蔵書が必要である。この点から考えても十分な蔵書が確保されているとは考えにくい。ちなみに，全国SLAの同年の学校図書館調査によれば，小・中・高等学校の平均蔵書数は小学校9745冊，中学校10971冊，高等学校25400冊であった。

これら蔵書を支える年間予算だが，視覚26.6万円，聴覚21.4万円，肢体18.1万円，病弱18.9万円，知的15.7万円，総合14.4万円で，１校あたり平均16.8万円であった。この年間予算の内訳は公費14.3万円，私費2.5万円で学校によっては全額が私費のみでまかなわれているところもあったという。またそもそも予算が０円であるケースもあり，特に予算がないケースは知的校と総合校に目立ったという。全国SLAの同年の調査では，公立小・中・高等学校の年間予算の平均は小学校56.2万円，中学校74.9万円，高等学校107.4万円であった。すでに述べたが，蔵書数の厳しい状況はこの予算状況によることがわかるだろう。

ここまで学校図書館の物的状況を見てきたが，人的状況はどうだろうか。学校図書館を運営する司書教諭の発令率は，視覚46.3%，聴覚43.1%，肢体約66.3%，病弱約42.9%，知的56.3%，総合72.2%で平均57.5%であった。野口らの2007年調査時よりも発令率は上昇している。

2014年６月，学校図書館法の改正によって，学校司書配置の努力が法に明記されたが，学校司書の配置率は，視覚42.6%，聴覚20.0%，肢体13.6%，病弱17.1%，知的6.6%，総合12.9%と2007年度調査時よりも配置率が上昇している。全国SLAの同年の調査では小学校66.4%，中学校69.5%，高等学校76.9%であるので，最も配置率の高い視覚校もすべての校種の水準に達していないことがわかる。

以上，特別支援学校の学校図書館概況を見てきたが，特別支援学校では小中高等学校に「準ずる」教育を施すとともに「障害による学習上又は生活上の困難を克服し自立を図るために必要な知識技能を授けること」を目的としている。よって，小中高等学校よりも教育的ニーズの幅は広くなり，その教育課程の展開を支援する学校図書館も幅の広いメディアを準備することが望まれる。また，特別支援学校は地域の特別支援教育のセンター的な役割を果たすことが求められており，特別支援学校の学校図書館もその一翼を担って地域の特別支援教育展開のために小中学校や関係諸機関との連携協力が重要な役割となってくる。そのような期待される役割からしてみると，現状の特別支援学校の学校図書館の状況は十分なものとは言い難い。それぞれの学校が応えなければならない特別な教育的ニーズは多種多様であるが，司書教諭のリーダーシップの元にあらゆる児童生徒に対応できる学校図書館を構築していくことが望まれる。

2 特別支援教育における学校図書館の利用の実際

(1) 特別支援学級の事例

松江市立揖屋小学校を事例に，小学校の特別支援学級で行われている学校図書館を利用した授業について紹介する。

揖屋小学校の特別支援学級—青空学級・たんぽぽ学級—では，情緒・

知的な側面に特別な教育的ニーズのある子ども達が在籍している。この青空・たんぽぽ学級では，教育課程に位置づけて，週に1時間合同の図書の時間を実施している。担任の坂本道子先生は，4人の子どもに共通する課題としてコミュニケーションをあげられている。大人とのコミュニケーションが主となりがちな子ども達に，子ども同士のコミュニケーションを拓く場としても週に1時間設定された図書の時間を活用したいと考えておられた。

2009年10月14日に拝見した授業では，担任の坂本先生，越野先生，司書教諭の品川先生，学校司書の門脇先生（すべて当時）の4人で指導にあたられていた。

授業が始まる少し前に4年生の男子（以下A児）が学校図書館へやってくる。図書の時間を楽しみにしている様子だ。程なく，先生と他の子ども達がやってくる。2年生の女の子（以下B児）の「図書の勉強を始めましょう」のあいさつで授業は始まった。

あいさつのあと品川先生が「今日も二つお勉強をします。一つは門脇先生におもしろい本を読んでもらいます。二つ目はちょっと楽しいゲームをやります。カードを見て考えてね」と授業の見通しを示された。

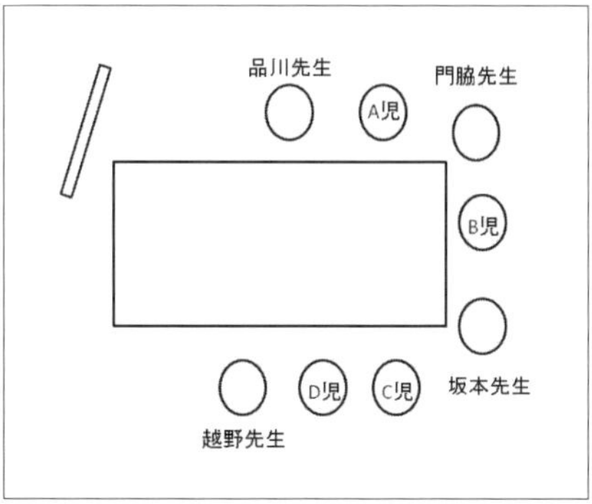

授業の前半は門脇先生による読み聞かせである。前時に読み聞かせた加藤チャコ『おおきなカエル　ティダリク』（福音館書店，2005年）について，ページを繰りながらふり返った。学校行事等の関係で，先週の授業というわけではなかったのだが，子ども達はすぐにお話を思

い出し，思い入れのあるページでは立ち上がり，指さしながらストーリーをふり返っていた。門脇先生がストーリーの後半をふり返るところでは，集中してページを見つめて，お話の世界に入る気持ちの準備ができていた。『おおきなカエル　ティダリク』はオーストラリア（アボリジニ・ガナイ族に伝わる）の話だったが，本時は西アフリカのお話を読むことを話された。その間，品川先生がすかさずホワイトボードに貼られた地図を用意されていて，子どもは「アフリカって…」と品川先生の助けを借りながら，地図のどこなのかを確認していた。本時読み聞かせたのは斎藤隆夫『おおぐいひょうたん』（福音館書店，2005年）というお話である。読み聞かせに入る前に，ひょうたんを知っているか確認されていた。ひょうたんを知っているかどうかで，お話の世界に入っていけるか否か大きく変わってくる。品川先生が「ひょうたんって知ってる？」と投げかけながら植物図鑑を示され，子ども達と写真を見ながら確認されていた。さて，読み聞かせが始まると子ども達はページに視線を集中させ，話を聞いている。次第に前のめりになり，時折「へぇ，すごい」などとつぶやきながら聴いている。子どもの間に座っている先生達は，本を見つめているように見えながら，子ども達に十分注意を払っており，子どものつぶやきや姿勢をしっかりと見とりながら，必要なところでは子どもの耳元でささやいたりしながら読み聞かせを楽しめるようにされていた。人食いひょうたんが主人公の子どもを食べようとするストーリーにさしかかるとＢ児は「えーっ，こわい」と素直につぶやき１年生の女の子（以下Ｃ児）にアイコンタクトをした。怖さを共有したいと考えたのであろう。Ｃ児も二人の間に座っている坂本先生の表情を確認しながら，表情を動かしていた。このＢ児は読み聞かせが終わると少し心配そうに「大食いひょうたんって，日本にもある？」とつぶやいた。品川先生がアフリカにいるのではと話されても「絶対にやだって」と６

年生の女の子（以下Ｄ児）はつぶやき，隣に座られていた先生に話しかけていた。授業の始まりから元気がよく，何かとつぶやき，授業の流れは気にしながらも，時折自分の気になることを話していたＡ児も，読み聞かせの間はすっかりストーリーに集中してテーブルに身を乗り出して読み聞かせに聞き入っていた。

品川先生は『おおぐいひょうたん』のお話で，ひょうたんは何を食べたのかふり返らせながら，「私たちは楽しいお食事考えよう」と巧みに２つめの活動につなげられた。「もしもできるとしたら，お城でお食事がいいですか？気球で朝ご飯食べるのがいいですか？川でおやつがいいですか」と，ジョン・バーニンガム『ねえ，どれがいい』（評論社，1983年）のページを拡大コピーされたカードを示しながら子どもに問いかけられた。はじめに問いかけられたＤ児は川でおやつを選んだ。品川先生は「なんでこれがいいの？」と選んだ理由をたずねられた。その子は「なんか，いい感じっていうか」とうまく言葉にはできないのだが，自分の選んだ理由を伝えようと身を乗り出し身振り手振りを入れながら品川先生に語りかける。品川先生はその様子に共感し「うん，わかる，わかる」と返すと，彼女は船に乗っているのがいい気持ちなのだということを身振りを交えながら伝えることができた。その彼女の表現を大人４人が共感的に受け止める様子を見ながら，他の子どもは自分だったらとカードを見つめている。次に答えたＡ児は気球で朝食を選び，理由を問われるまでもなく，自分から「ここでなんか遊ぶ」と選んだ理由を話していた。品川先生は「そりゃあいい気持ちだね，お空の上で」と受け止めていた。この男の子が話し出す前から自分も話したそうだったＢ児は，自分の番が来るのを待って自分の選んだお城でお食事のわけを語り出した。所々繰り返しながら「何でお城でお食事したいかは，夜になって，お月見の時に月があってきれいだと思う」ということを話した。

話し終えた彼女の表情は嬉しそうであった。そんな彼女を，坂本先生はしっかりと見てうなづき，大丈夫，よくわかるよと表情で支えながら見守っていた。最後にC児が話す番になった。隣に座っているD児が―川でおやつを選んだ―，彼女の手を取り，川でおやつを指ささせた。品川先生のどうして川でおやつがいいのかなという問いかけに，嬉しそうな表情を見せながら言葉を探しているように見受けられた。そんな彼女に，坂本先生が穏やかにささやきかけ，それに対して微笑しながらうなずいていた。やりとりがおやつに何を食べたいのかに進み，自分の好きなおやつや食事の話になると，子ども達は先ほどよりも自由に話し始め，B児とD児は二人で食べ物について話し始めた。食べ物の話に花が咲き始めると「じゃあ次のお食事を考えてもらっていいですか？」と品川先生が次のカードを示す。虫のおかゆ，かたつむりのおだんご，くものシチュー，へびのジュース。カードが出るたび「えーっ」等と歓声が上がる。活動の見通しをもった子ども達は，先ほどよりも表情を柔らかくして楽しみながら活動に入っていく。「わぁ，食べたくない」と言いながらもカードを選んでいく。どう考えても食べるものではない4枚のカードである。品川先生が，どうして選んだのかをたずねていくと，先ほどの問いよりも表情豊かに答えだした。D児は楽しそうに「なんか，たまにですけど，うちのおうちにどこかに蜘蛛の巣があるから，他はないから」と話した。どうやっても理由をつけがたいナンセンスな問いに対して，楽しみながら，理由を探し話していた。C児は困った表情で―といっても楽しそうであったが―カードを見つめていた。隣のD児が手を取ってカードを選ばせようとすると，今度は坂本先生はそれを制止して，自分で選ばせるように目で合図した。「どれにする」と問いかける坂本先生の問いに対して，くものシチューを選ぶことができた。B児は虫が嫌いなので，どのカードも選びたくないと興奮して話した。虫をめぐる話が始まったり２つめの問いをめぐって子ども達がひとしきり会話を楽しんだところで，品川先生は最後の問いを投げかけた。「もしも，いろんな動物が出てきて，ぞうに，おふろのおゆを全部のまれちゃうのと，鷹っているでしょう？たかにご飯を食べられちゃうのと，ぶたに，（笑）ぼくのずぼんをはかれちゃう，かばにふとんをとられちゃうとしたら，ねえ，どれがいい？」Ａ児が，かばに布団をとられてしまうものを選ぶと「これならば，まだいい？」との問いかけに「うん，こいつ（絵のカバ）をたたく，それで，こいつ（鷹をさして）を攻撃する」と言うと，それに対して向かいにいたＤ児が「つんとつつかれるよ」と返し，男の子は「じゃあ逃げる」と答えていた。Ｄ児は鷹にご飯を食べられるのは嫌だから，野球のバットで打ってしまうという意味のことを言うと，Ｂ児はそれをおもしろがり，Ｃ児も少し表情をくずして笑っていた。最後にＣ児がどれにするか問われると，少しいたずらっぽい表情をして，鷹にご飯を食べられてしまうカードを選んでいた。品川先生の「じゃあ，あとはだめね」の言葉にはしっかりとうなずいていた。「それではお勉強は終わりです。あとは本を返したり借りたりしてください」で４人の学習は終了した。本を返して借りる場面でも，先生達は子ども達の選ぶ本に注意を払い，手に取った本を一緒に開いて借りる本を選ぶ支援をしていた。

本時の授業の中で，司書教諭，学校司書，担任教諭，はどのような役割を果たしていたのだろうか。

授業は学校司書による読み聞かせ，司書教諭によるコミュニケーション活動，本の貸借の３つの場面から成っている。

授業の導入時，司書教諭は，本時で何を学習するのかを話す場面があった。特別な教育的ニーズをもつ子どもの中には，何が起こるのか不安なために見通しがもてない場では充分学習に取り組めない子どももいる。またこれから取り組むことがわかれば，期待感をもって意欲的に学習に取り組むことができる。司書教諭は本時の見通しを示すことによって子どもが意欲的に，安心して学習に取り組めるようにしているのである。本時は，基本的には司書教諭によって進行されていった。

読み聞かせに使われた図書資料の選定は，司書教諭と学校司書によって行われている。授業のはじめにはアフリカの昔話が読み聞かせられていたが，担任教諭から伝えられていた子ども達の実態と課題から，昔話を読み聞かせようと言うことになったのだという。昔話はストーリーの展開がはっきりしていてストーリーの中に繰り返しのある場合が多く，登場人物も少ない。伝えるメッセージ性も明確である。青空学級やたんぽぽ学級の子ども達には理解されやすい。これは，先述したLLブックのガイドラインにも通じるものがある。

また，世界の昔話を選ぶことによって世界に目を向けさせることもできる。本時で読み聞かせた昔話はアフリカの昔話なのであるが，地図で確認する場面を設けたり，ひょうたんを植物図鑑で確認したりと，わからないことを確認する場面があった。地図は小学校の低学年向けの地図が使われていて，学校図書館内には地球儀もおかれていた。特別な教育的ニーズのある子どもの中には，コミュニケーションがうまくできないために，知らなかったりよくわかっていないのに，知っているふりやわかったふりをする子どもがいるという。こういった確認の場は，わからないことは調べるという情報リテラシーのスキルを育てる意味でも重要である。

本時の展開場面で用いられた図書資料『ねえ，どれがいい』は司書教諭と学校司書が選び，どこの場面を使うのか担任教諭と相談して決めたのだという。子ども達と読んでいくと自然と笑いの生まれる楽しい本である。担任教諭の，自分で選んだり話したり話し合ったりすることに課題のある子ども達であるという捉えを元に，こんなことはないだろうという奇想天外な場面によって，子どもの心を動かし自然な自己表出を願っての選書であった。この選書は見事にねらいを達成していた。授業の開始時には硬い表情であったＣ児は，読み聞かせの中で，表情を少し緩めた後，この本をめぐるやりとりで自分が実際のコミュニケーションの場に立つことによって，選び，理由を考える中で緊張感を解いた自然な表情に変わり，時にはにこやかな表情を見せるまでになっていった。特別支援教育においては，子ども個々の特別な教育的ニーズの幅が広いために検定教科書を用いての学習が効果的でない場合も多い。本時のように学校図書館の支援を得られれば，子どもの実態に応じた教材を利用する事ができる。

本時は授業を司書教諭や学校司書が主導することによって，担任教諭は子どもと共にお話の世界にひたり，そこから自然にこぼれ出てくる子どものつぶやきをしっかりと拾える態勢になっていたことも見逃せない。司書教諭らと担任教諭のティームティーチングの方法は様々であり，必ずしも学校図書館を使う授業を主導するのは司書教諭に限る必要はないが，本時は授業の進行を司書教諭がとることによって，担任は子どもの個別指導に集中できる態勢をとっていてそれが効果的であった。

本時終末の本を借りる場面での支援も見逃せない。特別な教育的ニーズのある子どもだからこそ，一人ひとりの選書を支援する必要は高い。子どもの選ぶ本を一緒に数ページ読みながら確かめる場面も見られた。

以上，本時の展開に従って学校図書館を活用した授業における司書教諭らと担任教諭の役割とその意義についてみてきたが，通常の学校における授業と基本的には変わることはない。司書教諭は学校図書館機能を授業とつなぐためにリーダーシップを発揮して，担任教諭との子どもの実態・課題の共有を図り，それに応じた授業構成の支援を行う。授業構成の支援においては，学校図書館が最も得意とする資料の提供をはじめとし，読み聞かせやブックトークなどの学校図書館活動の活用，司書教諭による情報リテラシーのスキル指導の支援，司書教諭，学校司書の授業支援等をコーディネートしていくことが重要である。特に特別支援教育においては子ども個々の特別な教育的ニーズの細やかな理解とそれに応じた図書資料等のメディアの準備が重要である。

（2）特別支援学校の事例

特別支援学校での総合学習の図書館活用事例を紹介する。東京学芸大学附属特別支援学校の中学部では中学部１・２年生で行われる東京探検という単元に学習において，司書教諭が調べる活動を位置づけた実践に取り組んだ注7。この単元では単元の後半で水の科学館見学と水の浄化実験の体験学習をすることになっており，その活動に向けて生徒の意識を水に向け，水を大テーマにそれぞれが興味を持ったことを調べ，見学とも合わせて，調べたことの発表会を単元末に行うというものであった。

本単元では導入となる第1時に，学校司書が水に関するブックトークを行い，そこで紹介された本を入り口として生徒が興味を持った本を読み，それを元に調べる活動を展開していった。調べるための資料は十分ではなかったが，附属学校間の相互貸借等で補った。終末の発表会では，調べる方法として本を使うことが明確に意識されていたとのことであった。

２つの事例を見てきたが，特別な教育的ニーズのある児童生徒に対する指導は，指導の対象となる子どもの実態が大きく異なるために，個に応ずることが重要となってくる。揖屋小学校の事例でも，東京学芸大学附属特別支援学校の事例でも，子どもの実態に応じた多様な資料が用意されており，それぞれの子どもの個人差に応じて資料を活用できる支援が行われていた。個に応じた指導が特別な教育的ニーズのある子どもには必要なのである。しかし，これは何も特別な教育的ニーズのある子どもに限ったことではないだろう。一般の学校に通う子どもたちも，実は様々である。特別支援教育での図書館を活用した実践は，一般の学校における実践についても大きな示唆を与えてくれるのではないだろうか。

■ 理解を確実にするために

1 次の用語を説明しましょう
　①特別な教育的ニーズ
　② DAISY 図書
2 次の問いに答えましょう
　①特別な教育的ニーズに応じた学校図書館メディア・サービス（活動）にはどのようなものがありますか。

■ 理解を深めるために

① 野口武悟『一人ひとりの読書を支える学校図書館　特別支援教育から見えてくるニーズとサポート』読書工房　2010年
② 野口武悟『多様性と出会う学校図書館―一人ひとりの自立を支える合理的配慮へのアプローチ―』読書工房　2015年

【注】

注1 文部科学省は2012年に「通常の学級に在籍する発達障害の可能性のある特別な教育的支援を必要とする児童生徒に関する調査」の結果を公表している。
http://www.mext.go.jp/a_menu/shotou/tokubetu/material/__icsFiles/afieldfile/2012/12/10/1328729_01.pdf
(2013年2月28日確認，以下同様)

注2 野口武悟によって特別支援教育と学校図書館の先駆的研究が行われている。野口武悟「特別支援教育における学校図書館の概観と展望」『学校図書館』No.707，2009年9月。

注3 表の作成にあたっては以下の研究を再構成した。野口武悟「特別支援学校における学校図書館のいま（1）施設・設備と運営体制の現状と課題を中心に」『学校図書館』No.697，2008年11月，「特別支援学校における学校図書館のいま（2）所蔵メディアと利用・活用の現状と課題を中心に」『学校図書館』No.698，2008年12月

注4 DAISYについては，以下のサイトを参照。「ENJOY DAISY」(公益財団法人日本障害者リハビリテーション協会情報センター内　DAISY研究センター)
http://www.dinf.ne.jp/doc/daisy/index.html
財団法人　日本障害者リハビリテーション協会配架のパンフレットを発行している。「ENJOY DAISY DAISYって何だろう？」また，日本障害者リハビリテーション協会のサイトに説明があり，閲覧用ソフトウエア・作成用ソフトウエア，DAISY図書のサンプル等を無償でダウンロードすることができる。http://www.dinf.ne.jp/doc/daisy/index.html
また，伊藤忠記念財団は，児童書をDAISYの規格で電子化し，全国の特別支援学校，公共図書館，医療機関等に無償で提供し，障害のある子どもの読書支援に取り組んでいる。詳しくは，同財団のサイトを参照のこと。
http://itc-zaidan.or.jp

注5 藤澤和子・服部敦司（編著）『LLブックを届ける』読書工房，2009年3月

注6 野口武悟（全国SLA特別支援学校図書館調査委員会委員長）「特別支援学校における学校図書館の現状（Ⅰ）・（Ⅱ）」(『学校図書館』765・767号，2014年7月・2014年9月)。2013年9月に全国SLA特別支援学校図書館調査委員会

は全国の特別支援学校の本校1048校に対して質問紙による調査を実施した。回収率は64.7％であった。これに先だって野口は2007年に全国の特別支援学校に対して全国悉皆調査を行っている（『特別支援学校の学校図書館はいま―2007年全国実態調査の結果から―』誠道書店（新潟）2009年９月。なおこれは，研究代表者　野口武悟「特別支援学校における学校図書館の現状と課題―全国悉皆調査と事例研究を通して―」（平成19～20年度科学研究費補助金成果報告書）によっている）。本文中では，これらを2007年調査と呼ぶことにする。また，本調査と比較するために全国SLAが毎年行っている学校図書館調査を取り上げている（「2013年度学校図書館調査報告」『学校図書館』757号，2013年11月）。

注７　本実践は「先生のための授業に役立つ学校図書館活用データベース」（http://www.u-gakugei.ac.jp/~schoolib/htdocs/）に収録されている事例である。（管理番号 A0165）
http://www.u-gakugei.ac.jp/~schoolib/htdocs/index.php?key = mugi8s1z2-26#_26

13 ICTを活用した教育・デジタルコンテンツの活用と学校図書館

鎌田和宏

《目標&ポイント》 社会の情報化の急速な発展に伴い，情報通信技術を活用した21世紀にふさわしい学びと学校が求められている。そこでは児童生徒に「情報活用能力」の育成が求められ，教員にはICTを効果的に活用した，分かりやすく深まる授業の実現が求められている。その様な状況下で学校図書館はどのような役割を果たすべきか。指導にICTをどう活用するか，また電子書籍やデータベース等のデジタルコンテンツをどう扱うべきか。
《キーワード》 情報教育，情報活用能力，デジタルコンテンツ

1 教育におけるICTの活用の背景と現状

21世紀は知識基盤社会といわれている。新しい知識・情報・技術が政治・経済・文化をはじめ，社会のあらゆる領域での活動の基盤として飛躍的に重要性を増す社会である。このような社会で生きる子どもたちには「情報活用能力」を育むことが重要であるとされている。これは必要な情報を主体的に収集・判断・処理・編集・創造・表現し，発信伝達できる能力である（注1）。

ここでいう「情報活用能力」は本書でこれまで述べてきた情報リテラシーに他ならない。ただし，「情報活用能力」の語にはICT機器の利活用のニュアンスが強く込められている。2011年に文部科学省が発表した「教育の情報化ビジョン」（注2）によれば，子どもたちの「情報活用能力」

を育てるために教科指導における情報通信技術の活用が必要だとされている。教師には情報通信技術の活用によって分かりやすく深まる授業の実現が求められ，指導者用デジタル教科書，学習者用デジタル教科書，デジタル教材等のデジタルコンテンツ（情報の内容をデジタル形式にしたもの）の活用とそれを支えるICT 機器やネットワーク環境整備の必要性が示されている。

上記のような教育政策の基本的な考えを背景に，ICT 環境の整備は進められている。2014年３月現在の学校における ICT 環境の整備状況はといえば，教育用コンピュータ１台あたりの児童数は6.5人，教員の校務用コンピュータ整備率は111.1％，普通教室の構内 LAN 整備率は85.6％，電子黒板のある学校は全国平均で76.4％（前年度平均74.7％），１校あたりは小学校では2.5台，中学校では2.3台，高等学校2.1台が配置されている。また指導者用デジタル教科書の整備状況は37.4％（前年度平均32.5％）となっている。地域差はあるものの全般的に整備は進んでいる状況にある注３。

ICT 機器環境の整備を基盤に，ICT を活用した授業改善の取り組みは進められている。現状の ICT 機器の状況を考えると，液晶プロジェクターや大型液晶ディスプレイを用いた電子黒板を使って，授業をどう改善していくかが課題となっている。電子黒板といっても，その実はタッチオペレーションできる大型ディスプレイで，その機能は PC によって実現されている。PC を活用し教材をどう提示していくかが課題の中心となっている。

子どもの情報教育については，図13－1のように，子どもがデジタルコンテンツを活用して学ぶことや，ICT 機器を活用してこれまでにはなかった学びを具現化することが課題となっている注４。「学びのイノベーション事業」注５（文部科学省）と「フューチャースクール事業」

(注1) 各部の名称は仮称である。例えば、基本エンジンは、プラットフォームと呼ぶことも考えられる。
(注2) 基本機能としては、編集・移動・追加・削除などが考えられる。
(注3)「学習者用表現・協働学習ツール」として、デジタルノート、メール等が考えられるが、学習者用デジタル教科書・教材の範疇に含めることも考えられる。
(注4)「指導者用ツール」として子どもたちの情報末端の画面をモニター及び制御すること等が考えられるが、デジタル教科書・教材の範疇に含めることも考えられる。
(注5) 授業風景については、あくまでもイメージであり、特定の情報末端等を想定しているものではない。

図13-1

注6（総務省）において，クラウド型コンピューティング技術を活用し，児童生徒一人1台のノート型PCやタブレットPCを整備し，児童生徒用デジタル教科書・教材の活用実証実験が行われ，その有効性が示されている。

2 デジタルコンテンツの活用と授業

ICT機器を活用した授業では，指導者用デジタル教科書をはじめとしてデジタルコンテンツが使われることが多い。電子黒板で映しだされ

図13-2

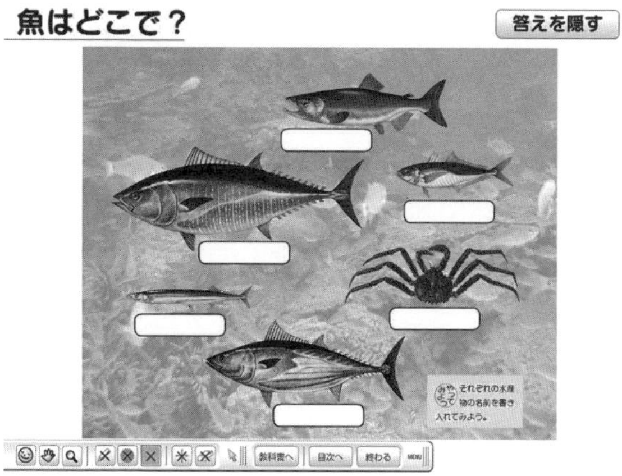

図13-3

る教科書は，紙媒体の教科書にはない表現力を持っている。図13-2は小学校５年社会科のデジタル教科書である注7。水産業を学習する際の導入の頁である。通常このような頁の点線四角で囲んだ部分をタッチすると，図13-3のようになる。ここを拡大し，魚の名前を問いかけながら（魚の名前は魚の下の資格をタッチするとあらわれる），子どもとその魚の関わりについてやりとりをし，私たちのくらしと魚が深く関わっていることを対話しながら水産業の導入を行っていくのである。紙媒体の教科書だと，魚の名前を当てるクイズの下に，その先におこないたいことが文章で書かれている。デジタル教科書だと，そこを見せずに，デジタル教科書の画面に視線を集め，子どもと対話しながら，必要な部分だけを見せて授業を行えるのである。

その後「日本の主な漁港と水あげされる主な水産物の量」の主題図（図13-4）で主な漁港，主な水産物，海流を適宜タッチして表示させながら，水あげの多い漁港はどこにあるのか，またその漁港と海流の関係はどうなっているのか，水産業のさかんな地域の自然条件を考えながら単元をつらぬく学習問題を考えるという様に授業は展開していく。

このように，デジタル教科書には文書や図表，グラフ，静止画像，動

図13-4

画像等があり，それらが，操作によって動的に表示を変えながら，子どもに分かりやすく伝えられる工夫がされている。紙媒体の教科書にはなかった，わかりやすさを実現しようとしているのである。デジタル教科書は，通常校内サーバー等にインストールされ，校内のどこからでも利用できるようになっている場合が多い。デジタル教科書だけでなく，資料集や教育書等の関連資料としてインターネット上にデジタルコンテンツが公開されることも増えてきている。地域によっては，自治体が管理する学校間を結んだWANの中にサーバーを置き，教育に関わるコンテンツを限定的に公開しているところも出てきている。NHK等の放送局も教育用デジタルコンテンツを公開するようになってきている。授業で活用できるデジタルコンテンツは今後増加していくことが予想される。

3　デジタルコンテンツの活用と学校図書館

以上見てきたデジタルコンテンツだが，教師が指導者用の教材として使うだけでなく，子どもが学習用の資料としてその有効性を発揮することも可能である。

身近で使えるデジタルコンテンツはインターネットのウエブサイトで提供されている検索のサービスや，そこから表示されるウエブサイトの情報がまず想起されるであろう。しかし，それらの情報は，学習に使える信頼に足る情報であるか否かは不確定である。信頼性の担保されているデジタルコンテンツを用意したいものである。現在では図鑑などの図書資料の付録として実物の動画像を収録するDVDが付属している注8。また，図鑑の頁に2次元バーコードが印刷され，それをスマホ等で読み取らせるとインターネットのウエブサイトに接続され関連するメディア資料を表示するものもある。1953年に制定された学校図書館法の2条には「図書，視覚聴覚教育の資料，その他学校教育に必要な資料（以下「図書館資料」という）を収集し，整理し，及び保存し，これを児童又は生徒及び教員の利用に供することによって学校の教育課程の展開に寄与する」とある。今から60年以上も前に，すでに図書以外の資料を想定している。当時からするとレコードなどの音声資料や映画などの動画資料を考えてのことであろう。現在であれば文字以外の様々な情報を収録するパッケージメディア（CD や DVD 等の物理メディアに記録されて流通する情報メディア）やネットメディア（放送やインターネット等を通じて送受信される情報メディア）についても学校図書館の資料として収集・整理・保存・提供する時代がやってきているのである。音楽 CD や動画の DVD 等パッケージメディアについては，すでに学校の様々なところで収集・保存されているであろう。それらについては，学校図書館の目録に登録し利用可能な状況にするとよい。かつては CD-ROM や DVD-ROM といったパッケージメディアで提供されていたが現在ではサーバーにインストールして使うかインターネットを通じて提供されているものがほとんどになってきている。その様なネットメディアのデジタルコンテンツで児童・生徒が比較的利用しやすく，学校図書館で利用頻度も高く導入しやすいものは，辞典・事典や図鑑等の参考図書がそれにあたるであろう。高等学校の学校図書館には複数の辞典・事典が検索できるジャパンナレッジ注9のライセンス契約をし，学校図書館等で利用できるようにしているところもある。小中学校だと紙媒体で提供されている百科事典ポプラディアのポプラディアネット注10が代表的なものであろう。この他にも，学校図書館の利用指導に関するデジタルコンテンツもある。それらについても目配りしておきたい注11。

これらのデジタルコンテンツの利用にあたっては，デジタルコンテンツを再生するICT機器と高速なインターネット環境が必要となる。

このようなデジタルコンテンツとICT機器をそろえ，実際の授業で活用している学校がある。荒川区立第一日暮里小学校の5年生の社会科の授業を紹介する。2014年11月28日の公開授業（同校は当時日本学校図書館学会の研究推進校）の際に関口恭平先生の「自動車をつくる工業」の授業を参観した。この授業は学校図書館で行われ，相澤めぐみ学校司書も共に指導にあたられていた。子どもたちはこれからの自動車工業について，それぞれ調べたいテーマを設定し，学校図書館の図書資料と，一人1台用意されたペン入力が可能なノートPCを駆使して調べる活動に取り組んでいた。図書資料を使う子どもが多く，図書資料を読んでいく際に不明な言葉があるとノートPCを開いてポプラディアネットに知りたい語を入力し検索して調べ読んでいた。授業後子どもにインタビューすると，図書資料の方が調べたいことを分かりやすく書いているので調べやすいとのことであった。わからない言葉は国語辞典でも調べられるが，言葉がのっていないこともあるのでポプラディアネットで調べた方が調べやすいとのことであった。この授業にはICT支援員のサポートもあり，PCの操作やネットワークにトラブルがあるとすぐに支援が受けられるようになっていた。現時点での図書資料とデジタルコンテンツの理想的な利用環境を整え行われた授業であったように思う。

■ 理解を確実にするために

1 次の用語を説明しましょう

①電子黒板

②指導者用デジタル教科書

③デジタルコンテンツ

2 次の問いに答えましょう

①学校図書館で利用できるデジタルメディアにはどのようなものがありますか。

【注】

注1　文部科学省「教育の情報化ビジョン～21世紀にふさわしい学びと学校の創造を目指して」(平成23年４月28日）３頁。

注2　前掲「教育の情報化ビジョン」

注3　文部科学省「平成25年度学校における教育の情報化の実態等に関する調査結果（概要)（平成26年３月現在）
http://www.mext.go.jp/a_menu/shotou/zyouhou/__icsFiles/afieldfile/2014/09/25/1350411_01.pdf

注4　前掲「教育の情報化ビジョン」18頁

注5　学びのイノベーション推進事業については次のサイトを参照のこと。
http://www.mext.go.jp/b_menu/shingi/chousa/shougai/030/index.htm

注6　フューチャースクール推進事業については次のサイトを参照のこと。
http://www.soumu.go.jp/main_sosiki/joho_tsusin/kyouiku_joho-ka/future_school.html

注7　「小学校社会　デジタル教科書」第５学年上巻（教育出版　2011年)。なお，2015年に教科書が改訂されたため，図13－2～4のような画面は現行版には収録されていない。

注8　例えば小学館の図鑑 NEO の2014年以降の出版のものには DVD が付属している。『DVD 付新版　昆虫（小学館の図鑑 NEO)』(小学館　2014年６月)。

注9　ジャパンナレッジについては以下のサイトを参照のこと。公共図書館で利用できるところも多い。http://japanknowledge.com/

注10　ポプラディアネットについては以下のサイトを参照のこと。公共図書館で利用できるところも多い。https：//poplardia.net/

注11　スズキ教育ソフトからは，図書館利用指導用提示ソフトとして，「まかせて！学校図書館シリーズ」が出されている。同ソフトは河西由美子・堀田龍也の監修により，小学校低学年，高学年，中学校が各２巻構成となっている。

14 教授／学習活動を支援する情報サービス

堀川照代

《目標＆ポイント》 学校図書館は，児童生徒の学習活動に対しても教職員の教育活動に対しても，その情報ニーズに対応する。ここでは，レファレンスサービスをはじめとした情報サービスについて説明し，利用者のニーズに対応した資料や情報を提供するためには，どのような準備が必要かを考える。
《キーワード》 情報サービス，レファレンスサービス，レフェラルサービス，カレントアウェアネスサービス，情報源，レファレンスプロセス，パスファインダー

1 情報サービスとは何か

（1）情報サービスの定義と種類

図書館の提供する「情報サービス」は，レファレンスサービスから発展してきたものである。レファレンスサービスとは，利用者の情報要求に対する人的サービスのことを指し，「refer（問い合わせる，参考にする)」を語源としている。これは情報社会の進展に伴って，reference service ⇒ reference and information service ⇒ information service と，その呼称を変えてきた。

情報サービスには，レファレンスサービスのほか，レフェラルサービスやカレントアウェアネスサービスが含まれる。利用者の代わりに情報

検索を行う代行検索も情報サービスの範疇と考えられている。これらの用語を『図書館情報学用語辞典』（第４版　丸善　2013）によって確認しておこう。

□レファレンスサービス（reference service）

何らかの情報あるいは資料を求めている図書館利用者に対して，図書館員が仲介的立場から，求められている情報あるいは資料を提供ないし提示することによって援助すること，およびそれにかかわる諸業務。（後略）

□レフェラルサービス（referral service）

利用者からの情報の要求に対して，その分野の適切な専門家や専門機関に照会して情報を入手し，提供するサービス。また，そうした専門家や専門機関を利用者に紹介するサービス。（後略）

□カレントアウェアネスサービス（current awareness service）

図書館その他の情報機関が利用者に対して最新情報を定期的に提供するサービス。コンテンツサービス（筆者注：特定の主題分野の雑誌の目次をコピーして提供する），新着図書目録の配布，SDI（筆者注：選択的情報提供―特定主題に関する最新情報を定期的に提供する）などの形態がある。

（２）学校における情報サービス

学校における情報サービスは，レファレンスサービスが多い。例えば，「小泉八雲はどこの国で生まれた人か」という児童生徒の質問に対応するのは無論のこと，教職員からの「NIE について書かれた新聞記事はないか」という情報要求にも対応する。

館内の資料やインターネットでは探し得ない時は，他校の図書館や地域の公共図書館にも協力を仰ぐが，それでも適切な情報が得られないときには，専門家や専門機関へ問い合わせるレフェラルサービスとなる。特に教職員に対しては，後述するカレントアウェアネスサービスを提供しているところもある。

ただ，「情報サービス」はその語のイメージから，学校の情報化に関するサービスあるいは情報教育に対する支援サービスと混同してとらえないようにすることが必要である。

また，児童生徒に対する情報提供では，質問に対する回答を，即，提供するのではなく，同様の情報要求が次に生じたときには自分で回答に辿り着けるように，その方法を含めて指導することが重要である。これをレファレンスの利用指導機能と言う。これについて次に説明しよう。

2 レファレンスサービス

(1) レファレンスサービスの2つの機能

レファレンスサービスには，「資料・情報の提供」と「利用指導」という2つの機能があり，同一の質問でも，どちらの機能を重視するかによって対応の仕方が大きく変わってくる。

例えば，「地震について調べたいが何をみればよいか」という質問があったとしよう。

「資料・情報の提供」を重視した場合は，地震に関して書かれた本を手渡したり，百科事典の該当ページを開いて見せたり，該当する本の配架場所を示したりするなど，適切と思われる資料や情報を提供する。

「利用指導」を重視した場合には，分類や目録の仕組みを教えてNDCの「453」が地震学であることを発見させたり，百科事典で見出しと索引から「地震」を引く方法を教えたりして，質問者が自ら調べて求める情報や資料に辿り着くことができるように支援する。

上記の2つの方法のどちらを採るかは，質問者のこれまでの経験や知識，探索能力レベルなどに照らして図書館担当者が判断する。一般に，専門図書館や大学図書館では情報・資料提供機能が高く，学校図書館では情報リテラシーの育成という観点から利用指導の機能が高い。

(2) レファレンスサービスの業務内容

レファレンスサービスというと，質問者と図書館担当者との①質問回答のやりとりの場面を思い浮かべるであろうが，そのほかに**図14-1**のように②間接的サービス，③副次的なサービスがある。

①質問回答サービス

利用者からの質問に直接回答する質問回答サービスには，「情報・資料の提供」「利用指導」「二次資料の作成・提供」の対応方法がある。**図14-2**は具体的な対応例である。

②間接的サービス

図書館員はWalking Dictionaryとして知識を網羅的にもっている人ではない。このことを調べる時にはこの参考図書を，あれを調べるにはあの参考図書をというように，どのような時にどの参考図書（レファレンスツール）を使えばよいかを知っている人である。そのためには，図書館にはレファレンスのためのツール（道具）を整備しておかなくてはならない。

レファレンスツールの集合体，つまりレファレンスコレクションは，自校の現状を把握して計画的に構築されなければならない。全国学校図書館協議会では，参考図書の選択基準を**図14-3**のように定めている。

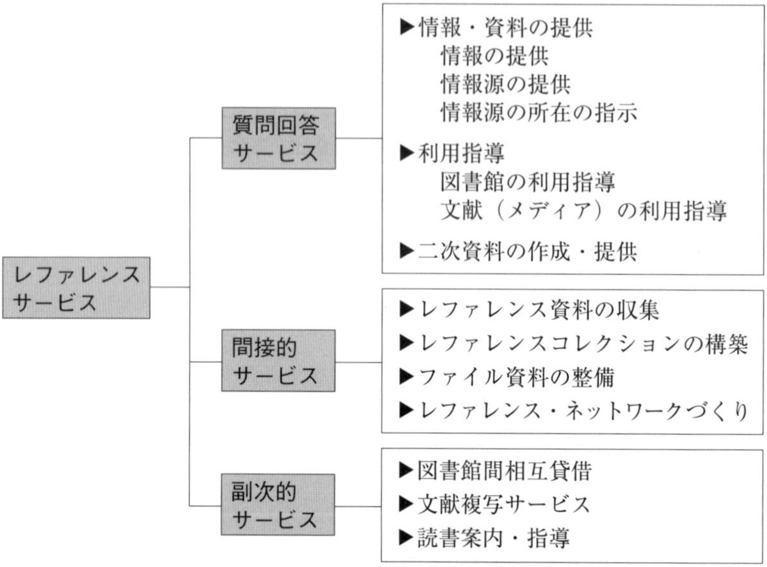

図14－1　**レファレンスサービスの業務内容**

質問：「地震について調べたい」

a．情報・資料の提供	
	情報の提供……百科事典の「地震」の項目を開いて見せる etc.
	情報源の提供……『地球たんけんたい　4　地震だ！』（F.M. ブランリー，リブリオ出版，2002）などを手渡す etc.
	情報源の所在の指示……「450」あるいは「453」（「地球科学」あるいは「地震学」）や「030」（百科事典）などの棚を見るように指示する etc.
b．利用指導	
	図書館の利用指導……図書館の資料の並べ方や，カード目録や OPAC の使い方を教える。公共図書館の使い方を教え，行ってみることをすすめる etc.
	文献（メディア）の利用指導……百科事典や専門事典の使い方（索引や凡例の見方），書誌や索引の説明や使い方，効果的なインターネット検索の指導 etc.
c．二次資料の作成・提供……「地震」に関する資料リストを作成する etc.	

図14－2　**質問への対応例**

Ⅱ．部門別基準

1　百科事典・専門事典

(1) 項目の選定や解説が適切になされているか。

(2) それぞれの項目について，専門家が執筆し，説明の内容は正しく，かつ新しいか。また，執筆者が示されているか。

(3) 見出しが使いやすく，必要な写真・図版が適切に掲げられているか。

(4) 参照の指示が適切になされているか。

(5) 参考となる資料が紹介されているか。

(6) 索引は，調査研究に充分たえるように作られているか。

(7) 統計資料・補遺・年鑑の刊行など，新しい情報を補充するための配慮がなされているか。

(8) 必要に応じて，充分な改訂がなされているか。

2　辞　　典

(1) 編者は，信頼のおける専門の研究者であり，最新の研究成果を踏まえた編集がなされているか。

(2) 見出し語の選定は適切であるか。

(3) 解説・説明は正確でわかりやすく，客観的になされているか。

(4) 索引や参考となる資料が，必要かつ充分につけられているか。

(5) 必要に応じて，出典・用例・参照などが適切につけられているか。

3　年鑑・統計・白書類

(1) 公的な機関または責任ある団体によって編集されたものか。

(2) 資料の収集や処理が客観的かつ科学的であるか。

(3) 統計は正確で新しく，調査年度および原拠が示してあるか。

(4) グラフや図版が適切に使われ，また，必要な解説がつけられているか。

(5) 年鑑は，とくに項目の選定や解説が適切になされているか。

7　自然科学に関する図鑑

(1) 写真や図版は，実物の色彩や形態を正確に伝えているか。

(2) 写真や図版は，実物の特徴を正しく表現しているか。

(3) 写真や図版には倍率が示してあるか。

(4) 児童生徒の発達段階に応じた適切な解説や索引があるか。

8　地図帳

(1) その地図の目的にかなった図法を用い，また，図法名を示してあるか。

(2) 信頼のおける新しい原図をもとにしているか。

(3) 位置や地形の表示は正確であり，工夫がみられるか。

(4) 縮尺と，必要に応じて方位が，明示されているか。

(5) 地図番号などの約束が明示されているか。

(6) 色彩は鮮明で，統計地図などの段階差が明確に出るように配色上の工夫をしてあるか。

(7) 国名や地名，統計上の数値などは最新のものか。

(8) 児童生徒の発達段階に応じた適切な解説や索引があるか。

(9) 必要に応じて，地名を読みやすくする配慮がなされているか。

図14-3　全国学校図書館協議会図書選定基準の一部（1980年制定　2008年改定）

レファレンスツールとして整備しておきたいもののひとつは，ファイル資料である。ファイル資料とは，パンフレットやリーフレット，新聞・雑誌記事の切り抜きを台紙に貼ったものなどである。それらをファイルボックスやバーチカルファイルなどに入れて整理しておくとよい。特に，地元の行政情報や施設・機関情報，人材情報などの地域情報は，学習活動を広げる際に役に立つ。これらの情報は，リストにしたりファイルにしたり，あるいはデータベースにしたりしてすぐに提供できるようにしておくことが大切である。

さらに日頃から心がけておくべきことは，他館や関連機関の担当者とのコミュニケーション，つまりネットワークづくりである。いつでも連携・協力がとれるように体制や人間関係を維持しておきたいものである。

③副次的サービス

レファレンスサービスとして質問を受け付けた後で，派生して行われるサービスがある。図書館相互貸借によって，必要な資料やそのコピーを取り寄せたり，館内でも複写して資料を提供したり，読書案内や読書指導へと進展することもある。

(3) レファレンス情報源

レファレンスサービスでは，効果的に情報提供するために，レファレンスツールだけでなく，さまざまな情報源を駆使して回答する。さまざまな情報源とは，館内の「人」からオンラインデータベースやインターネットなどの「ネットワーク情報資源」までである。他の学校図書館や公共図書館，博物館や各種研究所などの専門機関や専門家など，館外の機関や人々との連携・協力によることもある。(図14-4)

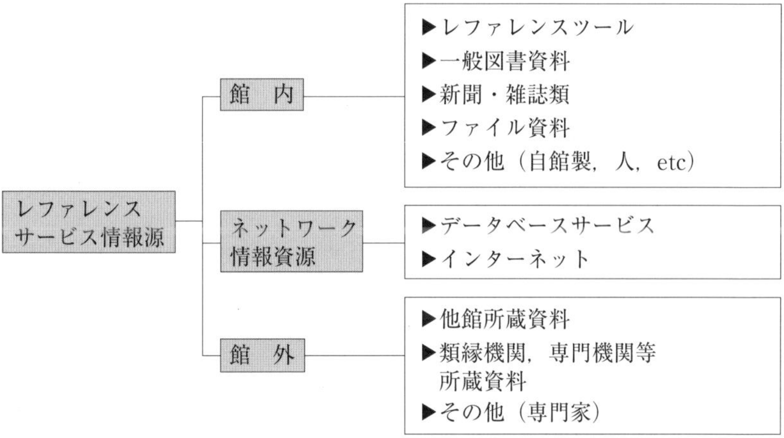

図14-4　**レファレンスサービスの情報源**

（4）レファレンス質問のレベル

レファレンスに寄せられる質問には，簡単に回答できるものから，詳しく調査しないと回答できないものまで，さまざまなレベルがある。その難易度によって次の4つに分けられる。

①案内質問

案内質問とは「地震について書いた本はありますか」「百科事典はどの棚にありますか」など，資料の案内や所在を求める質問である。

②即答質問

即答質問とは，あるレファレンスツールを使って即座に回答できるような質問である。例えば「島根県にある湖の名前は何ですか」「ラフカディオ・ハーンの日本名は何といいますか」などである。

③探索質問

探索質問とは，1，2冊のレファレンスツールを調べただけではすぐに回答できないレベルの質問である。回答そのものを提供するほか，書誌データを提供したり探索の方針や手順を示したりする場合もある。

④調査質問

これは，探索質問よりもさらに時間をかけて多くのツールに当たらなければ回答できないような質問である。一般的に，このレベルの質問は専門図書館に多く，小・中学校の図書館では担当者がツールを駆使して調査すべき難解な質問はそれほど多くはない。

（5）レファレンスプロセス

レファレンスサービスは，図14-5のように，利用者からの質問を受け付けることから始まる。次に，図書館担当者は利用者とやりとりするなかで，質問を確認し明確にしていく。何のために，どの程度のレベルの資料が必要なのか。「地震について知りたい」と質問された場合でも，「地震のおこる原因」について知りたいのかもしれないし，「地震の予知」について知りたいのかもしれない。また，「昔のことを調べたい」と尋ねられた場合には，「昔」が石器時代のことなのか，明治時代のことなのかわからない。質問を確認・分析するこの段階を，とくに「レファレンスインタビュー」という。

質問が明確になったら，どの種類の情報源を使って調べたらよいかを選択する。百科事典か専門事典か年鑑かなどの種類や，印刷物かインターネットかなどの媒体を選択する。

次に，どのようなキーワードを用いて調べればよいかを考え，検索する。検索結果は，レファレンスインタビューで明確にした情報要求に合致しているかどうかを評価して，よければ回答として提供する。不適切であれば，必要な前段階に戻って検索をし直すことになる。

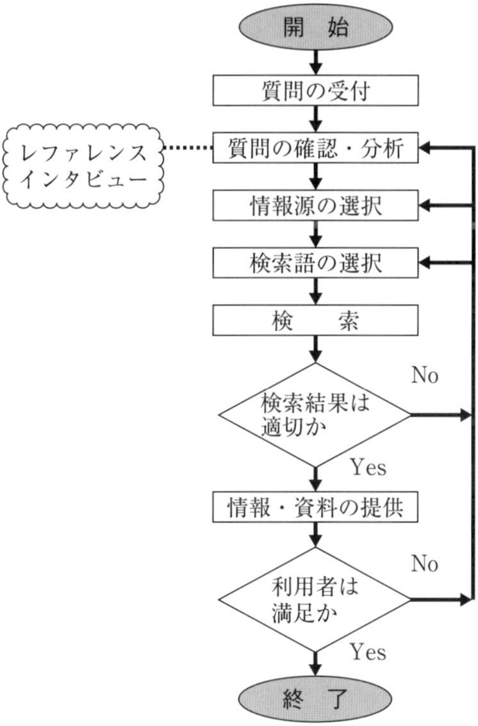

図14-5　**レファレンスプロセス**

利用者への情報提供が終了しても，それで終わらせてはいけない。記録をとることによって他の可能性や反省点も見えてくる。記録が蓄積されれば類型化もでき，レファレンス能力も向上する。

3 児童生徒へのレファレンスサービス

（1）レファレンス質問の類型

児童生徒からの質問には，例えば次のような領域がある。

①課題研究に関するもの

②単元学習に関するもの

③学校や行事に関連するもの（文化祭，修学旅行，クラブ活動等）

④進路・進学に関するもの

⑤個人的興味関心によるもの

学校では，学習内容がほぼ定まっていることから，毎年，類似の質問が年度の同時期に繰り返される傾向がある。

（2）利用指導

児童生徒に対するレファレンスサービスでは，利用指導の機能が重要であることは前述のとおりである。児童生徒の検索技術や情報選択力等が高まるように，児童生徒の発達段階を常に心がけて対応すべきである。

利用指導には，図書館の利用指導，すなわち図書館ではどのように資料が整理されていてどのように並べられているかなどの図書館自体の使い方を知ることと，図書館に備えられている百科事典や書誌，索引などのツールの使い方を知ることの2つがある。

また，年度初めには，オリエンテーションを企画するとよい。図14-6は，日本図書館協会が作成した高校生用利用指導体系表である。利用指導は，図書館という枠のなかだけでなく，情報リテラシーの育成あるいは「学び方を学ぶ」というより広い枠組みのなかでとらえられる

Ⅲ．目標

	領域１　印象づけ	領域２　サービス案内	領域３　情報探索法指導	領域４　情報整理法指導	領域５　情報表現法指導
目標	以下の事項を認識する。 1．図書館は利用者の年齢にかかわらず，知る権利・読書の自由を保障する 2．図書館は生活，学習，研究を情報面から支援する開かれたサービス機関 3．図書館は利用者の自立を支援する教育機関 4．図書館は憩い，集い，語らうことのできる広場 5．図書館は種々のメディアを提供する機関 6．図書館は物理的な空間というより世界に開かれた情報の窓 7．図書館は気軽，便利，快適で自由な場 8．情報活用能力（情報リテラシー）の重要性	以下の事項を理解する。 1．自分の学校の図書館の特徴 2．施設，設備の配置 3．検索ツールの配置と利用法 4．参考ツールの存在と有効性 5．利用規定（開館時間等） 6．サービスの種類（貸出，予約，リクエスト，レファレンスサービス，情報検索，相互貸借，複写サービス，読書案内，アウトリーチ等） 7．図書館員による専門的なサービスが受けられること 8．図書館員による懇切，丁寧な案内，支援，協力が受けられること 9．利用マナー 10．行事（講演会，展示会，ワークショップ，上映会等）の案内 11．館種の特徴と役割分担	以下の事項を理解し習得する。 1．情報探索法の意義 2．分野ごとの情報伝達形態の違いと固有の資料の存在 3．情報の特性の理解と評価のポイント（クリティカルリーディング等） 4．資料の基本タイプと利用法（図書，雑誌，新聞，参考図書，AV資料，CD-ROM，オンラインデータベース等） 5．情報機能のアクセスポイントと使い方（著者名，タイトル，キーワード，分類記号，件名標目，シソーラス等） 6．情報検索の原理 7．検索ツールの存在と利用法（書誌，索引，目録，OPAC，レファレンスデータベース等） 8．自館資料の組織法と入手法（分類，請求記号等） 9．レファレンスサービスの利用法 10．情報探索ストラテジーの立て方 11．他機関資料の調査法と利用法 12．ブラウジングの効用	以下の事項を理解し習得する。 1．情報整理法の意義 2．情報内容の抽出と加工（要約，引用，パラフレイズ，抄録，翻訳，解題等） 3．メディア別の情報記録の方法（メモ・ノート法，カードの記録法，クリッピング，データベースのダウンロード，録音・録画等） 4．発想法（ブレーンストーミング，KJ法等） 5．メディア別の情報保管法（AV資料の整理法，コンピュータによる保存管理法等） 6．資料の分類とインデックスの作成法（キーワード，見出し語付与，ファイリング法等） 7．書誌事項・アクセスポイントの記録法 8．分野別・専門別の整理法	以下の事項を理解し習得する。 1．情報表現法の意義 2．情報倫理（著作権，プライバシー，公正利用等） 3．レポート，論文，報告書等の作成法（構成，書式，引用規則等） 4．印刷資料の作成法（パンフレット・リーフレット・ミニコミ紙等の編集，印刷，製本の方法等） 5．AV資料の作成法（ビデオの制作・編集法等） 6．コンピュータによる表現法（グラフィック，作曲，アニメーション製作法等） 7．コンピュータによるコミュニケーションの方法（電子メール，インターネット等） 8．プレゼンテーション技法（話し方，資料の提示法—OHP，板書法，ホワイトボード，AV資料，マルチメディア等の活用） 9．分野別の専門的な表現法

		領域１　印象づけ	領域２　サービス案内	領域３　情報探索法指導	領域４　情報整理法指導	領域５　情報表現法指導
方法	関連なし	1．ポスター，ステッカー，ちらしなどの広告媒体による図書館の存在の印象づけ 2．校内の広告媒体（学校新聞，校内放送等）による印象づけ 3．図書館出入口付近のサインの工夫と館外から見える場所での展示 4．地域の広報チャンネル（ミニコミ，マスコミの地方版等）の活用 5．ブックトーク	1．新入生オリエンテーション 2．学年別オリエンテーション 3．パンフレット，リーフレット（「利用のてびき」を含む）の配布 4．サービス案内ビデオの上映 5．AV，CAIによる双方向ディスプレイ等を利用したインフォメーション 6．館内ツアーの実施 7．サイン計画 8．窓口での図書館員の対応 9．投書箱の設置 10．リクエストコーナーの設置	1．パスファインダーの用意と配布 2．「図書館クイズ」等資料の配置を把握させるためのゲーム等の企画，実施 3．図書館内オリエンテーリングの実施 4．独習用，集団用学習ツール（ビデオ，パソコンソフト）の制作と提供 5．講習会の開催 6．生徒が自由に利用できる検索システムの導入 7．最寄りの図書館，資料館，博物館等の類縁機関，その他書店，古書店等の紹介	1．情報の整理，加工法の独習用，集団用ツール（ビデオ，パソコンソフト）の作成と提供 2．情報整理，加工に関する学習会および講習会の開催 3．生徒が利用できる情報整理・加工コーナー（パンチ，ステープラー，その他情報整理，加工に必要な用具を用意。領域５の３と共用になる部分もある）の設置 4．発想法の独習用，集団用ツール（ビデオ，パソコンソフト）の作成と提供	1．情報表現法の独習用，集団用ツール（ビデオ，パソコンソフト）の作成と提供 2．情報表現法に関する学習会および講習会の開催 3．生徒が利用できる情報生産コーナー（ワープロ，コピー機，印刷機，ビデオ編集装置等を用意）の設置 4．生徒の発表の場（発表会，討論会，展示会，展示コーナー，新聞，壁新聞，電子会議等）の設置
	関連あり	1．授業の中で教師による図書館の意義への言及 2．授業テーマに関連づけたブックトーク	1．教科別オリエンテーション 2．授業・レポートに関して，レファレンスサービスをはじめとした各種図書館サービスが利用できることを生徒に知らせる。またそれらを利用するように教師から指導する	1．教科の内容と関連づけて，情報探索の方法について，授業時間内に説明し，実習させる 2．テーマ別パスファインダーの提供	1．教科の内容と関連づけて，情報整理の方法について，授業時間内に説明し，実習させる	1．教科の内容と関連づけて，情報表現の方法について，授業時間内に説明し，実習させる
		（これらと並行して「関連なし」の方法も実施される）				
	統合	統合的な情報教育のカリキュラムに従って，図書館と教科が相互に協力して，説明し，実習させる 「関連なし」「関連あり」の段階の方法も，そのカリキュラムに従って体系的に実施される				
評価の指標例		1．学年・クラス・個人別利用率 2．学年・クラス・個人別貸出量 3．授業のための科目別図書館利用時間数	1．好感度 2．オリエンテーションの効果 3．投書箱への意見件数 4．リクエスト件数 5．各行事への参加者数	1．レファレンス件数 2．パスファインダー配布数 3．ツールの利用度，効果 4．催事への参加者数	1．ツールの利用度，効果 2．各催事への参加者数 3．情報整理・加工コーナーの活用度	1．ツールの利用度，効果 2．各催事への参加者数 3．情報生産コーナーの活用度

図14-6　図書館利用教育ガイドライン ―学校図書館（高等学校）版―（『図書館利用教育ガイドライン合冊版』日本図書館協会図書館利用教育委員会編　日本図書館協会　2001　p.26-27）

テーマに関する資料を収集するためのチェックリスト 2009

テーマ ＿＿＿＿＿＿＿＿＿＿＿＿＿＿＿＿＿＿＿＿＿＿＿＿＿＿＿＿

年　組　氏名

調べたものはチェックしよう □

■ 基本情報の収集

□ 百科事典 ← テーマに関する基本知識を得る

- □ 『ブリタニカ国際大百科事典』<A 事典・辞典コーナーNDC031>
- □ 『世界大百科事典』<A 事典・辞典コーナーNDC031>
- □ Yahoo!百科事典 http://100.yahoo.co.jp/ <website> ← 自宅の PC でも利用可(無料)
- □

□ 現代用語事典 ← 新しい用語・事柄を調べる

- □ 『現代用語の基礎知識』(自由国民社) <A 事典・辞典コーナーNDC031>
- □

□ 専門事典

- □
- □

□ 辞典 ← 言葉の意味や定義を調べる

- □ 国語辞典<A 事典・辞典コーナーNDC813.1>
- □

■文献の収集

□ NDC を調べる → 参照「「キーワード・NDC 一覧表」の記入の仕方」<ﾌｧｲﾙｷｬﾋﾞﾈｯﾄ>

□ 図 書

テーマに関する本にはどのようなものがあるかを調べる

- □ NDL-OPAC<website>
- □ NACSIS-Webcat<website>

入手できる図書館を調べる

- □ 堀川高校 OPAC<website>
- □ 京都府図書館総合目録ネットワーク<website>

堀川高校図書館で購入希望(リクエスト)する

- □ e-hon<website> → 参照「探究関係図書購入リクエスト用紙」<図書室 1 階ｶｳﾝﾀｰ>

□ 雑 誌

テーマに関する雑誌にはどのようなものがあるかを調べる

- □ Cinii<website> ← 大学などの学術情報を検索するサイト
- □ NDL-OPAC<website> ← 国立国会図書館が所蔵する雑誌の検索ができる

雑誌論文を入手できる図書館を調べる

- □ 京都府図書館総合目録ネットワーク<website>

□ 新聞記事

堀川高校図書室で調べる

□ 朝日新聞、毎日新聞、読売新聞、日本経済新聞、京都新聞、Herald Tribune(1年間保存)<倉庫>

□ 『CD－毎日新聞』1991年－　<カウンター>

□ 『新聞ダイジェスト』2000年－<雑誌コーナー>

公共図書館で調べる　←詳細は各図書館に問い合わせる

□ 各紙縮刷版(堀川×)

□ 新聞記事データベース(堀川×)

時代別新聞記事の調べ方

□ 明治時代　『新聞集成明治編年史』＜書庫＞　『明治ニュース事典』(堀川×)

□ 大正時代　『新聞集成大正編年史』(堀川×)　『大正ニュース事典』(堀川×)

□ 昭和時代　『新聞集成昭和史の証言』＜書庫＞　『新聞集成昭和編年史』(堀川×)
『昭和ニュース事典』(堀川×)　『読売ニュース総覧』(堀川×)

□ 政府・行政情報

□ 白書<各分類番号>

□ 白書<website>　←　国が発行している白書の全文を電子データで見ることができる

□ 全国自治体マップ　←　地方公共団体のホームページにアクセスできる

□

□ 統計

□『統計情報インデックス』　←必要とする統計データを掲載している文献がわかる

□

□ web-site

□ 視聴覚資料

□ 専門機関(博物館・美術館・研究所など)、企業などに問い合わせる

□ 図書館(公共図書館、堀川高校図書館)でレファレンスサービスを受ける

記号の見方　『　　　』資料名　「　　　」参照資料名　＜　　＞配架場所
<website>　堀川高校校内ホームページ　→　リンク集からアクセスできるもの
(堀川×)　堀川高校図書室では所蔵していない、もしくは利用できないもの

上記で紹介した資料が、どのようなものか、またどのように利用すればよいかなどを文章化したものをファイルキャビネット(図書室1階コピー機近く)に置いていますので、必要な人はその用紙をご覧ください。

京都市立堀川高校図書室

図14-7 テーマに関する資料を収集するためのチェックリスト（京都市立堀川高等学校（当時）池元小百合作成）

ようになってきた。**図14-7**は，京都市立堀川高校で作成している検索のためのチェックリストである。資料収集の各段階でこれに記入しながら，生徒は探索の道筋を学んでいくのである。

（3）レファレンスの記録

児童生徒からの質問には，毎年の学習内容が同じであれば類似のものもある。行事関係の質問も毎年繰り返されるものがある。同じ質問であっても，その目的や児童生徒の経験や理解度が異なるので，常に同じ資料を提供できるとは限らないが，以前の回答例は参考になる。また，学校図書館の利用者は，当該学校の児童生徒たちなので，常に接することができるから，レファレンス質問に対して，一度だけの対応ではなく，一連の活動のなかで図書館担当者が継続して対応できるところに特徴がある。したがって記録をとってきめ細かに対応ができるようにしたい。

図14-8，**図14-9**は，京都市立堀川高等学校図書館のレファレンス受付表と回答の記録用紙である。さらに，地域の学校図書館担当者間で共同でレファレンス記録を蓄積すれば，個人の実践が共有され，そのデータベース（事例集）はより有用なものとなる。また，国立国会図書館のレファレンス協同データベース事業に2013年から学校図書館も参加できることになり，学校図書館のレファレンス記録も全国的に蓄積されるようになった。

4　教職員への情報サービス

全国学校図書館協議会が，2014年６月に学校図書館調査の一環として，どのような教職員向けサービスを行っているかを調査している。結果は

整理番号　　－　　　　　　　　　　　　　　　　（ｈｚ　　　　　　）

レファレンス依頼用紙

年　　組　　　　　　　　調査依頼日　　　年　　月　　日
☆いつまでに必要ですか　　月　　日　時間目までに　　　期限なし
☆何に使用しますか　①授業（探究　・　　　　　）②クラブ（　　　　） ③受験（小論文・　　　　　）④その他（　　　　）
☆この件についてすでに相談した機関（図書館など）機関名（　　　　　　） その機関でわかったこと・わからなかったこと
これまでに調べた資料　無　・　有　（　リスト提出　　）
☆調査依頼事項は下記の①～⑥のどれですか ①　資料を探してほしい ②　キーワード（件名・検索語）を知りたい ③　分類番号を知りたい ④　統計資料をさがしてほしい ⑤　書誌（著者名・書名・出版社など）を知りたい ⑥　その他 調べたいことをできるだけ具体的に記入してください

図14-8　レファレンス依頼用紙（京都堀川高等学校（当時）　池元小百合作成）

レファレンス進行表

調査依頼日	年	月	日	→	回答案内	年	月	日
回　答　日	年	月	日	回答用紙整理番号		—	—	
調査依頼日	年	月	日	→	回答案内	年	月	日
回　答　日	年	月	日	回答用紙整理番号		—	—	
調査依頼日	年	月	日	→	回答案内	年	月	日
回　答　日	年	月	日	回答用紙整理番号		—	—	
レファレンス決着日		年	月	日				
自館決着	他館へ依頼（　　　　）			未決				

図14-9　レファレンス進行表（京都市立堀川高等学校（当時）池元小百合作成）

図14-10のとおりである。これらの項目のうち情報サービスは①教職員対象オリエンテーション，②逐次刊行物コンテンツサービス，③レファレンスサービス，④カレントアウェアネスサービス，⑤ブックリストの提供である。②は雑誌の目次をコピーして回覧などによって提供するもので実施率は低いが，③，④，⑤とともに小・中・高校と校種が上がるにつれて実施率が高くなっている。

カレントアウェネスサービスでは，年度当初に教職員に情報要求（情報収集すべきテーマ）を登録してもらい，適切な情報を入手した場合，随時あるいは定期的に利用者に提供する。

リンク集の作成や，有用なWeb情報の提供も必要である。児童生徒の学習活動にも役立つが，教員が授業計画をたてる際にも参考となる。各自治体の教育センターや学校図書館支援センターのページや，国立国会図書館国際子ども図書館の「児童サービス・学校関係者の方へ」のペ

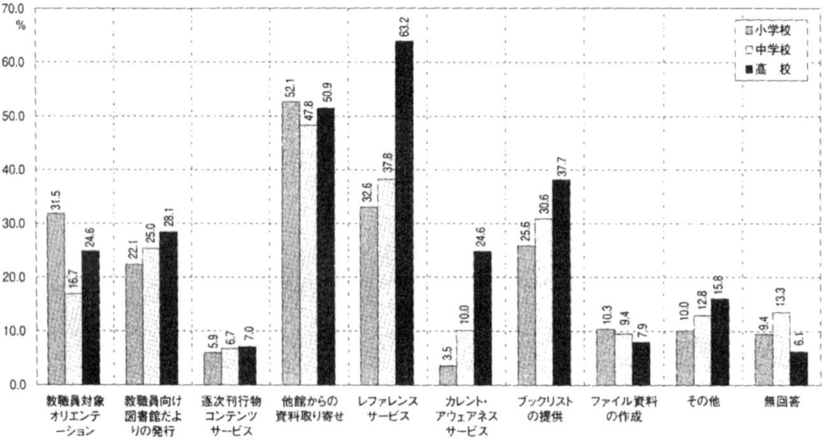

図14-10　どのような教職員向けサービスを行っているか（複数回答）

「2014年度学校図書館調査報告」『学校図書館』No.769　2014　p.56

ージなどが役に立つであろう。東京学芸大学附属図書館の「先生のための授業に役立つ学校図書館活用データベース」には授業実践がデータベース化されている。前述した国立国会図書館のレファレンス協同データベースも利用できる。

上記の調査では，教職員へのオリエンテーションが小学校31.5%，中学校16.7%，高校24.6%で実施という状況であったが，教職員へのオリエンテーション，とくに新任・異動の教員にはぜひとも必要である。教職員が図書館や文献の効果的な利用方法を知ってこそ児童生徒への指導が可能となる。

教職員の中には，「わざわざ面倒をかけて探してもらうのは申し訳ない」とか「そこまでしてくれなくてもいい」といった意識をもっている人もいる。しかし，教職員への情報や資料の提供などが学校図書館の情報サービスの一部であることを機会をとらえて伝え，積極的に情報サービスを提供して学校図書館を頼りにしてもらおう。

■ 理解を確実にするために

1 次の用語を説明しましょう

①レファレンスサービス

②レファレンスプロセス

③国立国会図書館レファレンス協同データベース

2 この問題に答えましょう。

①レファレンスの＜情報・資料の提供＞と＜利用指導＞の２つの機能のうち，児童生徒にとって重要なのはどちらですか。また，それはなぜですか。

■ 理解を深めるために

① 『パスファインダーを作ろう：情報を探す道しるべ』石狩管内高等学校図書館司書業務担当者研究会著　全国学校図書館協議会　2005

② 藤田利江著『学習に活かす情報ファイルの組織化』全国学校図書館協議会　2004

15　学習／教育のインフラとしての学校図書館

堀川照代

《目標＆ポイント》 学校教育のインフラとして学校図書館が存在し機能すること，とくに学校図書館機能をカリキュラムに位置づける司書教諭の役割を理解することが重要である。また，カリキュラム展開における学校図書館活用は，児童生徒の学習効果と関連付けて評価する方法について理解すること。
《キーワード》 学校図書館の利活用，学習／教育のインフラ，学校図書館全体計画，指導事項系統表，年間指導計画，司書教諭と学校司書の協働，学習評価，学校図書館活用評価，自己評価，アセスメント

1　学校図書館は学習／教育活動のインフラ

学校図書館は「学習／教育活動のインフラ」といえる。『小学校学習指導要領解説総則編』（文部科学省　2008）には，「学校図書館の利活用」として次のように述べられている（p.69）。中学校及び高等学校の『学習指導要領解説総則編』においても，「児童」を「生徒」に代えて同様の文章が見られる。

（前略）学校図書館は，学校の教育活動全般を情報面から支えるものとして図書，その他学校教育に必要な資料やソフトウェア，コンピュータ等情報手段の導入に配慮するとともに，ゆとりのある快適なスペースの確保，校内での協力体制，運営などについての工夫に努めなければならない。……その中でも，読書は，児童の知的活動

を増進し，人間形成や情操を養う上で重要であり，児童の望ましい読書習慣の形成を図るため，学校の教育活動全体を通じ，多様な指導の展開を図ることが大切である。このような観点に立って，各教科において学校図書館を計画的に活用した教育活動の展開に一層努めることが大切である。（後略）

上記の文章の前半は，学校図書館の整備・運営の部分であり，後半は学校全体の教育に関わる部分である。

前半の学校図書館の整備・運営の部分について補足すると，学校図書館は教育課程の展開に必要な情報や資料を選択・収集・組織化して，いつでも必要な資料や情報を利用できるように整備することが必要である。教科学習において，教科書以外の資料を用いて児童生徒の理解を深めたりイメージを膨らませたり，並行読書や展開読書のための読書材を利用したり，探究的な学習のために知識の本を利用したりすることは欠かせない。これはどの教科であっても同様である。学校図書館は，すべての学習／教育活動で利用する情報や資料を支える基盤という意味で情報のインフラである。

後半の学校教育全体に関わる部分とは，情報や資料を使いこなす力と読書力はどの教科にとっても基本的に必要な力であり，その教育は図書館を中核として実施できることから，学校図書館は学びの基盤，すなわち学びのインフラと言えるということである。情報や資料を利用するには適切な方法や技術があってこそ効果的な利用となる。すべての学習／教育活動に共通に必要な「情報リテラシー」と「読書力」の育成について，当該学校の教育全体を俯瞰的に教科横断的に把握できる学校図書館担当者が，教科間の調整・連絡役を務めながら情報リテラシーと読書力が計画的効果的に推進されるように役割をとることが必要である。

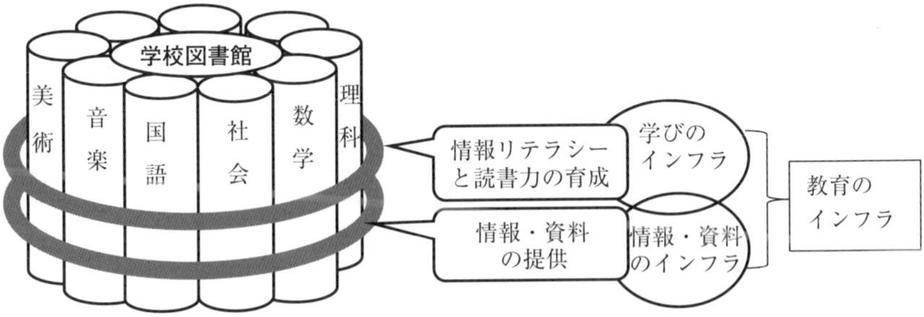

図15-1　学校図書館は学習／教育活動のインフラ

学校図書館は**図15-1**のように，どの教科においても必要な資料や情報を提供すると言う点で「情報のインフラ」であり，どの教科にも必要な情報リテラシーと読書力を育成するという点で「学びのインフラ」なのである。学びのインフラを具現するためには，各教科学習において図書館活用が重要であることの理解が深まるように働きかけ，どのように活用できるのかを示し，カリキュラムのどこでどのように図書館活用授業を取り入れたらいいのかを提案することが大切である。つまり，これは図書館活用をカリキュラムに位置付ける，学校図書館機能をカリキュラムに位置づけるということである。

2　学校図書館機能をカリキュラムに位置づける

カリキュラムにおいて学校図書館が関わる教育は，読書力と情報リテラシーというどの教科にとっても汎用的な力の育成である。読書は，文学作品を読み感性を養うばかりではない。2004年の文化審議会の答申には次のように述べられている。

ここでいう読書とは，文学作品を読むことに限らず，自然科学・社会科学関係の本や新聞・雑誌を読んだり，何かを調べるために関係する本を読んだりすることなども含めたものである。……読書は，国語力を構成している『考える力』『感じる力』『想像する力』『表す力』『国語の知識等』のいずれにもかかわり，これらの力を育てる上で中核となるものである。（『これからの時代に求められる国語力について』文化審議会　2004.2）

司書教諭は，この広義の読書指導と情報リテラシー育成について推進する旗振り役である。情報リテラシーと読書力の指導事項系統表を作成し，図書館活用教育を各教科と結びつけた年間指導計画を立案し実施する。これは第4章で述べたとおりである。

図15－2は札幌市立発寒中学校（当時）の司書教諭・佐藤敬子氏の職員会議での配布資料の一部である。年度初めの職員会議で学校図書館経営案を提案し，学校図書館活用教育とは何か，なぜそれが重要なのかを説明する。生徒への指導事項を例示し，便利な「グッズ」として共通に使える教材（ツール）を作成し利用方法を説明している。また，佐藤氏は，学期末には生徒の図書館活用の進度を示し，年度末には年度当初の図書館活用計画と実際に実施した授業の表を示して，比較・評価を行っている。

島根県松江市立東出雲中学校の野津明美氏は，３年生の社会，国語，理科，英語の最後の単元が大きな意味で「命」「生きていくこと」をテーマとしていることに気づき，３年生の年度末に教科を超えた連携授業を企画・実施した（野津明美「確かな力を育てる学校図書館活用」『学校図書館』705号　2009　p.32-34）。また，社会科の先生の授業相談を受けた野津先生は，国語の教科書に掲載されている統計資料の利用という文章

4，学び方の指導（情報の学習）はすべての教科や領域・図書館内外で実施するもの。

（**資料**；昨年度の１・２学年「総合＜情報＞の計画」、今年度本校の「図書館の利用と資料・情報・読書に関する指導計画」）

●図書館資料を使わせるときに・・・

（１）「**参考図書**」（事典・辞典・年鑑・図鑑・地図・統計・白書等）の使い方をを意識して指導しましょう。驚くほどわかっていない子もいるのです。

（２）「**目次**」「**索引**」の使い方を特に意識させましょう。索引はあきらめかけた項目を探すために大変役立ちます。テーマ設定に使うという裏ワザもあります。

●図書館資料を使って情報をまとめ、活用させるときに・・・

（１）情報の獲得の仕方をきちんと指導しましょう。そして**いくつかの情報を付け合わせてそこから選び取る**力をつけさせましょう。

（２）**丸写しはさせない**ようにしましょう。

引用の場合を除き，自分なりにまとめさせます。これは情報を一度自分のものにさせるためです。よく自分でも読めないような文章をそのまま書いている子がいますが，それは最悪のケース。ノートなり情報カードなりにいったんまとめさせてからレポートなどの発表物にまとめさせます。（→２・３年生は情報カードにはもう慣れています。）

（３）引用の場合は必ずその部分がわかるように書かせます。「　」を付けたり一段下げて書かせるなど。

（４）必ず**参考資料は明記**させましょう。情報カードやノートにメモするときにも必ず。『書名・資料名』（出版社・発行所）は最低でも。発行年、著者名等もあるとさらによいでしょう。雑誌の場合は使ったものの年と月も書きます。新聞の場合は、加えて、使った情報の記載されている年月日や朝夕刊の区別も。インターネットの場合は『サイト名』、（出所）、ＵＲＬ、使った年月日を。ただし，言葉の意味を調べただけの辞書類については，普通は書きません。

●発表させるときに・・・

いろいろな発表のさせ方があります。生徒が持っている『国語便覧』にいろいろな例が出ています（後ろの方のページ）。参考にさせるとよいでしょう。

5，便利な「グッズ」を使って下さい。

（**資料**；情報カード書き方見本、「参考資料リスト」原版、「簡易レポート様式」原版）

（１）情報カード、「情報カードの書き方」見本は図書館に常備してあります（「情報カードの書き方」は各机に１枚ずつ準備し、ソフトケースに入れてあります）。

（２）「参考資料リスト」（記入例付き）の用紙と「簡易レポート様式」の用紙（必要な点を指示してあるもの）も１クラス分は置いてありますし、印刷室のコンピュータ（「マイコンピュータ」の中の「マスター保存先」の中の「各種様式」の中）に原版も入れてあるので、いつでもそのまま印刷して使えます。コピーして使いやすい形に変えることもできます。

図15-2　**「学び方の指導」に関する配布資料の一部**（札幌市立発寒中学校（当時）佐藤敬子作成）

を見せながら，国語科と社会科の関連を示した。

そのほか学校図書館の運営費用に関わることもある。卒業生の記念品を何にするか検討していると聞くと，図書館の書架の購入を提案したり，後援会に働きかけて英語の多読用資料の購入費を出してもらったりと，校内の動きを敏感にとらえることも必要である。

以上，学校図書館の整備も含めて，旗振り役としての司書教諭の役割をまとめてみると，次のようなものが挙げられる。

①学校全体の教職員が学校図書館活用教育について共通認識をもつように説明する。
②学校図書館活用教育を検討する委員会を組織化する
③学校図書館活用教育の全体構想を作成する
④情報リテラシーと読書力に関して指導事項体系表を作成する
⑤学校図書館年間指導計画を立案する
⑥自らが図書館活用教育を実践して見せる
⑦共通のツールを作成する
⑧教科間を調整・連絡する
⑨指導方法や授業研究，教材作成等について相談にのる，授業をデザインする。
⑩ TT として教員と協働で授業を行う
⑪学校図書館活用教育に関する情報を整理・蓄積・提供する
⑫校内研修を実施する
⑬学校図書館活用教育の評価をする
⑭学校図書館のために使える資金について常にアンテナをはっておく
⑮情報リテラシーや読書力の指導に関して自己研鑽に励む

3 司書教諭と学校司書の協働

学校図書館を整備し運営すること，そして学校図書館機能をカリキュラムに位置づけることは，クラスや教科を担当している軽減措置のない司書教諭ひとりでできることではない。

2014年６月に学校図書館法が一部改正されて，「学校司書」の条項が加えられた。

第六条を第七条とし，第五条の次に次の一条を加える。
（学校司書）
第六条　学校には，前条第一項の司書教諭のほか，学校図書館の運営の改善及び向上を図り，児童又は生徒及び教員による学校図書館の利用の一層の促進に資するため，専ら学校図書館の職務に従事する職員（次項において「学校司書」という。）を置くよう努めなければならない。
２　国及び地方公共団体は，学校司書の資質の向上を図るため，研修の実施その他の必要な措置を講ずるよう努めなければならない

この法改正前の2014年３月に，『これからの学校図書館担当職員に求められる役割・職務及びその資質向上方策等について（報告）』（同協力者会議　文科省　2014.3）（http://www.mext.go.jp/component/b_menu/shingi/toushin/__icsFiles/afieldfile/2014/04/01/1346119_2.pdf）が発表されているが，それには学校図書館担当職員の職務として，次の３つが挙げられている。（図15-3）

①「間接的支援」に関する職務
図書館資料の管理，施設・設備の整理，学校図書館の運営
②「直接的支援」に関する職務

【学校図書館担当職員の職務（イメージ図）】

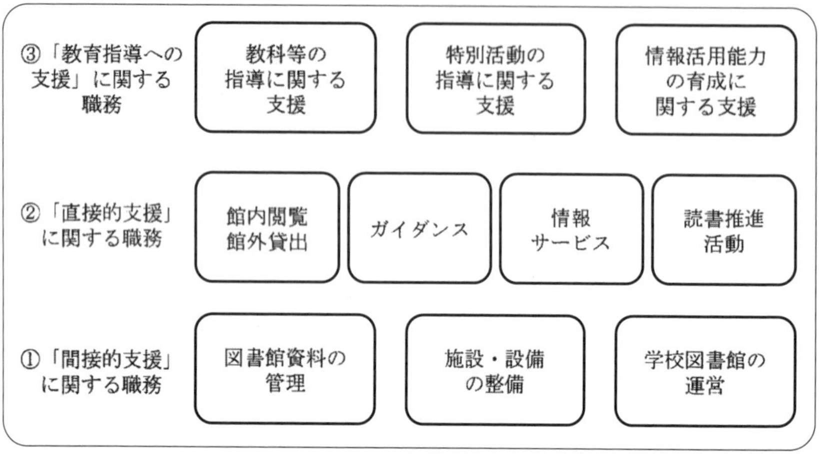

図15-3　学校図書館担当職員の職務（『これからの学校図書館担当職員に求められる役割・職務及びその資質向上方策等について（報告）』同協力者会議　文科省　2014）

館内閲覧・館外貸出，ガイダンス，情報サービス，読書推進活動

③「教育指導への支援」に関する職務

教科等の指導に関する支援，特別活動の指導に関する支援，情報活用能力の育成に関する支援

2014年６月の改正により，上述の2014年３月の報告書のなかに記述されている「学校図書館担当職員」は，「学校司書」と読み替えられるようになった。つまり，学校図書館の担当者として司書教諭と学校司書の存在が明記されたわけで，両者の協働によって，学校図書館は整備・運営され，学校図書館機能がカリキュラムに位置づけられるのである。しかし現在は，自治体によって両者の配置状況や勤務状況は異なり，司書教諭の軽減措置が取られているところは少なく，また，各校や校種によ

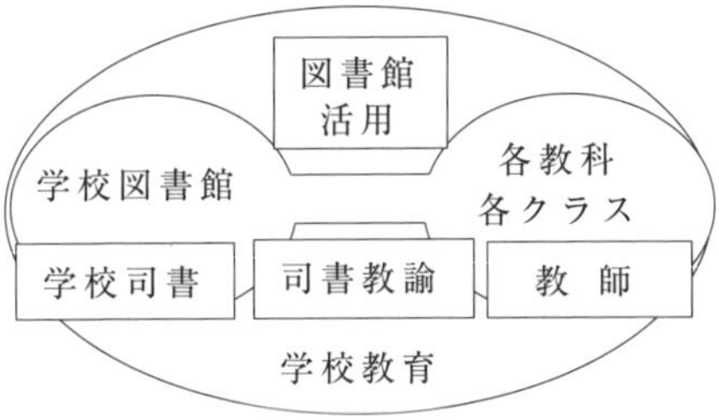

図15-4　司書教諭と学校司書の協働

って図書主任や図書係，図書館部など担当組織も異なるため，司書教諭と学校司書の役割分担について一律に言うことはできない。しかし，両者の協働を前提に，学校図書館の整備・運営に責任をもつのは学校司書，学校図書館の機能をカリキュラムのなかに位置づける責任をもつのが司書教諭と，大きく分けて考えるとわかりやすいだろう。**図15-4**のように，司書教諭は学校図書館から学校全体に軸足を移しているのである。

4　カリキュラムにおける学校図書館活用の評価

学校図書館活用の評価には，大きく分けて３つの側面がある。①児童生徒に関する評価，②学習／授業に関する評価，③学校図書館活用のプログラムに関する評価であり，それぞれに，評価者は教師，司書教諭，学校司書，児童生徒などが関わる。

(1) 児童生徒に関する評価

評価には「evaluation」と「assessment」がある。前者は質的に判断するもので，児童生徒が課題を終了したその成果に対して行われる。後者は，成果のみではなく，プロセスをも評価の対象とするもので，通常，教師のみではなく学習者とともに評価を行う。近年，この「アセスメント」が重要視されてきた。

（2）学習／授業に関する評価

授業目標に照らして，授業者・支援者と児童生徒の関わり方や授業の成果を評価する。目標は実現できたか，教材・教具の選択や提示の仕方は適切であったか，教授スキル（発問，板書，巡回など）は最適であったかなどを振り返り，次回の授業のための改善のヒントを得たり，児童生徒の意欲を確認したりする。

2009年にアメリカ学校図書館員協会は，学校図書館メディアプログラムの在り方を示すガイドライン（*Empowering Learners: Guidelines for School Library Media Programs*）を発表している。これは４領域（１．学びのためのビジョンの発展，２．学習のための指導法，３．学習環境を作り上げる，４．リーダーシップを通して学びを育成すること）で構成されている。その「２」のなかの「学習のための指導法の評価」には，次のように記されている。（『学校図書館メディアプログラムのためのガイドライン』全国学校図書館協議会　2010　p.29）

ガイドライン：学校図書館メディアプログラムは，到達目標達成のために，児童生徒の学習の定期的な評価によって進められる。

活動：SLMS（School Library Media Specialist）は

－形成的評価を利用して，児童生徒に作業を見直すための機会とフィードバックを与える。

－教員として，プロセスと成果の総括的評価を利用する。

－ルーブリック（項目別点検表），チェックリスト，ポートフォリオ，学習記録，観察，協議，自己評価のような，作業にもとづく評価を利用する。
- カリキュラム，情報，クリティカルな思考の基準をまとめた，児童生徒の作業のためのルーブリックを作る。
- 成長を証明するポートフォリオを通して，児童生徒の発達を記録する。
- クリティカルな分析と評価方略を行う。
- 探究プロセスを単元修了時に評価するため，児童生徒に意見を求める。
- 探究に基づく授業単元の評価のあとについて，児童生徒に意見を求める。

上述の総括的評価とは，単元の成功と児童生徒の発達を分析するために学習単元の最後に行うものであり，形成的評価とは，次の段階をどう進めたらよいかを決めるために現時点を見極めることである。

このガイドラインによると，評価は次のようになされる。
- 児童生徒による自己評価を通して，評価される。
- 単元学習中の児童生徒の発達を評価するために，担任教師またはSLMSと作業した児童生徒によって評価される。
- 単元学習中の教授内容を向上させるため，担任教師とSLMSによって評価される。
- プログラムが児童生徒の達成度の向上にどううまく働いているか決定するために，SLMSによって評価される。

自己評価とは「内的な基準（自分はいかに学んでいるのか？）や，メタ認知（自分はいかに考えているのか？）による，自己モニタリングと

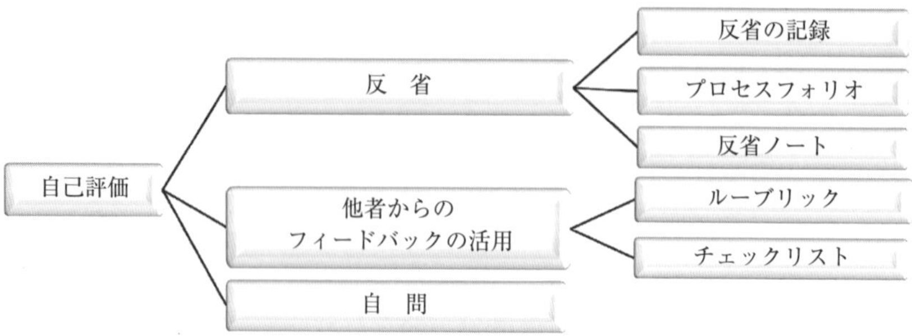

図15 -5　自己評価の方法（『21世紀を生きる学習者のための活動基準』p.60-61を参考に作図）

基準1：探究し、クリティカルに思考し、そして知識を得る。

このアイディアやテーマの何が自分をひきつけるのか？
なぜ私はこの調査をするのか？
このアイディアやテーマについてどのように探索すればよいのか？
このアイディアやテーマについて既に知っていることや考えていることは何か？
どのような背景情報があれば、よい問いを作ったりさらに学ぶといった、自分のテーマについての全体像をつかむのに役立つのか？
テーマやアイディアについて人の気持ちをひきつけるような問いがあるか？
調査によって答えられるものか？
何を見つけられると思うか？
調査についての自身の計画はどのようなものか？
使いたい情報源は全体でどのようなものか？
どの情報源が一番役に立ち価値があるか？
それらの情報源をどのように見つけることができるか？
多様な観点から情報源を見つけることができたか？
それぞれの情報源からどのように情報を探すのか？
自分が見つけた情報をどのように評価するか？
自分のすべての問いに答えるために正確な情報を十分に集めたか？
集めた情報の間に齟齬を見つけたか？　追加調査をしてそれを解消したか？
自分が集めた情報について、関連性やパターンを発見したり、注意深く考察し始めているか？
調査から核になるアイディアが生まれてきたか？
自分の探究のプロセスはどの程度うまく行っているか？

基準2：結論を導き出し、十分な情報に基づいて意思決定を行い、知識を新しい状況に適用して、新しい知識を生み出す。

自分が見つけた根拠は、意見をまとめたり、自分のレポートを裏づけたりすることに役立つか？
自分が見つけた情報を意味づけるために、どのような整理のパターンが役立つか？
自分が見つけた情報を整理したり意味づけするために、どのようなテクノロジーツールが役立つか？
どんな決定や結論を導き出したか？またそれらは根拠に基づいているか？
自分の選んだテーマやアイディアについて、どのような新しい理解を得られたか？
こうした新しい理解（知識）は、他の状況や文脈にいかに適用できるか？
探究について何を学んだか？
自分のテーマやアイディアについて答えを得るために、どのような新しい問いが必要か？

基準3：知識を分かち合い、倫理的かつ生産的に民主主義社会に参加する。

どのような作品や発表が、想定される聞き手に対して、自分の結論や根拠を効果的に発表するのにふさわしいか？
主旨をはっきりさせ、説得的な根拠を示すために、どう作品や発表をまとめたらよいか？
作品や発表を創作するために、どのテクノロジーを使えばよいか？
自分の作品を修整したり編集したりするためにどのように助けを得られるか？
自分の作品や発表は課題が求めている要素をどの程度満たしているか？
自分の作品や発表をいかに効果的なものにすることができるか？
次の探究プロジェクトに役立てるために、今回の最終作品についていかにフィードバックを得ることができるか？
他の生徒の学びについて自分はいかに貢献したか？
倫理的に情報を集めて活用するという点において、いかに責任を示すことができたか？

基準4：人格と美意識を育む。

なぜこのアイディアに興味があるのか？　それは自分にとって重要なこととどう関わっているのか？
このアイディアについて興味深い情報をどのように見つけることができるか？
なぜこの著者やジャンルは私をひきつけるのか？　他にどんなジャンルを試してみたか？
活字メディアおよびオンラインメディア双方の多様な情報源に散らばっている情報に対していかに意味づけができるか？
読んだり見たりしたことのある他の情報と、手元にある情報をいかに比較対照するか？
著者や製作者はなぜこの著作／作品を創作したのか？
この作品は、歪曲した価値観を与えるものではないか？
この体験をどのように他者と分かち合うことができるか？
他者と交流するためのテクノロジーをいかに活用できるか？
自身のアイディアをいかに創造的かつ効果的に表現することができるか？

図15-6　生徒の自問の例（『21世紀を生きる学習者のための活動基準』p.62-63）

いう内省的なプロセス」であり，**図15-5**のような方法がある。(『21世紀を生きる学習者のための活動基準』p.59-61)

また，この図の「自問」の例として『活動基準』には**図15-6**が列挙されている。この「自問」は，教師が児童生徒に問いかけることによって児童生徒に気づきを与えることができるものである。

(3) 学校図書館活用の教育プログラムに関する評価

ここで扱う評価は，個々の学習活動を振り返るのではなく，学校図書館活用に関わる教育プログラム自体を，学期単位や年度単位に振り返るものである。

上述のガイドラインの「3．学習環境を作り上げる」のなかに「学校図書館メディアプログラムを立案・評価する」として，次のようなガイドラインが示されている。(『学校図書館メディアプログラムのためのガイドライン』全国学校図書館協議会　2010　p.32-33)

ガイドライン：学校図書館メディアプログラムは，学校の使命，到達目標，努力目標を反映した長期的戦略的計画に基づく。

活動：SLMSは

- プログラムの持続的な向上のために，戦略的計画を用いる。
- 学校コミュニティからの意見とともに，学校の使命，努力目標，到達目標を支える学校図書館メディアプログラムのための使命声明と努力目標を構築する。
- プログラム改善のための包括的で協働的な長期の努力目標を戦略的に計画するために必要なデータを作るために，評価を継続的に実施する。
- データを分析し，努力目標として明示した優先事項を設定する。
- 努力目標までの段階，期限，到達目標が達成できたかどうかの決定方法を含めて，それぞれの努力目標のための到達目標を書き出す。
- プログラムの努力目標と立案を支えるために，学習の根拠，特に，学習の成果に関するものを利用する。
- 学校図書館教授プログラムの有効性と妥当性を示す学習の根拠を生み出す。
- インタビュー，調査，観察，学習日誌，フォーカスグループ，内容分析，統計などを通して，利用者から意見と根拠を集める方法を提供するため，根拠に基づく学習のツールである，アクションリサーチを用いる。
- 意志決定や学習指導法に対して情報提供するために，調査結果を用いる。
- データ収集，プログラム評価，戦略的計画を通して，将来のために計画をたてる。

我が国では，学校図書館活用に関する評価は，個別の学校で工夫が見られる状況である。大分県由布市立西庄内小学校では，「めざす子どもの具体的な姿」を掲げて，さまざまな方法を併用して児童の学習達成度評価を示している（図15-7）。また，東京都東久留米市立第三小学校では，テストによって児童生徒の進度状況を数値化している（図15-8）。これらは，前述の（1）児童生徒に関する評価－児童生徒の学習の効果を図るものである。つまりevaluationである。プロセスも含めた評価であるアセスメントは，ポートフォリオのような形が多い。しかし，まだ，学校図書館活用のプログラム自体の評価は少ない。今後，開発して

平成24年度　めざす子どもの具体的な姿と評価について

2．図書館活用能力における子どもの具体的な姿と評価　　　　2013．1．16

	低学年	中学年	高学年
めざす子どもの具体的な姿	○本の扱い、図書館のマナーを理解する。 ○調べてみたいことを決める ○本の中から必要なことを探し出し、書き抜きする。	○様々な場面で図書館を利用して情報を集める。 ○テーマを決め、調べる計画を立てる。 ○必要な本を選び、引用や要約をしながら、情報を取捨選択し整理しまとめる。	○様々な場面で図書館を利用して情報を集める。 ○テーマを決め、調べる方法や計画を立てる。 ○必要な部分を、目的や意図に応じて、引用や要約をしながら情報を集める。集めた情報を取捨選択し構成を考えながらまとめる。
評価方法	○児童観察（担任、司書） ○ワークシート ○学習計画表による自己評価 ○成果物（手作り図鑑、オリジナルブック等） ○貸出冊数データ	○児童観察（担任、司書） ○ワークシート ○情報カード ○学習計画表による自己評価 ○成果物（新聞、パンフレット、ポップ） ○貸出冊数データ	○児童観察（担任、司書） ○ワークシート ○情報カード ○学習計画表による自己評価 ○成果物（新聞、意見文集、パンフレット） ○貸出冊数データ
評価結果	○本の扱いや図書館マナーを理解し、身につけることができた。 ○本の中から、必要なことを探し出し、書き抜きし、成果物を完成させることができた。 △教師の支援がないと、本の中から必要なことを探し出せない子がいる。	○テーマに沿った内容にまとめることができた。 ○引用してまとめる方法を身につけることができた。 △教師の支援がないと記述できない子がいる。	○自分のテーマにそって、しっかりと成果物を完成することができた。 ○引用するという情報の活かし方、資料分析の仕方を身につけることができた。。 △情報を取捨選択する力が弱いので、スキルを高めていく必要がある。

図15-7　大分県由布市立西庄内小学校　図書館活用能力の評価

http://kyouiku.oita-ed.jp/gimu/%E2%91%A2%E8%A5%BF%E5%BA%84%E5%86%85%E5%B0%8F%EF%BC%9A%E5%9B%B3%E6%9B%B8%E9%A4%A8%E6%B4%BB%E7%94%A8%E8%83%BD%E5%8A%9B%E3%81%AE%E8%A9%95%E4%BE%A1%E4%BE%8B.pdf

いかなければならない領域である。

「学校図書館メディアプログラムは，インフォーメーションリテラシー，メディアリテラシー，ビジュアルリテラシー，テクノロジーリテラシーを含む多様なリテラシーに狙いをつける教育を提供する」(p.25) と

さらに…

【学校図書館関連テスト】

全国学校図書館協議会が開発した調査手法で、学校図書館を活用することにより育つ力を３つの観点で測定するものです。
本校は比較的高い水準にあり、経年での向上も見られ、とりわけ「批判的思考力・読解力」が大きく伸びています。
しかし「学校図書館における情報活用能力」は、昨年度より伸びているものの平均を若干下回っています。

観　点　※下の数値は満点を示す		全国協力校	22 年度	23 年度	経　年
図書館における情報活用能力	32 点	18.2 点	17.0 点	18.0 点	＋1.0ポイント
コミュニケーション能力	30 点	19.2 点	20.1 点	21.4 点	＋1.3ポイント
批判的思考力・読解力	38 点	18.7 点	19.3 点	21.9 点	＋2.6ポイント

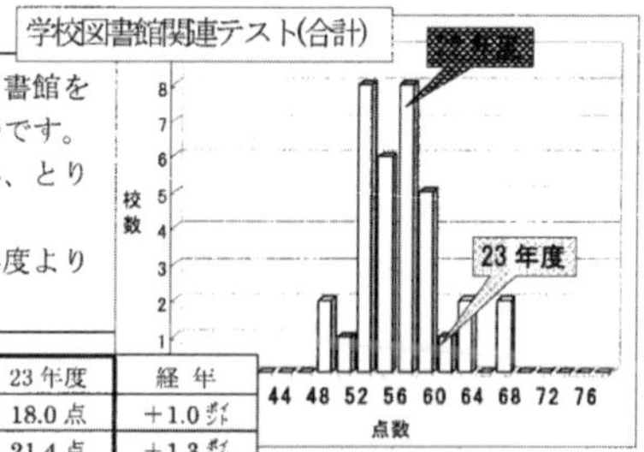

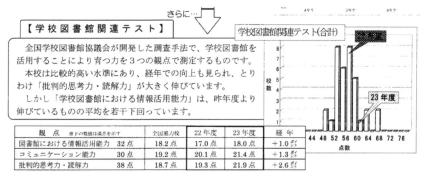

図15-8　東久留米市立第三小学校の図書館教育（平成23年度東久留米市教育委員会　教育研究奨励校・モデル校学校図書館活用調査研究成果報告）
http://members.jcom.home.ne.jp/dai3-e/tosyokan011.pdf

AASLの『学校図書館メディアプログラムのためのガイドライン』に述べられている。ICTの進展によりメディアが多様化し，学校図書館が関わる教育がより広範になってきた。我が国においても，学校図書館が扱うメディアは多様化し，デジタル教科書や電子黒板が普及しつつあり，教育がICT化されてきた。司書教諭は，ICTを踏まえて，校内の教員全体と連携しつつ，情報リテラシーと読書力の育成の推進役を務めなければならない。

■ 理解を確実にするために

1 次の用語を説明しましょう

①総括的評価

②形成的評価

③学校司書

2 この問題に答えましょう。

①学校図書館活用について評価するとは，何を評価することでしょうか。それにはどのような方法がありますか。

■ 理解を深めるために

① 『これからの学校図書館担当職員に求められる役割・職務及びその資質向上方策等について（報告）』同協力者会議　2014.3

② 『学校図書館メディアプログラムのためのガイドライン』アメリカ・スクール・ライブラリアン協会編　全国 SLA 海外資料委員会訳　全国 SLA　2010

③ 『みつける　つかむ　つたえあう：学校図書館を活用した授業の創造』山形県鶴岡市立朝暘第一小学校編著　国土社　2006

索引

●配列は五十音順。

●あ 行

ICT 178
アメリカ学校図書館員協会 294
アメリカ学校図書館員協会（AASL） 38, 57
アンケート 129
生きる力 15, 17, 18, 177, 215
インタビュー 129
『インフォメーション・パワー』 38, 39, 40, 41, 42, 43, 57
引用 132
ウェビング 98
LL ブック 237, 238, 239, 248
オリエンテーション 109

●か 行

カード目録 180
科学的リテラシー 11, 12
学習／教育活動のインフラ 285
学習指導要領 19, 20, 21, 36, 46, 285
学習指導要領の総則 18
学習者用デジタル教科書 255
学習テーマに応じた目録 180
課題（テーマ）設定 89
課題の設定 217
学校司書 291, 292, 293
学校図書館活用教育 290
「学校図書館活用データベース」 205, 212
学校図書館活用の評価 293
「学校図書館基準」 31, 32, 35
学校図書館基準 37
学校図書館機能 287, 292
学校図書館担当職員 291, 292
学校図書館図書標準 241
『学校図書館の手引き』 31, 33
学校図書館法 67, 291
学校図書館メディアプログラム 294, 298, 300, 301
カレントアウェアネスサービス 265, 282
関連づける 141
キー・コンピテンシー 12, 13, 16
教育課程の展開 286
『教育の情報化に関する手引き』 46
教育用デジタルコンテンツ 259
教科学習の学習内容に対応した学校図書館コレクション 179
協調型問題解決能力 17
協働 84
組み立て 161
言語活動 205
言語活動の充実 23, 24
件名目録 180
高度情報社会 178
コーディネーター 72
コンテンツサービス 282

●さ 行

サイン 119
索引 122
座席表 191, 192
参考図書 114, 178
参考図書目録 190
司書教諭 293
質問回答 267
指導計画案 73, 82
指導事項系統表 288
指導者用デジタル教科書 255, 256
「情報・メディアを利用した学び方体系表」

183
情報カード　132, 184, 190, 192
情報活用能力　45, 46, 254
情報教育　45
情報サービス　264
情報探索過程　52
情報探索の計画　102
情報のインフラ　286, 287
情報の収集　217
情報リテラシー　43, 47, 59, 63, 71, 178, 182, 183, 185, 190, 193, 222, 254, 274, 286, 287, 288, 290
情報リテラシー基準　57, 58
書名目録　180
調べ学習　26, 189, 191, 193, 217, 222
シンキングツール　90, 140
数学的リテラシー　11
請求記号　116
生徒の学習到達度調査（PISA）　11
整理・分析　217
全体計画案　73
選択基準　29
総合的な学習の時間　24, 25, 64
ソース・アプローチ　49

●た　行

体系表　73
多読　206
多面的にみる　141
探究的　216
探究的な学習　24, 25, 26, 65, 215, 220, 286
探究の過程　96
探究モデル　54, 55
地域情報　270
知識基盤社会　177
著者名目録　180
DAISY 図書　237, 238, 239, 240
デジタル教科書　257, 258, 259
デジタルコンテンツ　255, 256, 259, 260, 261
点検読書　206
電子黒板　255, 256
読書指導　288
読書能力　28
読書力　286, 287, 290
読書レベル　27
特別な教育的ニーズ　236, 237, 239, 240, 247, 251
図書館教育　31, 32
図書館クイズ　181
図書館資料　67
図書選定基準　269
読解力　11

●な　行

21世紀型スキル　13, 14, 17, 59
21世紀型能力　14, 15
日本十進分類法（NDC）　116
年間指導計画　288, 290

●は　行

パスファインダー　50, 192
パスファインダー・アプローチ　50
PISA 調査　10, 12, 17
比較する　141
Big6 スキルモデル　53
百科事典　123
評価　86, 173
ピラミッドチャート　160
ファイル資料　112, 179, 190, 191
ブックトーク　206, 207, 209, 210, 213, 223, 250

プレゼンテーション　164
プロセス・アプローチ　51
分類する　141
並行読書　205, 213
ポートフォリオ　294, 295, 299

●ま　行

まとめ・表現　217
学び方を学ぶ　274
学びのインフラ　286, 287
メタ認知　295
メタ認知スキル　55
メディア・スペシャリスト　39, 40, 43
目次　122
目録の整備　180, 181

●や　行

ユニバーサルデザイン化　240
要約　131

●ら　行

ライブラリーマップ　116
リソースベース学習　54
利用指導　31, 32, 33, 35, 36, 266, 267, 274
ルーブリック　294
レファレンスインタビュー　272, 273
レファレンスサービス　264, 265, 267
レファレンス質問　271, 274
レファレンスプロセス　272, 273
レフェラルサービス　265, 266
レポート　162, 209, 210, 211

分担執筆者紹介

鎌田　和宏（かまた・かずひろ）

・執筆章→9・10・11・12・13

1963年　東京に生まれる
1986年　東京学芸大学教育学部（初等教員養成課程社会科選修）卒業
東京学芸大学大学院教育学研究科（社会科教育専攻）修了
東京都公立学校教諭，東京学芸大学附属世田谷小学校，筑波大学附属小学校教諭を経て，
現在　帝京大学教育学部教授
主な著書　『教室・学校図書館で育てる　小学生の情報リテラシー』少年写真新聞社
『先生と司書が選んだ　調べるための本　小学校社会科で活用できる学校図書館コレクション』（共著）少年写真新聞社
『移行期からはじめる新しい社会科の授業づくり　3～6年』（共著）日本標準
『シリーズ学校図書館学　学習指導と学校図書館』（分担執筆）全国学校図書館協議会

編著者紹介

堀川　照代（ほりかわ・てるよ）

・執筆章→1・2・3・14・15

1951年　岡山県に生まれる
1974年　お茶の水女子大学家政学部卒業
1988年　東京大学大学院教育学研究科満期退学
2020年　青山学院女子短期大学教授退職
専攻　図書館情報学
主な著書　『学習指導と学校図書館』（共著）樹村房
『インターネット時代の学校図書館』（共著）東京電機大学出版局
『児童サービス論』（編著）日本図書館協会
『学校図書館は何ができるのか？　その可能性に迫る』（共著）国土社

塩谷　京子（しおや・きょうこ）

・執筆章→4・5・6・7・8

1955年　静岡県に生まれる
1978年　静岡大学教育学部卒業
静岡大学大学院情報学研究科博士前期課程修了
関西大学大学院総合情報学研究科博士課程後期修了
静岡県公立小学校教諭・司書教諭，関西大学初等部／中高等部（兼務）教諭・司書教諭を経て，
現在　放送大学客員准教授
専攻　図書館情報学，学校図書館活用教育論
主な著書　『言語活動と探究的な学習の授業デザイン』（共著）三省堂　2013
『小学校　明日からできる！読書活動アイデア事典』（共著）明治図書　2018
『すぐ実践できる情報スキル50―学校図書館を活用して育む基礎力』（単著）ミネルヴァ書房　2016
『司書教諭の実務マニュアル　シオヤ先生の仕事術』（単著）明治図書　2017
『探究の過程におけるすぐ実践できる情報活用スキル55―単元シートを活用した授業づくり』（単著）ミネルヴァ書房　2019

放送大学教材　1527266-1-1611（テレビ）

改訂新版　学習指導と学校図書館

発　行　2016年 6 月20日　第 1 刷
　　　　2022年 2 月20日　第 3 刷
編著者　堀川照代・塩谷京子
発行所　一般財団法人　放送大学教育振興会
　　　　〒105-0001　東京都港区虎ノ門1-14-1　郵政福祉琴平ビル
　　　　電話　03（3502）2750

市販用は放送大学教材と同じ内容です。定価はカバーに表示してあります。
落丁本・乱丁本はお取り替えいたします。

Printed in Japan　ISBN978-4-595-31650-0　C1300